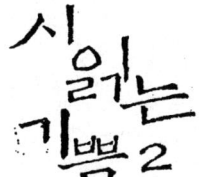

한국 현대 시인 25인과의 아름다운 만남, 그 두번째

초판 1쇄 발행일 • 2001년 10월 10일
초판 12쇄 발행일 • 2016년 11월 11일

지은이 • 정효구
펴낸이 • 박진숙
펴낸곳 • 작가정신
주소 : (10881) 경기도 파주시 문발로 207
전화 : 031-955-6230 | 팩스 : 031-944-2858
E-mail : editor@jakka.co.kr
홈페이지 : www.jakka.co.kr
출판등록 제406-2012-000021호

ISBN 978-89-7288-187-2 03810

*값은 뒤표지에 있습니다.
*잘못된 책은 바꿔드립니다.

시 읽는 기쁨 2

한국 현대 시인 25인과의 아름다운 만남, 그 두번째

정효구 지음

작가정신

머리말

시의 세계로 다시 초대하며……

    저와 함께 시를 읽으며 명상의 세계로 들어가봅시다. 명상의 세계를 통하여 우리의 영혼은 맑아집니다.
    저와 함께 시를 읽으며 꿈꿀 권리를 회복해봅시다. 꿈꿀 권리의 회복을 통하여 우리의 내면은 드높아집니다.
    저와 함께 시를 읽으며 마음의 창을 열어봅시다. 마음의 창을 열고 나면 우리의 몸이 살아나기 시작합니다.
    저와 함께 시를 읽으며 성찰의 시간을 마련해봅시다. 성찰의 시간을 갖게 되면 우리의 정신이 깊어집니다.
    저와 함께 시를 읽으며 무상無償의 세계를 맞이해봅시다. 무상의 세계를 맞이하고 나면 우리의 마음이 희열로 가득해집니다.
    저와 함께 시를 읽으며 사색의 세계에 동참해봅시다. 사색의 세계에 동참하고 나면 우리의 거친 숨결이 고요해집니다.
    저와 함께 시를 읽으며 진실의 세계를 사모해봅시다. 진실의 세계를 사모하게 되면 우리의 삶이 진지해집니다.

저와 함께 시를 읽으며 해방의 나라를 지향해봅시다. 해방의 나라를 지향하게 되면 우리의 나날이 자유로워집니다.

저와 함께 시를 읽으며 사회의 모순을 바라봅시다. 사회의 모순에 눈을 뜨게 되면 우리의 마음속에 정의를 향한 열정이 싹틉니다.

저와 함께 시를 읽으며 역사에 대해 눈을 떠봅시다. 역사에 대해 눈을 뜨게 되면 우리들 한 사람 한 사람이 이 세상의 주인이 될 것입니다.

2003년 1월
정 효 구

차례

문정희 〈그 많던 여학생들은 어디로 갔는가〉
왕비가 되지 말고 여왕이 되시오! ... 009

장정일 〈Job 뉴스〉
'Job'은 밥이잖아요 ... 025

이문재 〈게으른 사람은 아름답다〉
아프도록 한번 게을러보고 싶지 않은가요? ... 035

김춘수 〈강우降雨〉
바우키스와 필레몬 같은 노부부의 사랑 이야기 ... 051

김혜순 〈서울〉
서울은 우리 시대의 '경전'이지요 ... 067

이성선 〈소포〉
당신은 님이 보낸 소포를 받을 자격이 있습니까? ... 085

임 보 〈우리들의 대통령〉
감동을 주는 대통령이 그립습니다 ... 095

오세영 〈햄버거를 먹으며〉
음식을 먹었나요? 사료를 먹었나요? ... 115

조정권 〈독락당獨樂堂〉
홀로 즐길 수 있는 집을 한 채씩 갖고 계신가요? | 135

남진우 〈숲에서 보낸 한철 1〉
황홀경의 순간은 어떻게 찾아오는가? | 147

김병화 〈내 피곤한 영혼을 어디다 누이랴〉
피곤한 영혼을 어디다 누일 수 있을까요? | 163

이윤택 〈ing〉
나의 사전에는 '절정'만이 있다 | 171

박노해 〈하늘〉
서로를 받쳐주는 푸른 하늘이고 싶습니다 | 189

이수명 〈환멸〉
환멸이 찾아왔던 날의 충격을 기억하십니까? | 209

정한용 〈~〉
희미한 파선으로 추상화될 우리들의 생을 상상하며…… | 225

윤승천 〈아버지의 편지〉
행여, 너의 하늘 같은 꿈에 금이라도 갈까 봐…… | 237

임영조 〈고도孤島를 위하여〉
한 십년 나를 씻어 말리고 싶다! | 255

이선영 〈인생〉
도망갈 자신만의 오솔길이 없어서 낭패감을 느낀 적이 있나요? | 271

박남철 〈독자놈들 길들이기〉
시를 잘 감상하는 좋은 독자가 되고 싶습니까? | 281

장석주 〈시골로 내려오다〉
수졸재에 다녀왔습니다 | 293

박용하 〈남태평양〉
사람에게 존경심을 갖는 저녁입니다 | 309

이갑수 〈신神은 망했다〉
인간들은 두 손을 어떻게 써야 할지 모릅니다 | 325

홍윤숙 〈마지막 공부: 놀이 9〉
지금, '마지막 공부'를 하고 있습니다 | 335

고진하 〈어머니의 총기聰氣〉
달려가는 세상, 돌아가는 어머니 | 351

김동원 〈존재의 꽃〉
모든 존재는 모르면서 살아간다 | 363

문정희
〈그 많던 여학생들은 어디로 갔는가〉

왕비가 되지 말고 여왕이 되시오!

1947년 전남 보성에서 태어났으며, 1969년 《월간문학》을 통해 등단하였다. 시집으로 『찔레』 『남자를 위하여』 『오라, 거짓 사랑아』 등이 있다.

그 많던 여학생들은 어디로 갔는가

학창 시절 공부도 잘하고
특별 활동에도 뛰어나던 그녀
여학교를 졸업하고 대학 입시에도 무난히
합격했는데 지금은 어디로 갔는가

감자국을 끓이고 있을까
사골을 넣고 세 시간 동안 가스불 앞에서
더운 김을 쏘이며 감자국을 끓여
퇴근한 남편이 그 감자국을 15분 동안 맛있게
먹어치우는 것을 행복하게 바라보고 있을까
설거지를 끝내고 아이들 숙제를 봐주고 있을까
아니면 아직도 입사 원서를 들고
추운 거리를 헤매고 있을까
당 후보를 뽑는 체육관에서
한복을 입고 리본을 달아주고 있을까
꽃다발 증정을 하고 있을까
다행히 취직해 큰 사무실 한켠에
의자를 두고 친절하게 전화를 받고
가끔 찻잔을 나르겠지
의사 부인 교수 부인 간호원도 됐을 거야
문화 센터에서 노래를 배우고 있을지도 몰라
그러고는 남편이 귀가하기 전
허겁지겁 집으로 돌아갈지도

그 많던 여학생들은 어디로 갔을까
저 높은 빌딩의 숲, 국회의원도 장관도 의사도
교수도 사업가도 회사원도 되지 못하고
개밥의 도토리처럼 이리저리 밀쳐져서
아직도 생것으로 굴러다닐까
크고 넓은 세상에 끼지 못하고
부엌과 안방에 갇혀 있을까
그 많던 여학생들은 어디로 갔는가

문정희

문정희 시인이 2001년 가을, 『오라, 거짓 사랑아』라는 시집을 출간하였습니다. 얼핏 보면 제목이 좀 대중적(?)인 느낌을 줍니다. 그러나 이것은 우리의 선입견이 빚어낸 것일 뿐, 실제로 이 시집의 내용은 매우 진지하고 문제적입니다. 그는 이 시집에 이르러, 끝없이 밀려오는 이 세상의 온갖 '거짓 사랑의 얼굴'까지도 넉넉히 수용할 만큼 자신의 영혼이 넓고 깊어졌다는 것을 보여주고 있습니다. 그런데 말입니다. 어떻게 하면 날마다 얼굴을 바꾸며 우리 앞으로 찾아오는 '거짓 사랑'의 세계까지도 담담히 가슴속에 품어 안고 살아갈 수가 있을까요? 문정희 시인처럼 '오라, 거짓 사랑아'라고 외치며 당당해질 수 있을까요?

저는 문정희 시인의 『오라, 거짓 사랑아』를 읽으면서 매우 기분이 좋았습니다. 그 하나는 언제나 과열된 듯 조금 격하게 타오르던 그의 상상력이, 그래서 그 과열된 상상력 앞에서 읽는 이를 조금 불안하게 만들기도 했던 그의 상상력이, 이번 시집에 이르러 대지에 뿌리를 깊이 내린 식물처럼 매우 차분하고 고요해졌기 때문입니다. 다른 하나는 그의 완숙된 페미니즘 의식 속에서 여러 작품이 탄생되었는데 그 중 여러분들과 함께 감상하고 싶은 작품 〈그 많던 여학생들은 어디로 갔는가〉를 발견하였기 때문입니다.

문정희 시인의 시 〈그 많던 여학생들은 어디로 갔는가〉를 앞에 놓고 저는 《조선일보》 기자인 조성관 씨의 책 『딸은 죽었다』 속의 맨 앞에 실린, 「여학생들에 대한 열등감, 그리고 해방」이라는 글이 떠올랐습니다. 그리고 또 같은 책 속의 다른 글 「그 많은 여자 아나운서들은 다 어디로 갔나?」라는 글이 떠올랐습니다.

저는 한국의 남성 저자가, 한국사회 속에서 여성들이 처한 부당한 현실을 조성관 씨의 책 『딸은 죽었다』에서만큼 정직하게, 그리고 진실하게 지적하고 폭로한 경우를 보지 못하였습니다. 그의 이 책은 남성도, 더 정확히 말하면 한국의 남성도, 여성에 대한 객관적 사유를, 아니 인간적 사유를 제대로 할 수 있는 가능성이 있다는 것을 보여주는 책이라고 말하여도 지나치지 않을 것입니다.

저는 이 글을 좀 색다르게 시작하고자 합니다. 문정희 시인의 시를 감상하기 이전에 우선 조성관 씨가 그의 책 『딸은 죽었다』의 맨 앞장 「여학생들에 대한 열등감, 그리고 해방」에서 들려주는 이야기를 여기서 함께 들어보고자 하는 것입니다. 그의 이 글은 인용해서 우리가 함께 귀기울여 들어볼 만큼 의미가 있습니다. 그리고 문정희 시인의 시 〈그 많던 여학생들은 어디로 갔는가〉를 이해하고 감상하는 데 귀중한 실마리를 제공해줄 것입니다.

나는 대학 시절 4년 내내 콤플렉스를 가지고 있었다. 그런데 대학 졸업 후 사회에 발을 내딛게 되면서 정말 거짓말처럼 눈 녹듯이 이 콤플렉스가 사라져버렸다. 지금은 도대체 언제 내가 그런 열등감을 가졌었는가 싶을 정도다.

나는 80년대 초반 대학에 들어가 87년에 졸업했다. 남녀공학의 경우 여학생들의 비율이 높은 학과는 아마 어문계열일 것이다. 나는 연세대에서 영어영문학을 전공했는데 남녀 비율이 여자 8 대 남자 2 정도였다.

내가 콤플렉스를 느낀 것은 여학생들을 학업에서 도저히 따라갈 수 없었기 때문이었다.

나는 졸업 당시 학점 평균이 4.0 만점에 (정확한 기억은 없지만) 2.5를 넘지 못했다. 이 같은 저조한 학점 때문에 나는 졸업 사정이 한창 진행 중일 때인 1986년 말 한동안 불면의 밤을 보내기도 했다. 졸업정원제가 적용되던 시절이라 혹시나 졸업시험 대상자가 될지도 모른다는 불안감 때문이었다. …(중략)…

내가 여학생들에 대해 열등감을 느끼기 시작한 것은 1학년 1학기가 끝난 직후부터였다. 1학년 1학기 성적을 받아보고 나서 나는 큰 낭패감을 맛보았다. 학점이 2.65에 불과했기 때문이었다. 이러한 결과는 내가 놀았다거나 아예 학업과는 담을 쌓은 운동권이었기 때문은 아니었다. 오히려 도서관에서 자리를 오래 지키기로 따지면 나는 상위권에 들어갈 것이다. 1학년 2학기 성적도 결과는 마찬가지였다. 나는 하느라고 했는데…

2학년에 올라가서는 전공 과목에서 F학점까지도 받았다. 그때의 참담한 심정이란…. 2학년 1학기 이후 나는 완전히 자신감을 상실했다. 아무리 공부를 해도 여학생들을 따라갈 수가 없었다. 나는 대학 4년을 통틀어 A학점을 여섯 개 받았는데 그 중 전공에서는 두 개뿐이었다. 나머지는 국문과나 정치외교학과와 같은 다른 학과 전공에서였다. 그때 나는 남학생 비율이 많은 다른 전공이 상대적으로 학점을 따기가 훨씬 수월하다고 생각했다.

여학생들은 언제나 학점이 3.5점에서 4.0점 사이에 몰려 있었다. 내가 알기로 남학생들 중 학점이 상위 그룹에 끼어본 적이 있는 사람은 아마도 손에 꼽을 정도일 것이다. 극히 일부의 남학생들을 제외하고 대부분의 남학생들은 중하위권에 몰려 있었다. 그 중에서도 나는 하위권에 속했다. 학점이 나올 때마다 나는 하위권을 떠날 줄 몰랐고 그때마다 나는 스스로에게 한심함을 느끼곤 했다. 내가 기자 시험을 준비하기 시작한 3학년 2학기 이후로는 이러한 경향은 더욱 심화되었다. 학업과는 아예 담을 쌓다시피 했다. 이때 나는 공부 잘하고 예쁜 몇몇 여학생들을 흠모하기도 했으며 연정을 품기도 했다.

1987년 간신히 대학을 졸업한 뒤 나는 재수 끝에 신문사에 입사했다. 그리고 지금까지 10년째 기자 생활을 하고 있다. 그런데 나는 학교 울타리를 벗어나면서 여학생들에 대한 콤플렉스가 완전히 사라졌다. 졸업 직후 많은 여학생들이 현대, 대우와 같은 큰 기업에 취직했다. 다른 전공을 한 여학생에 비하면 그들은 상대적으로 쉽게 직장을 잡는 것처럼 보였다.

그러나 그들 중 상당수가 그 회사에 오래 있지를 못하고 몇 년 안에 전직하거나 회사를 그만두었다. 내가 알기로 여학생들에게 주어진 직무라는 것이 그들의 역량을 발휘하게 하는 것과는 거리가 멀었다. 업무가 단순했고 창의력을 요하지 않는 일뿐이었다. 나는 그때 그 똑똑한 여학생들에게, 나를 4년 내내 주눅들게 했던 그들에게 왜 그럴듯한 일자리가 주어지지 않을까를 궁금하게 생각했다.

그리고 기자 생활이 10년째 이르는 지금 나는 경험을 통해 한 가지 깨달음을 얻게 되었다. 그때 나와 함께 경쟁을 벌였던 그 여학생들보다 훨씬 능력이 떨어지는 남자들이 그 여학생들보다 더 나은 자리와 지위를 차지하고 있다는 사실이었다. 그리고 그들은 그 자리가 마치 자신의 능력이 월등해서 차지한 자리인 양 여자들을 업신여기고 차별하고 있었다.

최근 나는 그 이유를 알았다. 그것은 우리 사회가 철저하게 남성을 위한, 남성에 의한, 남성의 사회이기 때문에 그 똑똑하고 능력 있는 여학생들이 설자리가 없었다는 것을. …(중략)…

학교라는 울타리 안에서는 남녀가 상대적으로 평등한 대접을 받는다. 실제로 어떤 차별도 없어 보인다. 이러한 여건 아래서는 여학생들이 뛰어났다. 그러나 사회라는 성차별의 바다에 던져지는 순간, 그들은 몇 번 필사적으로 헤엄을 치며 살아보려고 버둥거려보지만 곧 지쳐버리거나 익사하고 말았던 것이다. 우리 사회는 똑똑한 여학생보다는 평범한 남학생을 더 선호하기 때문이다.

조성관 씨는 위에 인용한 글에서 말하고 있습니다. 우리 사회는 철저하게 '남성을 위한, 남성에 의한, 남성의 사회'라고 말입니다. 바로 그 사실 때문에 학교 시절 그 똑똑하고 능력 있는 여학생들이 설자리를 잃고 있다고 말입니다. 그대신 열등감에 시달리던, 그렇지는 않더라도 지극히 평범하던 남학생들이 사회의 곳곳을 점령하고 그들만의 세상인 양 활보하며 살아가고 있다고 말입니다. 이런 남성 공화국 속에서 여성들은 소외된 '타자'로 밀려납니다. 남성들은 그들 자신들만을 '우리들ourselves'이라 부르며 여성들을 금 밖의 사람들others로 치부해버리는 것이지요.

저도 조성관 씨의 앞의 글과 같은 말을 제 말로 충분히 할 수 있습니다. 그럼에도 불구하고 앞의 글을 길게 인용한 것은 그것이 여성의 글이 아니라 남성의 글이기 때문입니다. 성차별의 문제에 관해 똑같은 이야기를 하더라도 그것을 남성이 할 때 보다 효과적이라는 점을 저는 알고 있습니다.

그러면 여러분들은 조성관 씨의 글을 읽고 무슨 생각을 하셨습니까? 그 똑똑하던 여학생들이 어디로 다 가 있을 것이라고 생각하셨습니까? '타자들'로 취급받는 그들의 삶의 자리가 어디일 것이라고 생각하셨습니까? 여기 문정희 시인이 이런 물음과 관련해서 들려준 시 한 편을 소개해보기로 하겠습니다. 그 시의 제목은 앞에서 말씀드렸듯이 〈그 많던 여학생들은 어디로 갔는가〉입니다.

학창 시절 공부도 잘하고
특별 활동에도 뛰어나던 그녀
여학교를 졸업하고 대학 입시에도 무난히
합격했는데 지금은 어디로 갔는가

감자국을 끓이고 있을까
사골을 넣고 세 시간 동안 가스불 앞에서
더운 김을 쏘이며 감자국을 끓여
퇴근한 남편이 그 감자국을 15분 동안 맛있게
먹어치우는 것을 행복하게 바라보고 있을까
설거지를 끝내고 아이들 숙제를 봐주고 있을까
아니면 아직도 입사 원서를 들고
추운 거리를 헤매고 있을까
당 후보를 뽑는 체육관에서
한복을 입고 리본을 달아주고 있을까

꽃다발 증정을 하고 있을까
다행히 취직해 큰 사무실 한켠에
의자를 두고 친절하게 전화를 받고
가끔 찻잔을 나르겠지
의사 부인 교수 부인 간호원도 됐을 거야
문화 센터에서 노래를 배우고 있을지도 몰라
그러고는 남편이 귀가하기 전
허겁지겁 집으로 돌아갈지도

그 많던 여학생들은 어디로 갔을까
저 높은 빌딩의 숲, 국회의원도 장관도 의사도
교수도 사업가도 회사원도 되지 못하고
개밥의 도토리처럼 이리저리 밀쳐져서
아직도 생것으로 굴러다닐까
크고 넓은 세상에 끼지 못하고
부엌과 안방에 갇혀 있을까
그 많던 여학생들은 어디로 갔는가

― 〈그 많던 여학생들은 어디로 갔는가〉 전문

    위 시를 여기에 옮겨 적는 순간, 저와 함께 책상을 나란히 놓고 한 교실에서 공부하던 여학생들이 떠오릅니다. 그들 중 일부는 주류 사회 속에서 당당히 자신의 삶을 펼쳐나가고 있지만, 참으로 많은 경우 화려했던 학창 시절의 꿈을 접고 어디론가 숨어들어 자신의 존재를 낮춘 채 살아가고 있는 것 같습니다.

그래도 지금은 조금 나아졌지만 한국사회는 여성들에게 '사회'를 가르치지 않았습니다. 좀더 정확히 말해서 '사회적 존재'로 살아가는 방법을 가르치지 않았습니다. 아니, 이 말은 정확하지 않습니다. 그들은 학창 시절 사회 과목을 열심히 공부했고 그 과목에서 좋은 점수도 받았습니다. 그렇다면 어떻게 말해야 될까요? 고쳐서 말하자면 한국사회는 여성들이 사회에 들어오는 것을 허락하지 않았습니다. 그들이 사회적 존재로 살아가는 것을 차단하였습니다. 여성이 사회적 존재로 살아가는 것을 사갈시하였습니다. 그대신 그들은 '가정'을 배우도록 요청받았습니다. 남녀가 함께 가정을 이루는 것임에도 불구하고 '가정'을 배우는 시간은 여학생들의 전유물로 여겨졌습니다. '가정'을 배우는 것은 여성의 필수 과목이 되었습니다. 그러나 실제로 가정이라는 사회 속에서 그 최고의 자리는 남성이 차지하였습니다. 그러니까 여성은 가정이라는 사회 속에서 남성이 최고의 자리를 차지하며 살아가도록 보조하는 이른바 보조자의 역할을 공부하였던 것입니다.

   문정희 시인은 앞의 시에서 계속하여 물음표를 던지거나 추측을 해가며, 교실을 꽉 메웠던, 그 재기발랄하고 똑똑했던 여학생들이 곳곳에서 살고 있을 모습을 그려 보입니다. 그 모양새는 모두 다 다르지만 그 밑에 깔린 내용은 단 한 가지로 수렴됩니다. 그것은 바로 주체인 남성의 보조자로, '우리들'만의 세계를 구축한 남성사회의 타자들로, 그 많던 여학생들이 전락되었다는 것입니다. 보조자의 인생에는 자기가 없습니다. 타자들로 떠밀린 인생 속에는 '우리들'만의 세계가 배제하는 소외와 단절이 들어 있습니다. '나는 나'일 뿐 절대로 보조자일 수 없다는 자각, 나도 우리들 사회의 구성원이 되어야지 타자들로 밀려날 수 없다는 의식, 그런 의식을 가진 것을 '자아 각성'이 이루어진 상태라고 부르면 어떨까요?

그렇습니다. 그것을 자아 각성이 이루어진 상태라고 말할 수 있습니다. 그렇다면 교과서에서 배운 것과 달리, 현대사회라고 부르는 이 21세기에 와서까지도 여전히 '자아 각성'은 제대로 이루어지지 않은 것이 아닙니까? 자신을 하나의 주체적 인간으로 인식하고 가꾸어가는 일, 그런가 하면 타인을 역시 하나의 주체적인 인간으로 대접하고 그렇게 만들어나가도록 인정하고 도와주는 일, 이 양자의 일이 실현될 때 비로소 우리는 '자아 각성'이 이루어진 사회 속에서 살고 있다고 말할 수 있으니까요.

문정희 시인의 시 〈그 많던 여학생들은 어디로 갔는가〉를 보면 그 여학생들은 우선 남편과 자식을 위해 자신을 바치고 있습니다. 그러나 그 헌신은 자아 각성에 의하여 주체적으로 선택된 것이 아니라 남성 중심 사회가 직접 혹은 간접으로 강요를 하였기 때문에 이루어진 것이라 할 수 있습니다. 이런 틀 속에서 그 많던 여학생들은 가정이라는 사회의 주체가 아닌 보조자로 남편을 위해 감자국을 끓이고, 그 남편이 돌아오기를 기다리고, 그 남편의 행복을 자신의 행복으로 동일시하고, 그 남편의 성을 물려받은 아이를 낳고, 그 아이의 숙제를 봐주고, 주체가 떠난 뒷자리를 정리하는 일을 하며 살고 있을 거라는 게 문정희 시인의 생각입니다.

그러나 자아 각성이 이루어진 여성이라 할지라도 그들을 타자들로 몰아붙이는 남성 중심 사회에서 여성들은 주류 속에 자리를 차지하기가 어렵습니다. 문정희 시인은 이런 현실을 지적하며 다음과 같이 말하고 있는 것입니다.

아니면 아직도 입사 원서를 들고
추운 거리를 헤매고 있을까

'우리들' 의식으로 뭉친 남성사회는 여성이 입사원서를 들고 그 속으로 들어오는 것을 원치 않습니다. 비록 그 원서를 받아주었다 하더라도 그들에게 보조자의 자리만을 적절하게 지키도록 요구하고 있습니다. 다시 거론하건대 조성관 씨의 글 제목처럼 '그 많은 여자 아나운서들은 다 어디로 갔나?' 이상한 일입니다. 매일매일 바라보는 텔레비전 뉴스의 화면 속에는 나이가 지긋한 위엄 있는 남성과 아직 미혼임이 분명한 미모의 여성 아나운서가 늘 짝을 이루어 등장하고 있으니 말입니다. 누가 봐도 이런 뉴스의 구도 속에서는 남성 아나운서가 주체이고 여성 아나운서는 보조자로 여겨집니다. 나이를 먹어도 남성 아나운서는 간판 뉴스의 아나운서가 될 수 있는데, 왜 여성 아나운서는 그렇게 될 수가 없는 것일까요? 여성은 보조자인 꽃이 아니라 주체인 기둥이란 사실을 얼마만큼 큰 소리로 외쳐 불러대야 할까요?

문정희 시인은 이어서 이렇게 말하고 있습니다.

당 후보를 뽑는 체육관에서
한복을 입고 리본을 달아주고 있을까
꽃다발 증정을 하고 있을까
다행히 취직해 큰 사무실 한켠에
의자를 두고 친절하게 전화를 받고
가끔 찻잔을 나르겠지

위의 인용문에서 들려주는 문정희 시인의 말이 틀렸다고 할 수 있는 사람은 많지 않을 것입니다. 현실의 구도는 이렇게 만들어져 있으니까요. 위의 인용문을 보더라도 주체인 당 후보는 남성입니다. 거기서 여성은 한복을 입고 주체인 당 후보에게 리본이나 달아주는 보조자입니다. 그것만으로 부족합니다. 여성은 남성인 당 후보에게 꽃다발이나 증정하는 보조자입니다. 그뿐인가요? 어쩌다 취직이 되었다 하더라도 주요 업무는 맡지 못한 채 "친절하게 전화를 받고 / 가끔 찻잔을 나르"는 보조자의 처지를 벗어나지 못합니다. 그러니까 이들이 주류사회 속에 들어온 것 같다 하더라도 그것은 외형일 뿐, 그들의 역할은 주류사회의 남성 주체자들을 더욱더 빛나게 만드는 보조자의 역할을 수행하는 것이라는 말입니다. 가정이라는 사회에서 보조자였듯이, 그들은 남성들이 만든 사회 속에서도 보조자로 살아갑니다.

어느 지면에서 다음과 같은 내용의 글을 본 적이 있습니다. 대한민국 최고의 여대인 모 여대의 힘은 사위의 힘에서 나온다고 말입니다. 웃을 수도, 울 수도 없는 말이었습니다. 똑똑한 여학생이 되어 좋은 학점을 취득하고 나서 그들이 이룬 최고의 일은 힘있는 남편을 만난 것에 불과하다는 이 말을 어떻게 막힘 없이 꿀떡 받아넘길 수가 있겠습니까? 사장의 부인이 되고, 판검사의 부인이 되고, 의사의 부인이 되고, 고관의 부인이 되었다는 것, 그것을 가리켜 인생에서 성공한 것이라고 말하는 일을 어떻게 거부감 없이 받아들일 수가 있겠습니까?

문정희 시인의 말처럼 그 많던 여학생들 중 일부는 "의사 부인 교수 부인"이 되었을지도 모릅니다. 그러나 아무리 힘있는 남성의 부인이 되었다 하더라도 그들의 역할은 보조자에 불과합니다. 그들은 의사가 아니며, 교수가 아니며, 판검사가 아니며, 고관이 아니며, 사장이 아닌 것입니다. 나는 나일 뿐, 누가 나를 대신해서 살아줄 수 있겠습니까?

힘있는 남편, 능력 있는 남편의 아내가 되어 그 후광으로 문화센터를 드나들고, 백화점을 드나들고, 여가를 즐기는 것도 괜찮을지 모르겠습니다. 그러나 생각이 있는 사람이라면 이런 일 앞에서 뭔가 허전하고, 뭔가 자존심이 무너지는 소리가 들려오지 않겠습니까? 〈그 많던 여학생들은 어디로 갔는가〉의 또 다른 구절이 말해주듯이 "남편이 귀가하기 전 / 허겁지겁 집으로 돌아"가며 남편을 위한 보조자의 역할을 충실히 수행하고자 할 때, 뭔가 서러운 생각이 들지 않겠습니까?

다시 물어봅시다. 정말 그 많던 여학생들은 어디로 갔을까요? 세상의 절반을 이루는 그 많은 여성들은 어디서 무엇을 하며 무슨 생각을 하고 있을까요? 양복을 차려입은 남성들의 울타리가 너무나 위풍당당해서 그들의 존재가 보이지를 않는 것인가요?

문정희 시인은 〈그 많던 여학생들은 어디로 갔는가〉의 마지막 연에서 다음과 같이 말하고 있습니다.

> 그 많던 여학생들은 어디로 갔을까
> 저 높은 빌딩의 숲, 국회의원도 장관도 의사도
> 교수도 사업가도 회사원도 되지 못하고
> 개밥의 도토리처럼 이리저리 밀쳐져서
> 아직도 생것으로 굴러다닐까

크고 넓은 세상에 끼지 못하고
부엌과 안방에 갇혀 있을까
그 많던 여학생들은 어디로 갔는가

"개밥의 도토리"처럼 '타자들'로 소외되어 있는 여성들을 상상해 봅니다. 아닙니다. 이것은 상상의 내용이 아니라 실제로 제 눈으로 얼마든지 확인할 수 있는 '사실'의 세계입니다. "크고 넓은 세상"은 남성들에게 내어주고, "부엌과 안방에 갇혀", 숨쉴 자리가 없어 허덕이는 여성들을 상상해봅니다. 그런데 이것 역시 상상의 세계가 아닙니다. 역시 제 눈으로 가까운 이웃 속에서 확인할 수 있는 '사실'의 세계입니다. 그렇다면 그 많던 여학생들은 보조자가 되었거나 타자들이 되어 이등 시민의 길을 걸어가고 있는 것일까요? 그렇다고 말해도 가히 틀린 것은 아니라는 데 많은 사람들이 동의할 수 있을 것이라고 봅니다.

저는 오늘도 생기 넘치는 표정으로 교정을 활보하는 수많은 여학생들을 보고 있습니다. 저는 선생으로, 더 정확히 말하자면 여선생으로 그들을 가르치고 있습니다. 조성관 씨가 말했듯이 그들은 남학생들을 능가할 만큼 똑똑하고 열성이 있습니다. 저는 그들에게 페미니즘 강의를 빼놓지 않고 합니다. 그때 제가 들려주는 말의 핵심은 '왕비가 되지 말고 여왕이 되라'는 것입니다. 그리고 '나는 나일 뿐 그 누구도 나일 수 없다'는 것입니다.

요즘 세상은 조금씩 나아지고 있습니다. 여성을 보조자에서 주체로, 타자들에서 우리들로 인식하려는 노력이 보입니다. 형식상으로나마 남녀고용평등법이 생기고, 전체 사장의 약 30%가 여성 사장이라는 기사가 보이고, 아내와 함께 분만의 고통을 나누는 남편들과 가정 일을 아내와 함께 나누는 남편들이 늘어나고, 여교수 채용 장려책이 구상되고, 공무원의 약 30%가 여성이고, 상위직 공무원의 여성 할당제가 실시되고, 여성 장군이 탄생하고……. 세상은 이렇게 아주 조금씩이나마 바뀌고 있습니다.

역사는 발전한다는 말을 거부하고 싶다가도 이런 작은 희망의 사연들을 보고, 듣고 하노라면 그래도 이 역사 속에서 최선을 다해 보다 나은 역사를 만들고 싶은 생각이 뜨겁게 밀려옵니다. 아이를 낳은 이상, 그리하여 부모가 된 이상, 그 아이가 조금이라도 더 나은 사회 속에서 살아가게 할 임무가 내게 있다는 아주 평범한 진실이 무척이나 의미심장하게 다가오는 것입니다.

나는 이 글을 끝내며 달구어진 내 마음으로 이 땅의 여성들을 향하여 이렇게 말하고 싶습니다. 여성들이여, 왕비가 되려고 하지 말고 여왕이 되려는 각오로 살아가라고……. 저는 또다시 의미심장한 기분으로 이 땅의 남성들을 향하여 이렇게 말하고 싶습니다. 남성들이여, 그 많던 여학생들이 당신들의 진정한 동반자가 되어 이 역사 속에서 자유롭게 숨쉬며 살아가도록 닫았던 빗장을 열어놓으라고…….

이미 다가오는 문명사는 여성의 힘을 요구하는 시대가 되었다고 봅니다. 조금만 예민한 사람이라면 그에 발맞추어 여성의 힘이 엄청난 잠재력과 폭발력을 갖고 그 영향력을 서서히 드러내고 있음을 느낄 수 있을 것입니다. 모든 사람이 주체로 살아가는 세상, 그리고 모든 사람이 우리들의 울타리 안에서 타자들을 소외시키지 않는 세상, 그런 세상이 오기를 기대해봅니다.

장정일
〈Job 뉴스〉

'Job'은 밥이잖아요

1962년 경북 달성에서 태어났으며, 1984년《언어의 세계》를 통해 등단하였다. 시집으로
『햄버거에 대한 명상』『길안에서의 택시잡기』『서울에서 보낸 3주일』등이 있다.

Job 뉴스

장정일

봄날,
나무벤치 위에 우두커니 앉아
〈Job 뉴스〉를 본다.

왜 푸른하늘 흰구름을 보며 휘파람 부는 것은 Job이 되지 않는가?
왜 호수의 비단잉어에게 도시락을 덜어 주는 것은 Job이 되지 않는가?
왜 소풍온 어린아이들의 재잘거림을 듣고 놀라는 것은 Job이 되지 않는가?
왜 비둘기떼의 종종걸음을 가만히 따라가 보는 것은 Job이 되지 않는가?
왜 나뭇잎 사이로 저며드는 햇빛에 눈을 상하는 것은 Job이 되지 않는가?
왜 나무벤치에 길게 다리 뻗고 누워 수염을 기르는 것은 Job이 되지 않는가?

이런 것들이 40억 인류의 Job이 될 수는 없을까?

장정일은 우리 문단의 재주꾼입니다. 재주꾼이라는 표현이 좀 경박한가요? 그러나 저는 그를 재주꾼이라는 말로 부르고 싶습니다. 그는 시인이자, 소설가이고, 희곡작가입니다. 한 가지도 하기 어려운데 그는 세 분야에서 활약하고 있습니다. 이른바 전방위 작가인 셈입니다. 물론 전방위 작가라고 다 재주꾼은 아닙니다. 그러면 저는 왜 장정일에게 이 글의 첫줄부터 재주꾼이라는 명칭을 붙여줬을까요. 그 이유를 말씀드리건대, 장정일은 문학이 성실성과 노력만으로 되지 않는 양식임을 누구보다 잘 보여줬기 때문입니다. 장정일에게는 분명 타고난 문학적 재능이 아주 크게 자리잡고 있습니다. 그것은 노력과 성실성 이전의 차원이자 그 이후의 차원입니다. 그렇다고 해서 노력과 성실성의 비중을 깎아내리고자 하는 뜻은 저에게 전혀 없습니다. 제아무리 문학적 재능이 천부적으로 탁월하다 하여도 노력과 성실성이 더해지지 않는 한 우리의 재능은 빛을 발할 수 없기 때문입니다.

장정일은 우리 시대의 독서광입니다. 독서광이라는 말 그대로 그는 독서에 열광하는 사람입니다. 그는 어느 인터뷰에서 "아침부터 밤까지 책만 읽고 있으면 월급 주는 직업을 갖고 싶다"고 말했을 정도입니다. 자, 생각해봅시다. 책만 읽고 있으면 월급 주는 곳이 어디에 있을까요? 모르긴 몰라도 이에 가장 가까운 직업은 교수직이 아닌가 합니다. 그러나 장정일은 교수가 아닙니다. 그는 글 쓰는 일 이외의 아무 직업도 갖고 있지 않습니다. 그의 최종 학력은 검정고시로 고등학교 졸업 자격을 획득한 것입니다. 그러므로 제도권 내의 공식적인 교육기관에서 그가 받은 교육은 중학교 교육까지가 전부입니다. 자세히는 알지 못하나 그가 밝힌 바에 의하면 그는 어머니를 따라 여호와의 증인 교도가 되었고 그 교리에 충실하려는 생각 때문에 고등학교 진학을 그만두었다고 합니다. 종교와 국가는 그 뜻과 이념이 같을 수도 있지만, 그렇지 않을 수도 있습니다. 저는 이 둘 중에 어떤 것을 우위에 두어야 한다고 말할 만한 능력이 없습니다. 그리고 그럴 자격도 없습니다. 그대신, 그것은 다만 각 개인의 선택 사항에 해당되는 문제일 것 같다는, 아주 엉거주춤한 대답을 내놓을 수밖에 없습니다. 어쨌든 장정일은 독서광이고 그는 독서광답게 '장정일의 독서일기'라는 제목으로 지금까지 5권의 책을 출간했습니다. 이 책들을 보면 장정일에게는 독서가 일용할 양식이라는 생각을 하게 됩니다. 그는 밥을 먹듯 책을 읽습니다. 그는 책을 읽음으로써만이 자신이 인간임을 확인할 수 있는 자 같습니다. 그의 독서일기 내용에는 공감이 가는 부분도 있고 그렇지 않은 부분도 있지만, 그의 독서광다운 모습에는 감복할 수밖에 없습니다. 그는 읽고, 또 읽고, 또 읽고, 또 읽습니다. 그는 읽음으로써 존재합니다. 그의 하루 일과는 책의 신에게 일용할 양식을 달라고 간구하는 것으로부터 시작됩니다.

　장정일에 관한 많은 흥미로운 이야기가 있습니다. 그러나 이 자리는 그의 〈Job 뉴스〉라는 시를 감상하는 자리이기 때문에 그에 관한 일화의 소개는 이 정도로 마칠까 합니다. 그러면 이제 그가 들려주는 〈Job 뉴스〉가 어떤 내용인지 들어보겠습니다. 이 시는 그의 시집 『서울에서 보낸 3주일』 속에 들어 있습니다.

　봄날,
　나무벤치 위에 우두커니 앉아
　〈Job 뉴스〉를 본다.

　왜 푸른하늘 흰구름을 보며 휘파람 부는 것은 Job이 되지 않는가?
　왜 호수의 비단잉어에게 도시락을 덜어 주는 것은 Job이 되지 않는가?
　왜 소풍온 어린아이들의 재잘거림을 듣고 놀라는 것은 Job이 되지 않는가?
　왜 비둘기떼의 종종걸음을 가만히 따라가 보는 것은 Job이 되지 않는가?
　왜 나뭇잎 사이로 저며드는 햇빛에 눈을 상하는 것은 Job이 되지 않는가?
　왜 나무벤치에 길게 다리 뻗고 누워 수염을 기르는 것은 Job이 되지 않는가?

　이런 것들이 40억 인류의 Job이 될 수는 없을까?
　　　　　　　　　　　　　　　　—〈Job 뉴스〉 전문

　어이없는 내용의 작품인 것 같습니까? 그렇게 느낄 수도 있습니다. 시인은 처음부터 끝까지 참 멍청한 질문을 계속해서 던지고 있습니다. 그러나 이 멍청한 질문을 곰곰이 되새겨보고 있노라면, 아마 뭔가 느껴지는 것이 있을 것입니다.

장정일은 위 시에서 계속하여 질문하고 있습니다. 자기가 말하는 것들이 왜 'job'이 될 수 없느냐고 말입니다. 우리는 장정일의 이런 질문을 받고 제법 심각하게 '도대체 job이란 무엇일까' 하고, 그간 너무나 당연시했던 문제에 대하여 다시금 생각하게 됩니다. 여러분들은 job이 무엇이라고 생각하십니까? job은 밥이라고요? 발음도 비슷하군요. 그렇습니다. job은 밥의 다른 이름일 수 있습니다. job이 있어야 밥을 먹을 수 있습니다. 그러므로 인간들은 밥인 job을 잡으려고 야단입니다. 밥인 job은 인간들에게 아주 큰 권력적 실체입니다. 인간들은 권력을 갖고 싶어합니다. 권력을 갖고 있으면 그만큼 안전하니까요.

그러면 여러분들은 인간에게 가장 큰 권력이 될 수 있는 게 무엇이라고 생각하십니까? 저에게 두 가지만 들라고 한다면 저는 물리적 폭력과 밥을 들 것입니다. 왜 이 두 가지를 들었는가 하는 것은 인간에게 가장 두려운 게 무엇인가를 생각하면 금방 이해될 것입니다. 다시 말해서 인간들의 두려움을 해소시켜주는 것 혹은 두려움을 가져다 주는 것이 가장 큰 권력일 수 있습니다. 아마도 인간에게 가장 두려운 것은 죽음일 것입니다. 목숨을 잃는 것이지요. 그렇다면 무엇이 인간의 목숨을 앗아갈 수 있습니까? 가장 직접적인 것으로는 물리적 폭력이고 조금 간접적인 것으로는 밥의 부재입니다. 물리적 폭력은 단 1초 만에 우리의 목숨을 앗아갈 수 있습니다. 그러나 밥은 적어도 일주일쯤 굶어야 목숨의 상실로 이어지니까 물리적 폭력보다는 조금 덜 직접적이지요. 그렇더라도 굶는 과정 속에서 우리의 식욕이 당하는 고통을 생각한다면 밥의 권력은 물리적 폭력이 가진 권력 이상의 것일 수도 있습니다. 그러므로 밥은 엄청난, 아니 인간사의 제1권력을 형성한다고 말할 수 있습니다. job이 밥의 다른 이름이라면, 사람들이 job에 매달리는 이유를 아시겠지요. 우리는 살아남고 싶은 것입니다. 그런데 살아남기 위해서는 밥이 필요한 것입니다. 이 밥을 벌기 위해서 직업이 있어야 합니다.

job을 너무 밥의 문제와만 연결시켜 논의한다고 나무라는 사람이 있을지 모르겠습니다. 그럴 수 있습니다. 우리가 job을 갖는 것이 꼭 밥을 위해서만은 아니니까요. 그러나 허심탄회하게 말해봅시다. 우리는 왜 직업을 갖는가에 대하여 말입니다. 그러면 아마도 직업을 갖는 첫번째 이유가 바로 밥을 구하기 위한 것임을 인정하지 않을 수 없을 것입니다. 저는 가끔 제가 가르치는 학생들에게 질문을 합니다. 자네들은 왜 대학에 왔느냐고 말이에요. 그러면 그들은 아주 고상하고 추상적인 대답을 합니다. 진리 탐구를 위해서라느니, 낭만적인 삶을 위해서라느니, 인류의 발전을 위해서라느니, 인격의 도야를 위해서라느니, 참으로 듣기 좋은 말들을 합니다. 그때 저는 그들에게 다그칩니다. 좀더 솔직해져보자고 말입니다. 솔직하지 않고는 그 다음으로 발걸음을 옮길 수 없다고 말입니다. 이렇게 되어서야 그들은 밥의 권력을 갖기 위해서, 아니 살아남기 위해서 대학에 왔다고 실토합니다. 이때부터 우리들의 이야기는 앞으로 진전하기 시작합니다.

그런데 장정일은 '밥 뉴스'지라고 할 수 있는 《Job 뉴스》지를 보면서 밥을 버는 일과는 전혀 다른 이야기를 계속하고 있습니다. 그는 밥 버는 일이 무엇인지 모르는 사람처럼 비현실적인 이야기를 계속합니다. 그가 하는 비현실적인 말들을 다시 한 번 천천히, 아주 천천히 들어볼까요.

왜 푸른하늘 흰구름을 보며 휘파람 부는 것은 Job이 되지 않는가?
왜 호수의 비단잉어에게 도시락을 덜어 주는 것은 Job이 되지 않는가?
왜 소풍온 어린아이들의 재잘거림을 듣고 놀라는 것은 Job이 되지 않는가?
왜 비둘기떼의 종종걸음을 가만히 따라가 보는 것은 Job이 되지 않는가?
왜 나뭇잎 사이로 저며드는 햇빛에 눈을 상하는 것은 Job이 되지 않는가?
왜 나무벤치에 길게 다리 뻗고 누워 수염을 기르는 것은 Job이 되지 않는가?

이런 것들이 40억 인류의 Job이 될 수는 없을까?

여러분들은 장정일의 이 비현실적인 말을 들으면서 이렇게 생각할 것입니다. 그야 뻔한 일이지, 돈이 되지 않으니까 직업이 될 수 없지, 사갈 사람이 없으니까 직업이 될 수 없지, 상품이 될 수 없으니까 직업이 될 수 없지, 하고 말입니다. 그렇습니다. 이제 문제는 분명해졌습니다. 한마디로 말해서 장정일이 직업이 되면 좋겠다고 말한 것이 직업이 될 수 없는 것은 그것이 밥을 가져다 주지 못하기 때문입니다.

그렇다면 밥만으로 우리는 행복해질 수 있습니까? 밥은 행복의 기본조건이기는 하나 충분조건은 될 수 없습니다. 뿐만 아니라 밥

때문에 우리는 불행해질 수도 있습니다. 사실 밥 앞에서 우리는 얼마나 초조하고 불안하고 긴장합니까? 그리고 밥 앞에서 우리는 얼마나 비굴해지고 나약해집니까? 밥의 폭력 앞에서 우리는 꿈꾸는 것을 잊어버립니다. 그만큼 밥은 우리를 난폭하고 여유 없는 인간으로 만듭니다. 저는 절대적 빈곤 때문에 우리가 밥 앞에서 이와 같은 부정적인 모습을 보여준다면 그것을 인정하고 거기에 연민의 마음을 보낼 수밖에 없습니다. 그러나 절대적 빈곤의 문제가 해결되었음에도 불구하고 우리가 밥 앞에서 이와 같은 모습을 보여주는 것과 밥의 권력만을 위하여 살아가는 일을 그대로 인정하고 싶지는 않습니다. 저는 그토록 넓은 마음의 소유자가 못 되는가 봅니다.

밥의 권력과 폭력을 넘어서 진정 우리가 행복해지기 위해서는 장정일이 그의 시 〈Job 뉴스〉에서 왜 이런 것들은 job이 될 수 없느냐고 질문하는 내용들이 job 이상의 비중을 차지해야 합니다. 우리에게 진정 소중한 것은 무엇입니까? 물론 밥도 소중하지만, 무심의 평화와 행복과 사랑의 시간을 갖는 것 아닙니까? 저는 감히 말합니다. 행복해지고 싶다면 장정일이 말하는 것들을 job 이상의 것으로 받아들이라고 말입니다. 그런 세계를 향유할 수 있는 자만이 더욱 행복해질 수 있다고 말입니다. 살아남는 것과 행복해지는 것은 다릅니다. 살아남는 것은 밥의 권력만으로도 가능하지만, 행복해지는 것은 밥 이상의 세계를 만나야 가능해집니다. 살아남는 것도 중요하지만 행복한 삶은 더욱 중요합니다. 저는 행복해지고 싶은 여러분들을 위하여 장정일이 말하는 내용들을 하나씩 천천히 다시금 읽어보며 마음속에 그 정경을 그려보라고 말씀드리고 싶습니다. 그리고 가능하다면 그런 세계를 직접 실제로 체험해보라고 말씀드리고 싶습니다. 상상하는 것만으로도 행복해질 수 있지만, 그것을 체험까지 한다면 더욱더 행복해질 수 있으니까요. 그러면 우리 다 함께 장정일이 왜 job이 될 수 없느냐고 질문을 해댄 그 내용들을 음미하면서 행복의 시간으로 떠나볼까요? 마음과 삶 속에 장정일이 말하는 바 그 무심의 아름답고 신비로운 정경들을 품고 있는 사람이야말로 언제나 마르지 않는 샘물 하나쯤을 몸 속에 품고 있는 것이나 마찬가지입니다.

왜 푸른하늘 흰구름을 보며 휘파람 부는 것은 Job이 되지 않는가?
왜 호수의 비단잉어에게 도시락을 덜어 주는 것은 Job이 되지 않는가?
왜 소풍온 어린아이들의 재잘거림을 듣고 놀라는 것은 Job이 되지 않는가?
왜 비둘기떼의 종종걸음을 가만히 따라가 보는 것은 Job이 되지 않는가?
왜 나뭇잎 사이로 저며드는 햇빛에 눈을 상하는 것은 Job이 되지 않는가?
왜 나무벤치에 길게 다리 뻗고 누워 수염을 기르는 것은 Job이 되지 않는가?

이런 것들이 40억 인류의 Job이 될 수는 없을까?

저는 이 작품을 읽으면, 머릿속이 맑아지는 것을 느낍니다. 밥이 가져다 준 스트레스가 가시는 듯합니다. 살아남기 위해서 무한경쟁 체제에 돌입하라고 선동하는 이 세속사회의 문법을 담담히 관조할 수 있습니다. 무엇보다도 그날의 삶이 꽤 여유로워집니다. 몸 속 깊은 곳에서 생기가 솟아오르는 것 같습니다. 이런 심정을 여러 사람들과 나누고 싶습니다.

이문재
〈게으른 사람은 아름답다〉

아프도록 한번
게을러보고 싶지 않은가요?

1959년 경기도 김포에서 태어났으며, 1982년 《시운동》을 통해 등단하였다. 시집으로 『내 젖은 구두 벗어 해에게 보여줄 때』『산책시편』『마음의 오지』 등이 있다.

게으른 사람은 아름답다

이문재

나팔꽃처럼 나는 아침에
피어나지 못한다
엊저녁 젖은 길 바지에 매달려
흔들린다 아침에게 늘
미안하다

게으른 사람은 힘이 세다
아프도록 게을러져야 한다

아침 지하철에서 이웃을 사랑하라는 신의 명령과……
점심에 먹을 개소주가 흘러나온다

두 눈 부릅뜨면 해를 볼 수 없다
병이 날 만큼 게을러 보고 싶다
시청역에 붙은 위장약 광고
꾸역꾸역 개찰하며 약봉지를 버린다

게으른 사람이 힘이 세다
게으르면 거짓말을 못한다
서머타임 시계바늘을 돌려놓으며
사람들이 욕을 한다
피로회복제를 먹는 점심

게으른 사람만이 아름다울 수 있다
아플 만큼 한번 게을러야 한다
해바라기처럼 나는 노을을
놓아주지 못한다 늘 저녁에게
잘못한다

게으른 사람만이 볼 수 있다

이문재 시인은 지금 《시사저널》이라는 잡지의 편집위원으로 있습니다. 그는 『그대가 곁에 있어도 나는 그대가 그립다』『하늘 호수로 떠난 여행』 등으로 우리에게 잘 알려진 시인이자 산문가인 류시화(본명은 안재찬)와 경희대학 시절 '시운동'이라는 동인회 활동을 같이 한 일이 있습니다.

이문재에겐 모두 3권의 시집이 있는데 여기서 여러분들과 함께 감상하고자 하는 시 〈게으른 사람은 아름답다〉는 제2시집 『산책시편』 속에 들어 있습니다. 시집 제목도 조금 독특하지만 시의 제목은 더 독특하지요. '게으른 사람은 아름답다'니, 상식적으로 있을 수 있는 말이겠어요?

저는 이 시를 읽으면 가빴던 호흡이 제자리를 찾아가는 것 같습니다. 게을렀던 지난 시절들을 모두 용서할 수 있을 것 같습니다. 더 빠른 것이 더 좋은 것이라고 외쳐대는 우리 시대의 무모한 폭력적 사유체계에 항의할 기운이 생기는 듯합니다. 이런 이야기는 나중에 하고 먼저 이문재의 그 문제적인 시편이나 읽어보는 게 좋겠습니다.

시의 전문을 옮겨보면 다음과 같습니다.

나팔꽃처럼 나는 아침에
피어나지 못한다
엊저녁 젖은 길 바지에 매달려
흔들린다 아침에게 늘
미안하다

게으른 사람은 힘이 세다
아프도록 게을러져야 한다

아침 지하철에서 이웃을 사랑하라는 신의 명령과……
점심에 먹을 개소주가 흘러나온다

두 눈 부릅뜨면 해를 볼 수 없다
병이 날 만큼 게을러 보고 싶다
시청역에 붙은 위장약 광고
꾸역꾸역 개찰하며 약봉지를 버린다

게으른 사람이 힘이 세다
게으르면 거짓말을 못한다
서머타임 시계바늘을 돌려놓으며
사람들이 욕을 한다
피로회복제를 먹는 점심

게으른 사람만이 아름다울 수 있다
아플 만큼 한번 게을러야 한다
해바라기처럼 나는 노을을
놓아주지 못한다 늘 저녁에게
잘못한다

게으른 사람만이 볼 수 있다

자, 이것입니다. 잘 읽으셨는지요? 어디 흥미로운 작품이라고 생각되지 않으셨습니까? 흥미로운 작품이라고 생각하셨으리라 믿고 있습니다. 이 작품이 실려 있는 이문재의 시집 『산책시편』에서 시집의 열쇠어이자 주제어는 '산책'입니다. 여러분들은 언제 산책을 한 후 지금까지 뛰어다니고 있습니까? 산책 같은 것은 시간 낭비라고 생각하실지 모르겠습니다. 이 바쁜 속도전의 시대에 산책을 하다니, 산책은 곧 시대의 속도를 위반하는 행위라고 생각하실지 모르겠습니다. 산책은 낭만주의자들의 자기기만 행위에 불과하며, 산책할 시간이 있으면 잠을 자겠다고, 또한 생각하실지 모르겠습니다. 어쨌든 이문재의 제2시집 『산책시편』의 열쇠어이자 주제어는 '산책'입니다. 그리고 그는 우리에게 산책의 정신과 산책의 시간을 가지라고 충고합니다. 시인의 이 말을 듣든 안 듣든 그것은 여러분의 자유입니다. 그러나 이문재는 아주 간절하게 자신의 이 말 속에 진실이 숨어 있다고 호소합니다.

우리가 함께 감상할 시 〈게으른 사람은 아름답다〉는 이문재의 이런 산책정신을 반영하고 있는 작품입니다. 그는 이 시에서 아주 많은 경구들을 만들어내고 있습니다. 그가 만든 경구들을 한번 유심히 살펴보기로 하겠습니다.

*게으른 사람은 힘이 세다 / 아프도록 게을러져야 한다
*두 눈 부릅뜨면 해를 볼 수 없다 / 병이 날 만큼 게을러 보고 싶다
*게으른 사람이 힘이 세다 / 게으르면 거짓말을 못한다
*게으른 사람만이 아름다울 수 있다 / 아플 만큼 한번 게을러야 한다
*게으른 사람만이 볼 수 있다

대단한 경구들이지요? 그러면 그가 만든 경구의 의미를 함께 새겨보기로 하겠습니다.

첫째, 그는 말했습니다. "게으른 사람은 힘이 세다 / 아프도록 게을러져야 한다"고. 여기서 우리는 맨 먼저 "게으른 사람은 힘이 세다"는 데 눈길을 주어야 할 것 같습니다. 도대체 "게으른 사람은 힘이 세다"는 것이 무슨 뜻입니까? 지금까지 게으름은 부도덕할 뿐만 아니라 죄를 짓는 행위처럼 여겨져왔습니다. 그날 하루를 게으르게 살면 저녁에 반성문을 써야 했습니다. 그런데 이문재는 이런 우리들의 생각과 행위를 비웃기라도 하듯이 "게으른 사람은 힘이 세다"고 자기 식의 진실을 말합니다. 다시 물어봅시다. 도대체 "게으른 사람은 힘이 세다"는 것이 무슨 뜻입니까? 저는 이 말을 다음과 같이 해석하고자 합니다. 여유 있게, 천천히, 제 몸의 자연스러운 리듬에 맞게 생을 운영하는 사람은 힘이 있다는, 그런 뜻으로 말입니다. 지금 우리는 너나 할 것 없이 속도전에 휘말려 있습니다. 사람들은 몇 년

전부터 '시테크'라는 말을 만들어냈습니다. 회사의 사무실에는 과장이 3분간 놀면 5000원을 낭비하는 것이요, 부장이 3분간 놀면 10000원을 낭비하는 것이라고, 시간을 돈으로 환산해서 붙여놓은 표가 있다고 들었습니다. 물론 이것은 한편으로 좋은 일입니다. 그만큼 성실하게 열심히 살 수 있으니까요. 그러나 다른 한편으로 이것은 안타까운 일입니다. 인간들은 이제 꼼짝없이 시간과 생산의 도구가 되고 말았으니까요. 요즘 우리 시대는 '더 빠른 것이 더 좋은 것'이고, '더 빠른 것이 더 큰 진리'라고 가르칩니다. 북한에서는 늘 각 분야에서 '속도전'을 합니다. '100일 속도전' '200일 속도전', 이와 같은 말들이 난무합니다. 그러고 보면 북한사회도 속도전에서 예외가 아닙니다. 그런데 이문재는 '빠름'과 '속도전'을 지향하고 있는 우리들에게 경고한 것입니다. 조급하게 빠름의 노예가 되다가는 쉽게 힘을 잃고 쓰러진다고 말입니다. 여러분들도 체험했을 것입니다. 조급하게 속도전에 돌입하여 시험 공부이건 무엇이건 일을 하다 보면 금방 얼마 지나지 않아 제풀에 지쳐 쓰러지는 자신들의 모습을……. 빠름과 속도전에는 아주 과열된 에너지가 필요합니다. 우리의 몸은 과열된 에너지를 무리하게 방출하고 금방 피로에 젖어버립니다. 그러므로 진정 힘있는 행보를 계속하려면 천천히, 여유롭게, 몸의 리듬을 존중하며, 나아가야 합니다. 이문재는 이런 사람을 가리켜 "게으른 사람"이라고 표현했습니다. 그리고 그는 이렇게 게으른 사람이 되어야만 힘있는 사람이 될 수 있다고 말했습니다. 참으로 천천히, 여유롭게, 몸의 리듬을 존중하며 생을 영위해봅시다. 아마도 몸의 저 밑바닥에서 자신도 모르게 솟구치는 큰 힘을 느낄 것입니다. 이문재는 이런 '게으름' 혹은 '여유로움'의 중요성을 강조하기 위하여 우리는 "아프도록 게을러져야 한다"고 말했습니다. "아프도록 게을러져야 한다"는 것은 무슨 뜻일까요? 저는 이 말을, 일하고 싶은 충동이 저절로 솟구칠 때까지 게을러보는 것이 어떠냐는 뜻으로 해석합니다. 여러분들은 실컷 자고 일어났을 때, 몸의 밑바닥에서 솟구치는 생의 열정을 느껴본 적이 있습니까? 며칠간 푹 쉬고 났을 때 또한 다시금 몸의 밑바닥에서 솟구치는 생의 열기를 느껴본 적이 있습니까? 있으리라고 생각합니다. 호흡을 천천히 조절하면서, 아랫배에 힘을 모으면서, 신중하게 한 발짝 한 발짝 생의 발걸음을 옮겨봅시다. 아마도 여러분들의 몸 속에 숨어 있던 힘이 솟아날 것입니다.

둘째, 그는 말했습니다. "두 눈 부릅뜨면 해를 볼 수 없다 / 병이 날 만큼 게을러 보고 싶다"고 말입니다. 맞습니다. 두 눈을 부릅뜨고 해를 보면 해의 진면목을 보기 이전에 우리의 눈이 먼저 아픕니다. 긴장하거나 흥분해서 조급해지면, 세상이 보이지 않습니다. 우리는 연거푸 실수만 계속하거나 환시에 빠져 허둥댈 뿐입니다. 진정 세상의 진면목을 보기 원한다면 아주 차분해져야 합니다. 두 눈을 부릅뜨는 대신 조용히 감고 내면을 응시해야 합니다. 그리고 아주 부드럽고 조용한 눈길로 세상을 관조해야 합니다. 태양은 두 눈을 부릅뜬 자에게 먼저 그의 눈을 상하게 만듭니다. 태양으로 비유된 세상의 모든 것들 역시 두 눈을 부릅뜬 자에게 그의 눈을 먼저 상하게 만듭니다. 그런데 어찌 된 일인지, 우리가 살고 있는 이 세상은 자꾸만 두 눈을 부릅뜨도록 충동질합니다. 그래서 저녁이 오기도 전에 우리는 늘 피곤합니다. 천천히, 여유롭게, 부드러운 눈길로 조용히 안팎을 응시하며 하루를 보낸다면, 우리의 저녁 시간은 여전히 싱싱한 생명력을 발하고 있을 것입니다. 이문재는 이런 시간을 소망합니다. 그래서 그는 "병이 날 만큼 게을러 보고 싶다"고 말했습니다. 세상의 속도전에 휘말리고 싶지 않다는 것이지요. 세상의 속도전에서 이탈할 지혜가 있을 때만이 우리의 참된 힘을 키울 수 있다는 것이지요. 지금 이 순간에도 세상은 우리에게 서두르라고 유혹합니다. 하지만 그 유혹에 어떻게 반응할 것인가는 전적으로 우리들의 몫입니다.

셋째, 그는 말했습니다. "게으른 사람이 힘이 세다 / 게으르면 거짓말을 못한다"고 말입니다. 앞부분의 "게으른 사람이 힘이 세다"는 말에 대해서는 이미 첫째 항에서 다루었기 때문에 이번에는 뒷부분의 "게으르면 거짓말을 못한다"는 말에만 주목하기로 하겠습니다. "게으르면 거짓말을 못한다"는 것이 무슨 뜻입니까? 저는 이렇게 생각합니다. 천천히, 여유롭게, 자신만의 리듬을 지키며 살아가는 사람은 자기 자신을 객관적으로 관찰할 시간을 마련할 수 있기 때문에 엉터리 같은 행동을 하지 않는다는 것입니다. 다시 말하자면 여유로움 속에서 늘 자기 자신을 객관적으로 점검할 수 있기 때문에 허튼 행동을 할 수 없다는 것입니다. 우리는 속도전 속에서 자아를 상실할 때가 많습니다. 너무나 속도를 내다 보니 그 속도감에 취해서 자신이 무엇을 하는지 돌아볼 여유를 갖지 못하는 것입니다. 그저 속도의 흐름에 몸을 싣고 떠나는 것만도 벅차니까요. 이문재는 이런 우리들에게 경고하는 것입니다. 당신의 진면목을 지켜가려면 아주 "게으른 사람"이 되어야 한다고. 물론 여기서 이문재가 말하는 "게으른 사람"은 노력도 하지 않은 채 무임승차하듯 이 세상을 살아가려고 하는 파렴치한 인간들과 다른 사람이지요.

넷째, 그는 말했습니다. "게으른 사람만이 아름다울 수 있다 / 아플 만큼 한번 게을러야 한다"고 말입니다. 게으름과 관련된 이문재의 경구는 점점 발전해서 "게으른 사람은 힘이 세다"에서 시작하여 마침내 "게으른 사람만이 아름다울 수 있다"는 말을 만들어내었습니다. 왜 이문재는 게으른 사람을 아름답다고까지 했을까요? 미의 기준은 시공에 따라 참으로 다양합니다. 그래서 어느 한 가지 기준만을 고집할 수는 없어요. 그러나 느긋하고 여유 있는 자세로 내면의 숨은 힘을 싱싱하게 뿜어내는 사람을 보고서 아름답다고 말하는 데는 누구라도 이의가 없을 것이라 생각합니다. 큰일을 하면서도 느긋한 사람, 큰일을 못하더라도 여유 있는 사람, 그런 사람은 다른 사람에게 평화와 안식의 시간을 갖게 합니다. 아마도 이문재는 이런 사람을 두고 아름답다고 표현한 것일 터입니다. 이문재는 아름다운 사람이 되기 위하여 "아플 만큼 한번 게을러야 한다"고 이어서 말합니다. 아플 만큼 게을러야 한다는 것은, 말할 나위도 없이 자신을 최대한 여유와 안심 속에 놓고 그 어떤 것에도 지배당하지 않는, 이른바 절대 자유 혹은 절대 자율의 시간으로까지 나아가는 것을 뜻하겠지요. 이런 상황에서 우리는 주위의 어떤 것에도 유혹되지 않습니다. 나 자신이 하나의 자족적이며 절대적인 존재로 살아갈 뿐입니다.

다섯째, 이문재는 말했습니다. "게으른 사람만이 볼 수 있다"고 말입니다. 이문재는 여기서 "볼 수 있다"는 말을 했는데 도대체 "볼 수 있다"는 것은 무엇을 뜻하는 것입니까? 저는 이런 물음 앞에서 이문재가 "볼 수 있다"고 한 것은 자아와 세계의 진실을 볼 수 있다고 한 것으로 해석합니다. 우리는 눈을 뜨고 있지만 진실을 잘 보지 못합니다. 그 이유는 여러 가지이겠으나, 이문재 식으로 말하자면 "게으른 사람"이 될 수 없기 때문입니다. 다시 말해서 느긋하고 여유로운 사람, 안정과 자유 속의 인간이 될 수 없기 때문입니다. 그러니 진실을 보기 위해서는 게을러질 필요가 있습니다. 세상의 속도전에 무방비 상태로 휘말려들지 않을 필요가 있습니다. 스스로 자신의 속도를 조절할 필요가 있습니다. 시간의 노예가 되지 않을 필요가 있습니다. 우리는 속력을 내며 달릴 때 세상을 스칠 수는 있으나 볼 수는 없습니다. 어디 한번 시속 150킬로미터 정도의 속도로 고속도로를 달려보세요. 여러분들은 수많은 것들을 스쳤지만 어느 것과도 진정 만날 수가 없었을 것입니다. 그리고 그들의 진실된 모습을 음미할 수도 없었을 것입니다. 이런 점에서 잘 보기 위해서는 게을러져야 한다는, 이문재의 억지 같은 말이 설득력을 갖습니다.

지나치게 경구에 매달려서는 안 되지만, 경구는 아주 짧은 말 속에 놀랄 만한 진실을 감추고 있습니다. 이문재가 그의 시 〈게으른 사람은 아름답다〉에서 보여준 경구들도 이런 경구의 특성을 잘 갖추고 있습니다. 경구를 말하기 위해서는 세상을 깊이 그리고 예리하게 볼 줄 알아야 합니다. 경구를 말하기 시작하면 이미 시인이 되기 시작했다는 것으로 보아도 무방합니다.

경구에 대하여 먼저 살펴보느라고 꽤 많은 지면을 썼습니다. 이제는 이문재의 시 〈게으른 사람은 아름답다〉의 전체적인 모습을 살펴보아야 할 것 같습니다. 시의 전문이 기억나지 않으면 다시 한 번 〈게으른 사람은 아름답다〉를 읽어보십시오.

이문재는 이 시의 제1연에서 자신은 아침이 되어도 상쾌하게 일어날 수 없어서 늘 아침에게 미안한 느낌을 갖고 있다고 말합니다. 여기서 시인은 아침에 아주 잘 일어나는 존재로 나팔꽃을 끌어들였습니다. 나팔꽃을 키워보았거나 관찰해본 사람이라면 알겠지만 나팔꽃은 아주 일찍 어김없이 환하게 피어나는 꽃입니다. 우리가 일어나기 전에 이미 나팔꽃은 피어서 우리를 기다립니다. 그런데 이문재는 이런 나팔꽃과 피로에 찌든 자신의 아침 시간을 대비시키면서 자신의 아침에 뭔가 문제가 있다고 생각합니다. 이문재는 그가 아침에 나팔꽃처럼 싱싱하게 일찍 깨어나지 못하는 것은 엊저녁의 피로에 젖은 삶이 고스란히 따라와 있기 때문이라고 말합니다. 그의 아침은 이렇게 엉망으로 시작됩니다. 몸은 늘어지고, 눈은 뜨이지 않고, 출근 시간은 다급하게 그를 재촉합니다. 그는 이런 데서 정신을 차릴 수가 없습니다. 게을러질 여유가 없습니다.

제2연으로 가보면 이문재는 이런 자신의 아침을 반성하며 경구를 만들어놓았습니다. 그것은 앞의 첫째 항에서 우리가 살펴본 "게으른 사람은 힘이 세다 / 아프도록 게을러져야 한다"는 것입니다.

다시 제3연으로 가면 이문재는 정신없이 출근하는 아침 지하철의 풍경을 묘사하고 있습니다. 햇빛도, 바람도, 산소도 부족한 지하철에서 사람들은 아침 시간을 만들어갑니다. 그런 지하철은 지옥철이라고 부를 만큼 견디기에 힘든 곳입니다. 그런데 그런 곳에서 이웃을 사랑하라는 어느 광신도(?)의 외침이 들려옵니다. 제 한 몸을 추스르기도 힘이 드는 아침인데, 이웃을 사랑하라는 그 말이 들릴 리가 없습니다. 이미 우리의 아침 시간은 첫 단추부터 고단함 속에서 시작되었던 것이지요. 이런 가운데서 이문재는 점심에 먹을 개소주가 가방에서 흘러나오는 것을 느낍니다. 개소주를 먹지 않고는 하루의 고단함을 견딜 수 없는 속도전 속의 현대인들을 그는 생각하고 있는 것입니다. 개소주를 먹고서라도 속도전에 참여하겠다고 결의를 다지는 이 시대의 인간 군상에게 그는 연민의 마음을 보내는 것입니다.

제4연으로 넘어가면, 이문재는 역시 우리가 앞의 둘째 항목에서 살펴본 경구를 만들어냅니다. 그 경구의 내용은 "두 눈 부릅뜨면 해를 볼 수 없다 / 병이 날 만큼 게을러 보고 싶다"는 것입니다. 게을러 보고 싶어도 게으를 수 없는 이 속도전의 시대 속에서 그는 갈등을 느끼는 것입니다. 그러나 갈등이 크면 클수록, 그리고 속도전의 기세가 드높으면 드높을수록 스트레스를 제1차적으로 받는다는 우리의 위장은 편할 날이 없습니다. 이문재는 그런 현대인들을 노리고 장사 전략을 세우기라도 한 것처럼 역사에 붙은 위장약 광고를 어이없는 마음으로 쳐다봅니다. 그리고 그 자신도 위장약 신세를 지며 살아가고 있다는 걸 은연중에 내비칩니다.

이문재는 제5연에서 다시 경구를 말합니다. 그 경구는 위의 셋째 항에서 살펴본 "게으른 사람이 힘이 세다 / 게으르면 거짓말을 못한다"는 것입니다. 이문재는 이런 경구 다음에 시간과의 결투를 벌이느라고 서머타임을 만든 이 사회의 악착같은 인간들에게 비판의 눈길을 보냅니다. 시간은 늘 아껴야 하는 것이고, 시간은 늘 생산성으로 변환되어야 하는 것이니, 서머타임을 고안한 것이야말로 획기적인 발상이라고 속도전의 수많은 교도들은 생각할 것입니다. 이런 속도전 속에서 이 시대 인간들은 점심 시간이 되면 반찬처럼 '피로회복제'를 같이 먹습니다. 피로는 현대인으로서 속도전에 충실했다는 훈장 같은 것이니까 당연히 피로회복제쯤은 먹어야 하는 것인가요?

이문재는 또다시 제6연에서 경구를 만들어냅니다. 그 경구는 "게으른 사람만이 아름다울 수 있다 / 아플 만큼 한번 게을러야 한다"는 것입니다. 그럼에도 불구하고 그는 저녁조차도 느긋하게 맞아들이지 못합니다. 속도전에서 이기기 위해서는 가능한 한 낮의 시간을 늘리면서 우리는 시간을 벌어야 합니다. 저녁에 일찍 잠자리에 든다는 것은 죄악입니다. 사람들은 저녁 시간까지 낮으로 만들기 위해 불과 전등을 발명했습니다. 그 인공의 불빛과 등불 아래서 밤은 낮의 시간을 연장시켜줍니다. 저녁이면 느긋하게 해방되어 일찍이 잠자리에 들어야 우리의 하루는 정리되는 것이지만 우리들은 시간과 싸우느라 그렇게 하지 못합니다. 저는 밤이야말로 하루 종일 더럽혀지고 혼란스러워진 우리의 몸과 마음을 정화시켜주는 유일한 시간이라고 생각합니다. 밤이 아니라면 우리는 정화될 수 없습니다. 낮의 시간은 긴장과 타산으로 일관됩니다. 이에 비하여 캄캄한 밤의 시간은 해방과 교감의 정으로 가득합니다. 그 시간 속에서 우리는 정화되고 안정됩니다.

이문재는 마지막 제7연에서 최후의 경구를 말합니다. 그것은 "게으른 사람만이 볼 수 있다"는 것입니다.

인간에게는 게으를 자유와 권리가 있습니다. 여러분들은 버트런드 러셀이 쓴 『게으름에 대한 찬양』이라는 책을 보셨는지요? 그는 게으름이야말로 인간사를 풍요롭게 만들어주는 원천이라고 말합니다. 저도 이 말에 동감입니다. 우리는 속도전에 참여하기 위하여 이 땅에 온 것이 아닙니다. 여러분들은 또한 밀란 쿤데라의 소설 『느림』을 읽어보셨는지요? 그는 여기서 '느림'을 찬양합니다. 그리고 현대인들이 느림의 소중함을 상실했다고 아쉬워합니다. 느림은 역시 우리의 삶을 풍요롭게 만들어줍니다.

여러분들은 지금 얼마만한 속도로 달려가고 있습니까? 너무나 속도를 내다 보니 제정신을 차릴 수 없을 정도인지도 모르겠습니다. 이런 사람들은 늘 바쁩니다. 그들은 바쁘기 위하여 태어난 사람 같습니다. 그런데 문제는 이렇게 바쁜 척해봐야 그들이 하는 일은 양과 질에서 느긋하게 여유를 갖고 천천히 그러나 또박또박 걸어가는 사람들을 쫓아올 수 없다는 것입니다. 게을러지면, 느림의 소중함을 알면, 자신의 리듬을 존중하면, 우리는 아침에 나팔꽃처럼 깨어날 수 있습니다. 그리고 저녁에 서해로 지는 태양처럼 이른 시간 평화로운 잠의 세계로 들어갈 수 있습니다.

이쯤에서 저도 경구 하나를 만들어보겠습니다. '게으른 사람에게 복이 있나니, 천국이 저희 것임이요.' 복은 주어지는 것이 아니라 만드는 것이니 게을러짐으로써 복을 만드십시오. 어디 저의 이 말을 듣고 나니 허둥대던 맥박이 차분하게 가라앉는 것 같지 않습니까?

김춘수
〈강우降雨〉

바우키스와 필레몬 같은
노부부의 사랑이야기

1922년 경남 통영에서 태어났으며, 1946년 《노만파》를 통해 등단하였다. 시집으로 『구름과 장미』 『늪』 『도스토예프스키』 『의자와 계단』 『거울 속의 천사』 등이 있다.

降雨

김춘수

조금 전까지 거기 있었는데
어디로 갔나.
밥상은 차려놓고 어디로 갔나.
넙치지지미 맵싸한 냄새가
코를 맵싸하게 하는데
어디로 갔나.
이 사람이 갑자기 왜 말이 없나.
내 목소리는 메아리가 되어
되돌아온다.
내 목소리만 내 귀에 들린다.
이 사람이 어디 가서 잠시 누웠나,
옆구리 담괴가 다시 도졌나, 아니 아니
이번에는 그게 아닌가 보다.
한 뼘 두 뼘 어둠을 적시며 비가 온다.
혹시나 하고 나는 밖을 기웃거린다.
나는 풀이 죽는다.
빗발은 한 치 앞을 못 보게 한다.
왠지 느닷없이 그렇게 퍼붓는다.
지금은 어쩔 수 없다고,

김춘수 시인은 2001년에 팔순을 맞이하였습니다. 후배 시인들이 김춘수 시인의 팔순맞이를 축하해주기 위해 조촐한 잔치를 가진 것으로 알고 있습니다. 시간이란 존재도 알고 보면 인간들이 만들어낸 형식에 불과한 것이라 할 수 있을 것이니, 팔순맞이를 기념하며 축하의 잔치를 벌이는 것도 일종의 인간적인 형식 놀이를 즐기는 것에 다름 아니겠지요. 그러나 이런 형식 놀이를 통하여 인간들이 더 가까워지고, 더 깊어지고, 더 풍요로워질 수 있다면, 그런 형식 놀이야말로 꽤나 의미 깊은 것이고, 자주 있을수록 좋은 것이기도 하지요.

　김춘수 시인의 시 〈강우降雨〉를 감상하려고 하니까 1994년 어느 찌는 듯한 여름날, 김춘수 시인과 대담을 하기 위하여 그가 살고 있던 저 강동구 명일동의 한 아파트를 찾아갔던 기억이 떠오릅니다. 그때의 무더위는 참으로 대단해서 태양이 빗물처럼 주룩주룩 녹아내리는 듯하였습니다. '강우'가 아니라 '강열降熱'의 시간이었습니다.

　그때, 김춘수 시인의 시, 〈강우〉 속의 주인공인 김춘수 시인의 부인은 저와 함께 간 일행의 갈증과 무더위를 시원한 주스 몇 잔으로 식혀주었습니다. 김춘수 시인의 부인은 참으로 무던해 보였습니다. 예민하게 보이는 김춘수 시인과 참 대조적이었습니다. 이것은 순전히 주관적인 저의 느낌입니다만, 김춘수 시인의 부인은 세상 물정 모르는 김춘수 시인의 넉넉한 누님 같아 보였습니다.

이윽고 시작된 대담에서 김춘수 시인은 순진한 청년처럼 조금도 수식을 가하지 않은 자세로, 70세가 훨씬 넘은 노인답지 않게 쩌렁쩌렁한 목소리로 당신의 시세계에 대하여 전력을 다해 설명하였습니다. 그때 저는 김춘수 시인으로부터 참 많은 이야기를 들었습니다. 그러나 가장 인상적인 내용은 당신의 시가 철저하게 가면을 쓰고 만들어진 '인공의 시'라고 한 것이었습니다. 이와 같은 유형의 시에 대하여 그가 갖고 있는 자의식은 조금만 건드려도 터질 듯 아주 팽팽하게 긴장돼 있었습니다. 그는 그만큼 철저했고, 그런 긴장을 견딜 만큼 강인했습니다.

이후 김춘수 시인의 시는 시집 『의자와 계단』을 출간하면서 무슨 생각에서였는지 그간의 긴장을 조금 풀고 자신을 드러내 보이는 얼마간의 시적 변화를 감행하는 것같이 보였습니다. 저는 이런 변화를 감지하면서 김춘수 시인도 이제 '노인이 되었나 보다'라는 생각을 혼자 하였습니다. 그러나 이것은 저의 착각이었을 뿐 그는 잠시 동안 보여줬던 이런 변화상을 거두어들이고 다시금 그동안 써왔던 '인공의 시' 혹은 '가면의 시'를 쓰는 데로 돌아가버렸습니다. 그가 이런 유형의 시를 쓰기 시작한 것이 1960년대 말부터이니까 독자인 저도 솔직히 말씀드리자면 어느 때는 그의 이런 '인공의 시' 혹은 '가면의 시'가 지루하게 여겨지기도 했습니다. 그런 사실을 반영이라도 하듯이 모 시인은 어느 시 잡지를 통하여 용감하게도(?) 김춘수와 같은 시를 쓰는 시인은 우리 시단에 오직 한 명만으로 충분하다는 비판 섞인 지적을 하였습니다.

'인공의 시' 혹은 '가면의 시'라고 불러본 이런 유형의 시를 김춘수 시인은 공식적으로 '무의미의 시'라고 칭하였지요. 그는 아무런 설명도 하지 않고 처음부터 끝까지 이미지만 제시한 시를 써온 것이었습니다. 저는 이런 김춘수의 시를 가리켜 '이다'의 시가 아니라 '있다'의 시라고 부릅니다. '이다'는 설명의 한 방식이지만 '있다'는 존재를 제시하는 한 방식이기 때문입니다. 세계에 대한 해석과 설명을 거부할 때 우리는 '있다'의 어법을 쓸 수밖에 없습니다. '있다'고 말하는 것은 객관적 묘사를 하는 일일 뿐, 아무런 주관적 해석도 주장도 가하지 않는 일입니다.

이런 김춘수 시인이 2001년 봄에 '이다'라고 말하는 시집을 한 권 출간했습니다. 그 시집의 이름은 『거울 속의 천사』입니다. 그러나 이 시집을 놓고 이렇게만 말해서는 안 됩니다. 그가 '이다'의 어법을 허용한 이번 시집은 그와 함께 해로하던 아내를 저세상으로 보내고 쓴 일종의 '사부가思婦歌'이기 때문입니다. 1994년 여름 어느 날, 찌는 듯한 무더위 속을 뚫고 김춘수 시인의 명일동 자택을 방문한 저와 일행에게, 넉넉하고 무던한 표정으로 시원한 주스를 대접하던 김춘수 시인의 아내가 2년 전 세상을 떠난 것입니다. 김춘수 시인은 그의 이번 시집 『거울 속의 천사』를, 아내 "淑瓊(숙경)의 영전에 바친다"고 시집의 첫 장에 헌사를 써놓았습니다. 그리고 「후기」란에 "이 시집에 실린 여든아홉 편의 시들 모두에 아내의 입김이 스며 있다. 나는 그것을 여실히 느낀다. 느낌은 진실이다"라고 아내의 존재에 대해

써놓았습니다. 아내와의 사별이라는 이 엄청난 사건 앞에서 김춘수는 '이다'의 시를 쓰지 않을 수가 없었던 것입니다.

　아내란 무엇입니까? 또 남편이란 무엇입니까? 아예 처음부터 인간의 유전자가 암수 동체라면 인간들이 그토록 다른 한쪽을 찾아 헤매느라고 애를 쓰지도 않아도 되었을 것이란 생각을 해보셨습니까? 또한 이별이나 사별로 인하여 그토록 커다란 고통을 당하지 않아도 되었을 것이라고 생각해보신 적이 있으십니까? 인간이 암수 동체가 아니라 암수 이체로 진화(?)한 것은, 아니 창조(?)된 것은 인간들에게 행운입니까, 아니면 비극입니까? 인간들이 살아가는 동안 음식을 해결하기 위하여 바치는 노력이 가장 크다면, 아마도 그 다음으로 큰 노력을 바치는 것은 짝을 찾고, 그 짝을 유지하고, 그 짝을 잃으면서도 살아가야 하는 일일 것입니다.

　누군가의 죽음 앞에서 우리는 아무 말도 할 수 없습니다. 죽음은 모든 사람의 입을 다물게 만듭니다. 더군다나 부부간의 사별 앞에서 무슨 말을 내어놓을 수가 있겠습니까? 부부간의 사별이란 오랜 노력 끝에 암수 동체의 온전한 삶을 살았던 한 존재가 그 온전성을 잃는 일이기 때문입니다. 부부란 암수 동체의 형태를 이루어 살아가면서 암수 동체로서의 균형을 맞추기 위하여 참으로 많은 싸움도 합니다. 그러나 암수 동체가 된 그 신비를 파기해버릴 용기가 없는 한 부부는 정말로 오랜 시간을 함께 살아가며 오누이처럼 닮아버리는 이상한(?) 만남의 한 실상입니다.

　앞서 말씀드렸듯이 '가면의 시'를, '인공의 시'를, '묘사의 시'를, '무의미의 시'를 쓰겠다고 긴장의 끈을 늦춘 적이 없던 김춘수 시인도, 수십 년을 함께 살다가 먼저 떠난 아내의 죽음 앞에서는 이런 고집을 계속 부리지 못하고 그만 '맨얼굴의 시'를, '자연발생적인 시'를, '해석의 시'를, '의미의 시'를 쓸 수밖에 없었습니다. 그런 시작품들이 그의 최근 시집 『거울 속의 천사』 속에 모여 있습니다.

저는 이 시집을 읽어가면서 그의 초기 시집을 읽을 때처럼 얼굴이 달아오르곤 하였습니다. 그의 무의미시도 그 나름의 매력이 있지만 저는 그의 초기 시와 이번 시집 『거울 속의 천사』에서 스며 나오는 '사람 냄새'가 참으로 좋았습니다. 그것도 김춘수 시인이 수십 년 만에 정말 어쩔 수 없는 간절한 정황 속에서 흘려보낸 사람 냄새였기 때문에 더욱 인상적이었습니다. 개인적으로 말하자면 대학 1학년 시절, 저는 김춘수의 초기 시를 접하고 며칠간 흥분을 가라앉히지 못했던 경험이 있습니다. 이번 시집 『거울 속의 천사』를 읽으면서 그때의 광경이 떠올랐습니다. 물론 이번 시집 속의 사람 냄새는 이전의 초기 시에 들어 있는 그것과 다른 종류의 것이었지만 김춘수가 '잘 만들어진' 시인의 얼굴이 아닌, 그야말로 투박한 인간의 얼굴로 우리 앞에 나타나서 그의 깊은 속내를 드러내 보였다는 점만은 서로 같습니다.

이제 김춘수 시인의 시 〈강우〉를 만나보기로 하겠습니다.

조금 전까지 거기 있었는데
어디로 갔나,
밥상은 차려놓고 어디로 갔나,
넙치지지미 맵싸한 냄새가
코를 맵싸하게 하는데
어디로 갔나,

이 사람이 갑자기 왜 말이 없나,
내 목소리는 메아리가 되어
되돌아온다.
내 목소리만 내 귀에 들린다.
이 사람이 어디 가서 잠시 누웠나,
옆구리 담괴가 다시 도졌나, 아니 아니
이번에는 그게 아닌가 보다.
한 뼘 두 뼘 어둠을 적시며 비가 온다.
혹시나 하고 나는 밖을 기웃거린다.
나는 풀이 죽는다.
빗발은 한 치 앞을 못 보게 한다.
왠지 느닷없이 그렇게 퍼붓는다.
지금은 어쩔 수 없다고,

—〈降雨〉 전문

    위 시의 화자이자 시인에겐 아직도 아내의 죽음이 실감으로 또 사실로 다가오지 않습니다. 수십 년간 보았던 모습, 수십 년간 들었던 목소리, 수십 년간 맡았던 살 냄새……. 그야말로 이렇게 오랜 시간 동안 함께 살면서 부부는 서로에게 너무나 깊숙이 각인돼 있습니다. 아니 각인이라는 말은 정확하지 않습니다. 부부는 그렇게 오랜 시간 동안 함께 살면서 서로에게 너무나 깊숙이 육화되어 그 몸 안에 들어앉아 살고 있습니다. 그러니 짧은 한순간의 죽음이 그간의 길고 긴 시간 속에 육화되어 들어와 앉아 살고 있는 상대의 자리를 무화시킬 수가 없습니다.

그러므로 위 시의 화자이자 시인에겐 죽은 아내가 잠시 어디에 다녀러 간 것처럼 생각될 뿐입니다. 사실이 사실로 수용되지 않습니다. 이성은 그것을 사실로 수용하고자 하더라도 몸이 말을 듣지 않습니다. 그래서 그는 다음과 같이 환청 비슷한 착각 속으로 들어갑니다.

조금 전까지 거기 있었는데
어디로 갔나,
밥상은 차려놓고 어디로 갔나,
넙치지지미 맵싸한 냄새가
코를 맵싸하게 하는데
어디로 갔나,
이 사람이 갑자기 왜 말이 없나,

그는 아내가 돌아올 것만 같은 착각 속에 빠져 있습니다. 그의 아내와 지냈던 지난 삶이 지워지지 않고 습관처럼 되살아나고 있는 것입니다. 정말 그의 아내는 어디로 갔을까요? 시인만 착각 속에서 그의 아내가 어디로 갔는지를 모를 뿐, 독자인 우리들은 그의 아내가 어디로 갔는지를 너무나도 잘 알고 있습니다. 이런 구도는 그것을 아는 사람들로 하여금 그것을 모르는 사람에 대하여 연민의 마음을 갖게 합니다. 술래가 되어 혼자만 사실을 모르는 아이처럼, 시인은 위 시 속에서 세상을 떠난 그의 아내를 계속 찾고 있는 모습입니다.

시인은 아내를 부르지만 그 아내는 아무 대답도 하지 않습니다. 시인은 아내를 찾지만 아내는 나타나지 않습니다. 여전히 아무것도 모르는 술래 같은 시인은 "어디로 갔나" "이 사람이 갑자기 왜 말이 없나"라고 엉뚱한(?) 질문을 하며 서성입니다.

그러나 술래가 된 시인의 이런 처지를 보고 그 누구도 나서서 당신은 아내를 잃은 것이며 그 아내는 영영 돌아오지 않을 것이라는 점을 알려주지 않습니다. 아니, 알려줄 수가 없습니다. 위 시의 정황으로 볼 때 시인은 지금 아내가 떠난 집에 홀로 있기 때문입니다. 그는 이런 외로운 처지에서 오직 자신의 목소리가 반향돼 돌아오는 메아리만 듣고 맙니다. 아내를 찾아다니는 집 안에, 그런가 하면 그렇게 찾아다니며 당혹스러워하는 시인의 마음속에 속절없이 그의 목소리만 반향되어 '메아리'로 돌아오는 것입니다.

시인은 이렇게 자신의 목소리만 메아리로 되돌아온다는 것을 알았습니다. 그러나 이런 사실도 시인으로 하여금 그의 아내가 이 세상을 진정 떠나버렸다고 시인하고, 아내 찾기라는 그 일을 단념하게 만들지 못합니다. 그래서 시인은 또다시 착각에 빠져듭니다. 어딘가에서 아내가 돌아올 것만 같다는 생각입니다.

이 사람이 어디 가서 잠시 누웠나,
옆구리 담괴가 다시 도졌나, 아니 아니
이번에는 그게 아닌가 보다.
한 뼘 두 뼘 어둠을 적시며 비가 온다.
혹시나 하고 나는 밖을 기웃거린다.

위 인용문을 보건대 시인은 아내가 어디 좀 아파서 잠시 누워 있는 것이 아닐까 하고 생각하는 것입니다. 어쩌면 평소에도 늘 도지곤 했던 담괴가 다시 도졌는지 모르겠다고 생각을 고쳐 해보기도 하는 것입니다. 그러나 아내는 낮 시간이 다 지나고 어둠이 성큼성큼 닥쳐오도록 집으로 돌아올 기색을 보이지 않습니다. 시인은 가만히 생각해봅니다. 아마도 이번에는 큰 사건이 일어난 것 같다는 게 그의 생각입니다. 그러는 사이 날은 어두워 밤이 오고, 그 밤을 적시며 비가 더불어 내리고 있습니다. 시인은 조급해집니다. 그리고 답답해집니다. 그는 창밖을 내다보며 밖을 기웃거려봅니다. 어디선가 아내가 익숙한 표정으로 나타날 것만 같은 것입니다. 그러나… 시인의 아내는 돌아올 기색을 전혀 보이지 않습니다.

이제 시인은 조금씩 단념을 하며 그의 아내가 저 먼 세상으로 떠났다는 것을 인정하지 않을 수가 없는 데까지 왔는가 봅니다. 인정하고 싶지 않지만 인정할 수밖에 없는 사건임을 그는 수용하게 된 것 같습니다. 이렇게 아내의 죽음을 현실로 수용하고자 하는 순간, 시인은 온몸에서 힘이 빠지며 아이처럼 소심해지고 맙니다. 누나 같았던 아내를, 때로는 엄마 같았던 아내를, 또 때로는 친구 같았던 아내를 그는 더 이상 볼 수가 없다는 것을 알고 만 것입니다.

혹시나 하고 나는 밖을 기웃거린다.
나는 풀이 죽는다.
빗발은 한 치 앞을 못 보게 한다.
왠지 느닷없이 그렇게 퍼붓는다.
지금은 어쩔 수가 없다고,

위 인용문에서 우리의 가슴을 때리는 표현은 "나는 풀이 죽는다"라는 표현입니다. 80세가 다 된 인생의 대선배가, 시단의 원로로 만인의 존경을 받는 대시인이, 한 가정의 가부장제 문화를 이끌어가는 대사제가, 그 모든 가면을 벗어버리고 "나는 풀이 죽는다"라고 말했을 때 우리는 충격을 받습니다. 그러나 그 충격은 이내 부드러운 감동으로 바뀝니다. 아니 따스한 연민의 마음으로 바뀝니다. 한 인간이 그가 지녔던 모든 가면을 다 벗어버리고, 마치 착하고 순한 소년처럼 속마음을 고스란히 드러내었을 때, 우리는 그 앞에서 다른 불순한 생각을 할 수가 없습니다. 그냥 속수무책으로 그의 편이 될 수밖에 없습니다. '가면의 시' 혹은 '인공의 시'라고 불리는 김춘수의 시에서 담담한 마음으로 그의 묘사적인 풍경화를 일정한 거리를 유지한 채 바라보던 그때와 달리, 우리는 여기서 김춘수 시인의 지극히 인간적인 면모에 빠져들어 앞뒤 가릴 것 없이 마음을 몽땅 그에게 던지고 마는 것입니다. 아마도 "나는 풀이 죽는다"는 이 표현이 없었다면 우리가 감상하고 있는 시 〈강우〉는 그 빛을 크게 발할 수가 없었을 것입니다. "나는 풀이 죽는다"는 이 말이 우리가 감상하는 시 〈강우〉를 살려낸 것입니다. 다시 한 번 말씀드리건대 우리는 이 표현 앞에서 무조건적으로 김춘수 시인의 편에 서지 않을 수가 없습니다. 그리고 그의 아픔을 함께 아파해주며 위로해주고 싶은 마음을 제어할 수가 없습니다. 약한 것이 오히려 강한 것이라는 역설을 저는 여기서 봅니다.

이렇게 풀이 죽어 있는 시인의 눈에 설상가상으로 한 치 앞을 못 보게 쏟아지는 비가 보입니다. 한 치 앞을 분간할 수 없게 쏟아지는 비는 시인의 막막한 심정을 더 막막하게, 풀이 죽은 마음을 더 나약하게 만듭니다. 그러나 시인은 조금씩, 아주 조금씩 정신을 차리기 시작합니다. 어쩌면 이렇게 퍼붓는 비야말로 "지금은 어쩔 수 없다고", 달리 말하면, 당신의 아내는 이제 영영 돌아올 수 없다고 알려주는 징표인지도 모른다는 생각을 하게 만들기 때문입니다.

시인은 돌아오지 않는 아내 앞에서 속수무책입니다. 더욱이 시인은 쏟아지는 빗줄기 앞에서 속수무책입니다. 아내가 돌아올지도 모른다고 창밖을 내다보는 것까지도 그 쏟아지는 빗줄기가 막아버리기 때문입니다. 그러니 시인은 이제 캄캄한 밤이 다가온 어둠 속에서 그만이 혼자 머물러야 할 방에 갇혀, 먼 세상으로 떠난 아내에 대한 그리움과 추억에 잠길 수밖에 없습니다. 그러나 그립다는 말이나 추억이라는 말을 사용하기에는 우리가 감상하고 있는 작품 〈강우〉 속의 아내는 떠난 지가 너무나 오래되지 않았습니다. 그는 방금 살아서 돌아올 것처럼 시인의 마음속에, 또 사람들의 마음속에 자리잡고 있습니다. 그의 죽음이 도저히 실감으로 받아들여지지 않을 만큼 그는 살아 있는 자의 편에 살아 있듯이 남아 있습니다.

세월이 지나면 격했던 감정도 순해져서 그 모든 것이 추억과 그리움의 얼굴을 하고 다가올까요? 그렇겠지요. 세월만큼 신비로운 힘을 가진 것도 없으니까요. 그러나 아무리 세월이 흐른다 해도 때로 격한 감정이 느닷없이 밀려와서 시인을 당혹스럽게 만들 때가 있겠지요. 그러면 다시 시인은 "조금 전까지 거기 있었는데 / 어디로 갔나" "밥상은 차려놓고 어디로 갔나" 하고 아내를 찾아 두리번거리겠지요. 그리고 창밖으로 난 동네 길을 바라보며 혹시나 아내가 돌아올지도 모른다는 기대로 밖을 기웃거리겠지요.

죽은 자는 냉정(?)합니다. 아마도 인간들이 이 세상에서 보여줄 수 있는 가장 냉정한 모습이 바로 죽음이라는 행위를 행하는 것일 터입니다. 그러나 누구든 태어난 존재라면 어김없이 이렇게 냉정한 얼굴을 하고 떠나가야 합니다. 그런데 말입니다. 잘 생각해보면 부부간의 어느 한 사람이 먼저 떠나는 것만큼 냉정한 것도 없는 것 같습니다. 암수 이체의 인간들이 서로 공을 들여 짝을 찾아 암수 동체처럼 사는 것이 부부 사이인데 그 암수 동체의 힘겨운 완성을 파기하고 떠나는 그 죽음만큼 냉정한 것이 어디 있겠습니까? 아마도 그러기에 다음과 같은 그리스 신화가 만들어졌는지 모릅니다. 제가 소개할 신화는 '바우키스와 필레몬'의 이야기입니다.

많은 사람들이 알다시피 바우키스와 필레몬은 가난하지만 따스한 마음으로 인간들을 사랑하고, 더 나아가 부부애를 키워가며 살아가는 노부부입니다. 어느 날 제우스 신이 인간의 얼굴을 하고 바우키스와 필레몬이 사는 동네에 찾아왔습니다. 모든 사람들이 인간의 얼굴을 한 제우스 신을 맞이해 들이지 않았지만 바우키스와 필레몬 부부만은 그들을 극진히 대접했습니다.

이에 감동한 제우스 신은 자신이 신이라는 사실을 알리고 바우키스와 필레몬에게 소원을 말하라고 이야기했습니다. 그러자 이 노부부는 두 가지 소원을 전했습니다. 그 하나는 제우스 신을 모시는 신전의 감시인이 되고 싶다는 것이었습니다. 그리고 다른 하나는 죽음으로 이 세상을 떠날 때 노부부가 함께 떠남으로써 아내가 남편의 죽음을, 그런가 하면 남편이 아내의 죽음을 보지 않게 해달라는 것이었습니다. 제우스 신은 이 두 가지 소원을 들어주었습니다. 그 가운데서 두번째 소원을 들어준 장면은 무척이나 감동적입니다. 그러니까 바우키스와 필레몬은 죽음의 시간이 임박해오자 자신의 몸에서는 물론 상대방의 몸에서 나뭇잎이 솟아 나오는 것을 보았습니다. 이들은 서로가 한 그루의 온전한 나무가 될 때까지 서로를 바라보며 작별인사를 나누었습니다. 이윽고 한 그루씩의 나무로 변신한 바우키스와 필레몬은 자매처럼 자신의 나뭇가지를 상대편 나뭇가지에 드리우며 지금까지도 행복한 표정으로 나란히 서 있다는 것입니다. 이들이 살던 티니아 지방에 가면, 아직도 사람들은 이 두 나무를 가리키며 이들에 얽힌 아름다운 사연을 들려주곤 한다는 것입니다.

어떻습니까? 이 세상에서 가장 특별한 인연을 맺고 사는 것이 부부 아닙니까? 가능하다면 바우키스와 필레몬 같은 부부가 되고 싶지 않습니까? 오늘 한번 다 함께 이 문제에 대해 생각해보기로 합시다!

김혜순
〈서울〉

서울은 우리시대의 '경전'이지요

1955년 경북 울진에서 태어났으며, 1979년 《문학과지성》을 통해 등단하였다. 시집으로 『아버지가 세운 허수아비』『나의 우파니샤드, 서울』『불쌍한 사랑기계』『달력 공장 공장장님 보세요』 등이 있다.

서울

김혜순

유리문을 밀고 들어가면 또 유리문이 나온다. 유리문 안쪽엔 출구라 씌어 있고, 바깥쪽엔 입구라고 씌어 있지만 그러나 나가든 들어가든 언제나 너는 어떤 몸의 내부에 속해 있다. 마치, 난자를 만난 정자가 그녀의 집에 영원히 체포되듯 너는 거기에 속해 있다. 내부의 사람이라면 누구나 유리문을 밀고 나가 또 하나의 유리문을 향해 걸어가야 하며, 그곳을 나와서도 또 하나의 유리문을 열어야 한다. 밤이 오면 어떤 유리문들은 네온 사인을 달고 여기가 정말 출구예요 말하는 듯하지만 그러나 어디에도 출구는 없다. 어떤 유리문을 열면 거기 매맞은 얼굴들이 한 방 가득 들어 있고, 어떤 유리문을 열면 죽은 네 어머니가 웬일이냐 돌아앉으신다. 어떤 유리문을 열면 길 잃은 파리가 윙윙거리는 방안에 허벅지를 드러낸 여자들이 뒤엉켜 누워 있고, 어떤 방문을 열면 네 시신 위로 구더기들이 한없이 쏟아져나온다. 어떤 유리문은 빗속을 맹렬히 달려 너는 젖은 머리칼을 흔들며 죽어라 그 문을 향해 뛰기도 해야 하고, 어떤 유리문은 지하 깊숙이 미로를 개설하기도 한다. 지하 미로의 매달린 문들의 이름을 믿지 마라. 어떤 문엔 친절하게도 오류역이라 적혀 있기도 하고, 혹은 어떤 문엔 친절하게도 십리를 더 가라고 적혀 있기도 하지만, 그 말을 믿지 마라. 이곳의 사람은 아무도 출구를 모른다. 설탕병에 빠진 개미처럼. 일생의 시간을 다 풀어내어 만든 실뭉치 속에 숨어든 파리처럼. 이곳 가슴의 미궁은 그리 넓지 않아 새벽 네 시경, 두 시간이면 동쪽 끝에서 서쪽 끝까지 주파할 수 있지만 몸 밖으로 출구를 찾은 사람은 아직 없다. 가슴속 투명한 미궁의 주인은 오늘 또 세간살이를 몽땅 싣고 정읍에서 올라온 다섯 식구를 접수한다. 그들도 이제 들어왔으므로 출구를 모르리라. 미궁의 유리문들이 점점 늘어난다. 길 위에 길이 세워지고, 물길 아래 물길이 세워진다. 너는 늘 떠나지만 멀리 가지 못하고 늘 제자리로 돌아온다. 새로운 길을 개척해보려 하지만, 늘 역시 그 자리로 돌아오고야 만다. 벙어리 네 그림자는 말하리라. 땅바닥에 누워 네 바짓가랑이를 잡고 늘어져서 말하리라. 이 길로 가서는 안 돼요. 그림자 언제나 길은 틀렸어요 말한다. 날마다 복선이 증가한다. 유리벽에 무엇을 새길 수 있단 말인가. 그러나 너는 유리벽에 매달려 뭔가 새기려 하고 있구나. 꿈속에 있으면서 꿈속에 전령을 보내려고, 헛되이 허공중에 고운 얼굴을 새기고 있구나. 미로는 날마다 골목 끝에 유리문을 세운다. 이 몸을 깨뜨리고 어떻게 밖으로 나가지? 내 몸 밖에서 누가 나를 아직도 부르고 있는데……

1980년대 말이 되면서 우리 시단에는 이른바 '도시시'라는 이름의 새로운 시가 등장하였습니다. 이것은 그전의 우리 시단에서 '민중시'의 일환으로 주목을 받았던 '농촌시'와 대비되는 시의 한 양식입니다.

하나의 시 양식이 등장하는 데는 그것이 등장할 만한 필연성이 내재해 있다면, 1980년대 말이 되면서 우리 시단에 '도시시'가 등장한 데에도 분명 그럴 만한 필연성이 내재해 있을 것입니다. 그렇다면 1980년대 말이 되면서 '도시시'가 등장하게 된 그 필연성이란 구체적으로 어떤 것일까요?

이곳이 '도시시'를 본격적으로 논의하는 자리가 아니기 때문에 저는 이 점을 아주 간단하게 말씀드릴 수밖에 없을 것 같습니다. 그래서 단도직입적으로 말씀드리자면, 먼저 그 하나는 1980년대 말이 되면서 우리 사회는 그야말로 도시화 현상이 폭발적으로 확대·심화되었다는 것입니다. 도시는 하루가 다르게 번성하였고, 그 도시적 패러다임 속으로 온 국민이 이끌려 들어가게 되었습니다. 그 둘은 도시화 현상이 이렇게 폭발적으로 확대·심화됨으로써 엄청난 문제점이 그 속에 내재되고 말았다는 것입니다. 이처럼 엄청난 문제점이 내재되어 있는 도시 앞에서 사람들은 이 도시가 자신들을 행복의 길로 안내할 것이라는 확신을 갖기가 어려웠습니다. 끝으로 한 가지만 더 말씀드리자면 이러한 도시 문제를 해결하는 것이야말로 이 시대의 제1과제가 되었다는 사실입니다. 도시 인구가 전 인구의 80%를 넘은 시점에서, 더욱이 어디를 가나 사람들이 도시적 패러다임으로부터 벗어날 길이 없는 상황 속에서, 도시 문제를 탐구하고 그 문제를 해결하는 것이 무엇보다도 중요한 과제로 대두되었던 것입니다.

이런 필연성으로 인하여 '도시시'가 1980년대 말이 되면서 우리 시단에 시의 중요한 한 양식으로 등장하였던 것입니다. 노동, 민중, 사회, 정치, 농촌, 농민 등과 같은 것들도 다 그당시의 시인들에게 중요한 시적 탐구의 대상이 될 만한 것이었습니다만, 이들보다 더욱 강력하게 시인들의 마음에 충격적으로 다가간 것은 앞서 언급한 도시 문제였습니다.

저는 이러한 도시 문제를 본격적으로 탐구한 우리 시단의 시집 3권을 여기에 소개해보겠습니다. 그 하나는 대구에서 살며 얼마간의 기간 동안 서울 체험을 하고 남다른 문제의식 속에서 장정일이 출간한 시집『서울에서 보낸 3주일』(1988)입니다. 그 둘은 우리 시대의 모더니스트이자 전위 예술가라고 불러 마땅한 전형적인 도시인 하재봉이 출간한 시집『비디오/ 천국』(1990)입니다. 그리고 그 셋은 제가 이 자리에서 다루고 있는 김혜순이 출간한 시집『나의 우파니샤드, 서울』(1994)입니다.

김혜순의 직장은 서울예술대학이 최근 안산으로 캠퍼스를 옮기기 이전까지 이 대학이 자리잡고 있던 명동 부근이었습니다. 아시는 분은 아시겠지만 그는 서울예술대학 문예창작과에서 시를 가르치는 교수로 있습니다. 그러니까 그는 얼마 전까지 직장 때문에라도 우리나라에 있는 도시의 대명사인 서울, 그 서울에서도 도시적 징후가 가장 두드러지게 나타나는 명동을 옆구리에 끼고 늘 살아가는 사람이었습니다. 그 명동은, 아니 서울은, 김혜순의 말처럼 그에게 "밥도 주고 죽음도 주는", 그런 아이로니컬한 곳입니다.

이런 명동을 직장으로 두고 있기 때문이었을까요? 아니면 우리 시대에 임박한 도시 문제를 보편적으로 인식했기 때문이었을까요? 양자택일 식의 대답을 내놓기보다는 이 두 가지 요인이 함께 작용하여 김혜순으로 하여금 도시시의 대표격인 『나의 우파니샤드, 서울』이라는 시집을 출간하도록 만들었다고 하는 편이 좋겠지요. 그는 이 시집을 통하여 서울은 물론 서울로 표상되는 도시 전반이 지닌 면면을 리얼하게 파헤치고 있습니다. 그러므로 그의 시집을 읽는 일은 도시인으로 살아가는 우리들의 자화상을 마주하는 것과 같습니다. 이러한 우리들은 그의 이 시집을 읽으면서, '그래, 맞아, 그게 바로 이 시대의 서울의 모습이야, 그리고 우리들의 모습이야!'라고, 그의 말에 동의하는 자세를 취하게 됩니다. 그만큼 그의 이 시집은 도시 문제를 설득력 있게 탐구한 것입니다.

김혜순의 말처럼 도시의 대명사인 '서울'은 우리 시대의 '우파니샤드'입니다. 다시 말씀드리자면 서울로 표상되는 도시는 이 시대의 모든 것을 담고 있는 거대한 한 권의 '책'입니다. 또다시 말씀드리자면 도시 혹은 서울이야말로 우리가 진정 행복한 삶을 살기 위해서라면 반드시 해독하고 참고해야 할 이 시대의 '바이블'입니다. 이처럼 서울, 아니 도시는 이 시대를 살아가는 우리 모두 앞에 엄청난 비중을 갖고 다가온 하나의 중대한 '화두'입니다.

어떻게 이 서울, 더 나아가 도시의 문제를 풀어가야 할까요? 그러고 보면 도시시는 1980년대 말 이후부터 지금까지는 물론 앞으로도 지속적으로 유효한 우리 시단의 중요한 시 양식입니다. 도시 문제를 풀지 않고는 우리들의 삶이 한 발짝도 앞으로 나아갈 수 없는 지경까지 우리는 와 있습니다. 더욱이 이런 상황은 더욱더 심각해질 수밖에 없는 모습을 드러내고 있습니다.

그렇다면 서울을, 더 나아가 도시를 우리 시대의 '바이블'이라고 규정한 김혜순의 말 속에는 어떤 뜻이 담겨 있는 것일까요? 우선 거칠게 말씀드리자면 서울 및 도시의 문제를 해독하는 것은 물론 그것을 해결하지 않고는 우리가 결코 천국(?)에 도달할 수 없다는 뜻일 것입니다. 인간의 삶의 목표가 천국으로 표상되는 행복의 나라를 추구하는 데 있다면, 이 시대의 도시인들은 그들이 몸담고 있는 도시 문제를 풀 수 있을 때에 비로소 그 나라에 들어갈 수 있다는 것이겠지요. 그런데 그것이 과연 가능할까요? 점점 더 비대해지고 복잡해지고 난폭해지는 도시를 보면서 저는 쉽사리 밝은 희망의 말을 내어 놓을 수가 없습니다. 사정이 이렇다면 '도시시'는 앞으로 더욱더 심도 있게 씌어져야 할 양식이겠지요.

김혜순의 시집 『나의 우파니샤드, 서울』 속에 들어 있는 어느 작품을 앞에 놓더라도 우리는 이들 작품과 함께 도시 문제를 두고 공감하면서 이야기를 나눌 수 있습니다. 그만큼 이 시집 속의 전 작품이 도시 문제와 관련돼 있고, 그는 이 도시 문제를 깊이 있게 보편적으로 탐구하고 있습니다. 그러나 그 많은 작품 가운데서 아예 제목부터 주목을 끌기에 충분하고 그 내용 또한 특별히 공감을 나누기에 충분한 작품 한 편을 골라보았습니다. 그 작품은 바로 〈서울〉입니다.

유리문을 밀고 들어가면 또 유리문이 나온다. 유리문 안쪽엔 출구라 씌어 있고, 바깥쪽엔 입구라고 씌어 있지만 그러나 나가든 들어가든 언제나 너는 어떤 몸의 내부에 속해 있다. 마치, 난자를 만난 정자가 그녀의 집에 영원히 체포되듯 너는 거기에 속해 있다. 내부의 사람이라면 누구나 유리문을 밀고 나가 또 하나의 유리문을 향해 걸어가야 하며, 그곳을 나와서도 또 하나의 유리문을 열어야 한다. 밤이 오면 어떤 유리문들은 네온 사인을 달고 여기가 정말 출구예요 말하는 듯하지만 그러나 어디에도 출구는 없다. 어떤 유리문을 열면 거기 매맞은 얼굴들이 한 방 가득 들어 있고, 어떤 유리문을 열면 죽은 네 어머니가 웬일이냐 돌아앉으신다. 어떤 유리문을 열면 길 잃은 파리가 윙윙거리는 방안에 허벅지를 드러낸 여자들이 뒤엉켜 누워 있고, 어떤 방문을 열면 네 시신 위로 구더기들이 한없이 쏟아져나온다. 어떤 유리문은 빗속을 맹렬히 달려 너는 젖은 머리칼을 흔들며 죽어라 그 문을 향해 뛰기도 해야 하고, 어떤 유리문은 지하 깊숙이 미로를 개설하기도 한다. 지하 미로의 매달린 문들의 이름을 믿지 마라. 어떤 문엔 친절하게도 오류역이라 적혀 있기도 하고, 혹은 어떤 문엔 친절하게도 십리를 더 가라고 적혀 있기도 하지만, 그 말을 믿지 마라. 이곳의 사람은 아무도 출구를 모른다. 설탕병에 빠진 개미처럼. 일생의 시간을 다 풀어내어 만든 실뭉치 속에 숨어든 파리처럼. 이곳 가슴의 미궁은 그리 넓지 않아 새벽 네 시경, 두 시간이면 동쪽 끝에서 서쪽 끝까지 주파할 수 있지만 몸 밖으로 출구를 찾은 사람은 아직 없다. 가슴속 투명한 미궁의 주인은 오늘 또 세간살이를 몽땅 싣고 정읍에서 올라온 다섯 식구를 접수한다. 그들도 이제 들어왔으므로 출구를 모르리라. 미궁의 유리문들이 점점 늘어난다. 길 위에 길이 세워지고, 물길 아래 물길이 세워진다. 너는 늘 떠나지만 멀리 가지 못하고 늘 제자리로 돌아온다. 새로운 길을 개척해보려 하지만, 늘 역시 그 자리로 돌아오고야 만다. 벙어리 네 그림자는 말하리라. 땅바닥에 누워 네 바짓가랑이를 잡고 늘어져서 말하리라. 이 길로 가서는 안 돼요. 그림자 언제나 길은 틀렸어요 말한다. 날마다 복선이 증가한다. 유리벽에 무엇을 새길 수 있단 말인가. 그러나 너는 유리벽에 매달려 뭔가 새기려 하고 있구나. 꿈속에 있으면서 꿈속에 전령을 보내려고, 헛되이 허공중에 고운 얼굴을 새기고 있구나. 미로는 날마다 골목 끝에 유리문을 세운다. 이 몸을 깨뜨리고 어떻게 밖으로 나가지? 내 몸 밖에서 누가 나를 아직도 부르고 있는데……

―〈서울〉 전문

위 시는 시작품 전체가 한 연으로 이루어진, 조금 긴 분량의 산문시입니다. 그렇다고 해도 실제로 이 시를 읽어보면 처음부터 끝까지 막힘 없이 읽히는 묘미가 있습니다. 꽤나 긴 시간을 바쳐 시를 다 읽고 나면, 우리의 손에 위 시를 지배하고 있는 몇 가지 말들이 잡힙니다. 그 말들을 열쇠어로 삼아 김혜순이 시에서 말하고자 하는 바를 같이 이야기해봅시다. 그리고 우리들의 의견도 덧붙여보기로 합시다.

저는 〈서울〉을 읽고 나서 '유리문' '출구' '미궁', 이 세 가지 말을 손에 쥐게 되었습니다. 이 세 가지 말을 이 시를 열어갈 일종의 열쇠어로 삼을 수 있습니다. 일단 어떤 시를 읽어가는 데 있어 열쇠어를 발견하게 되면 그 시로 들어가는 길이 한결 쉬워지지요.

그러면 먼저 '유리문'이라는 열쇠어와 관련해서 〈서울〉 속으로 들어가보기로 합시다. 〈서울〉을 보면 시를 시작하는 첫 말이 바로 이 '유리문'이라는 말입니다. 그러나 이런 외형은 중요할 수도, 또 그렇지 않을 수도 있습니다. 실제로 이러한 외형보다 더 중요한 것은 이 '유리문'이라는 말이 시 전체를 조직화하고 의미화하는 데 핵심적인 역할을 하고 있는가 하는 점입니다. 그런데 〈서울〉 속에선 이 말이 그와 같은 역할을 하고 있습니다. 따라서 '유리문'이라는 이 말을 실마리로 삼아 시의 깊은 결 속으로 들어가보는 것이 아주 유효합니다.

〈서울〉을 보면, 김혜순에게 서울은 이 '유리문'이 끝도 없이 이어지고 겹쳐지고 혼합되는 이른바 '유리문의 나라'와 같은 것으로 보입니다. 그러므로 일단 '서울'이라는 세계 속으로 들어간 사람들은 이 '유리문'과의 만남을 피할 수가 없습니다. 서울 속의 모든 유리문들은 다 그 나름의 모습을 하고 사람들을 유혹합니다. 그뿐이 아닙니다. 서울 속으로 들어간 사람들은 유리문의 창조자이기도 합니다. 그런 까닭에 서울의 인구가 늘어날수록 유리문은 더 많아지고, 그만큼 서울은 더 큰 유혹의 장이자 장애물의 세계가 됩니다.

모든 유리문들은 '내가 여기 있어요'라고 외치며 사람들을 기다리며 유혹합니다. 이렇게 유혹하고 기다리는 유리문을 밀며, 열며, 서울 사람들은 서울살이를 합니다. 서울의 문은 그 수가 무한에 가까울 만큼 많고, 그들의 유혹은 예언자들도 허둥댈 만큼 교묘해서, 서울 사람들이 그 유리문을 피해서 살아간다는 것은 정말로 불가능합니다.

그렇게 유리문을 열고, 닫고, 밀고, 당기면서 서울 사람들의 서울 생활은 흘러갑니다. 그러나 이런 고단함 속에서도 저녁을 보내고 다시 아침을 맞이할 수 있는 것은 그 유리문을 열고, 닫고, 밀고, 당기다 보면, 언젠가, 어딘가에서 '출구'를 만날 수 있을지도 모른다는 희망을 그들이 품고 있기 때문일 것입니다. 희망이 없는데 어떻게 그토록 힘겨운 유리문과의 싸움을 계속할 수 있겠습니까? 그런데 어쩌면 저의 이와 같은 생각은 일면적 진실만을 갖고 있는지 모릅니다. 그것은 서울 사람들이 서울의 그 엄청난 유리문들을 죽음이 오는 날까지 계속 열고, 닫고, 밀고, 당기면서 살아갈 수 있는 것이야말로 그들이 만나는 유리문마다가 모두 '출구'일 것이라는 착각을 하지 않는 한 불가능하다는 생각이 들기 때문입니다.

그러면 김혜순이 말하는 바 '유리문'이란 도대체 무슨 뜻을 갖고 있는 것일까요? 저는 앞에서 여러분들이 이 유리문의 뜻을 다 아는 것처럼 여기고 아무런 설명도 없이 이야기를 앞질러 해왔습니다. 저는 〈서울〉을 보면서 김혜순이 말하는 바 그 '유리문'이란, 도시와 도시인들의 세계를 이루는 모든 것들을 의미한다고 생각하였습니다. 이렇게 본다면 도시와 도시인들의 세계는 유리문들의 집결체입니다. 어느 하나 유리문의 모습을 띠지 않은 것이 없는 꼴입니다. 그러므로 도시인들은 발걸음을 옮길 때마다, 두 손을 움직일 때마다, 이 유리문과 마주해야 합니다. 유리문을 통과하지 않고는 한 발자국도 뗄 수 없고, 어떤 일도 할 수 없는 것이 도시의 속성인 것입니다.

이제 자연스럽게 '출구'를 열쇠어로 삼아 〈서울〉 속으로 좀더 깊숙이 들어가볼 차례가 된 것 같습니다. 사실 〈서울〉의 핵심적 의미는 '출구'를 찾고 싶다는 소망에 있습니다. 이 시대, 도시의 대명사인 서울에서 진정 출구를 찾을 수 있을까, 그런 출구가 있기나 한 것일까, 그럼에도 불구하고 출구를 찾고 싶다는 소망은 강렬하지 않은가, 이런 내용이 〈서울〉 속의 화자가 시인을 대신해서 들려주는 속마음입니다.

김혜순은 쉽사리 '출구'를 찾아낼 수 없도록 만드는 도시와 그 속에서 '출구'를 찾지 못하고 살아가는 도시인들을 바라보며 다음과 같은 비관적인 말을 풀어놓기도 합니다.

*유리문 안쪽엔 출구라 씌어 있고, 바깥쪽엔 입구라고 씌어 있지만 그러나 나가든 들어가든 언제나 너는 어떤 몸의 내부에 속해 있다.
*어떤 문엔 친절하게도 오류역이라 적혀 있기도 하고, 혹은 어떤 문엔 십리를 더 가라고 적혀 있기도 하지만, 그 말을 믿지 마라.

그렇다면 서울에서의 삶이란, 더 나아가 도시에서의 삶이란 '출구' 없는 유리문을 평생 동안 열면서 헤매는 과정이란 말인가요? 앞에 제시한 김혜순의 말만을 놓고 보면 '그렇다'고 대답할 수밖에 없습니다. 그러면서 연이어 다음과 같은 생각을 해볼 수밖에 없습니다. 아, 그러고 보니 서울은, 아니 도시는 참으로 복잡한 세상입니다. 잠시라도 한눈을 팔면 금방 유리문에 머리를 박기가 십상입니다. 어디 그뿐인가요. 잠시라도 긴장하지 않으면 존재의 영혼까지도 순식간에 팔려가고 마는 곳입니다. 서울에서, 또 도시에서 우리는 눈이 충혈되도록 긴장을 하고, 목이 뻐근하도록 주위를 살펴야만 겨우 '출구' 없는 '유리문'이라도 열면서 발자욱을 뗄 수 있습니다…….

그런데 문제는 이렇게 엄청난 긴장과 주의 속에서 '유리문'을 열며 발걸음을 떼어놔도 일단 서울이라는 '미궁' 속으로 들어와 그 엄청난 몸통 속에 갇힌 사람들이라면 제아무리 유리문을 열고 또 열고, 또 열고, 또 열어도, '진정한 출구'를 만날 수 없다는 시인의 암시가 시를 읽는 동안 사라지지 않는다는 데 있습니다. 김혜순은 〈서울〉에서 이렇게 '진정한 출구'를 찾을 가능성조차 부재한다는 암시를 다음과 같은 표현으로 대신하고 있습니다.

*이곳의 사람은 아무도 출구를 모른다. 설탕병에 빠진 개미처럼. 일생의 시간을 다 풀어내어 만든 실뭉치 속에 숨어든 파리처럼.

'출구'가 없는 곳, 그곳을 김혜순은 '미궁'이라고 표현하였습니다. 이 '미궁'이란 말은 김혜순의 시 〈서울〉을 이해하는 데 제가 사용하고자 한 세번째의 열쇠어입니다. 김혜순의 생각처럼 서울을 이렇게 '미궁'으로 단정짓고 보면, 서울에서의 삶이란 바로 위 인용문의 한 표현처럼 "설탕병에 빠진 개미"들과 같이 살아가는 삶에 불과합니다. 설탕이라는 밥을 주기에 그들은 미궁인 줄도 모르고, 아니면 미궁인 줄을 알면서도 그곳을 빠져나올 수가 없는 것인지 모릅니다.

서울의 이런 이중적 속성을 보고 김혜순은 그의 다른 글에서 서울이란 우리에게 "밥도 주고 죽음도 준다"고 말한 것 같습니다. 솔직히 말해봅시다. 서울만큼 대단한 사냥터가 이 나라에 어디 있겠습니까? 사람들이 끝도 없이 서울로, 서울로, 올라가는(?) 것은 서울이야말로 먹잇감을 얻기에 가장 훌륭한 사냥터이기 때문이 아닙니까? 그 사냥터 속에서 우리는 우리 자신의 삶이 "설탕병 속에 든 개미"들의 삶과 다르지 않다는 것조차 의식하지 못한 채 먹잇감을 포획하기 위하여 이전투구를 하지 않습니까? 서울의 힘은 바로 그 서울이 지닌 먹잇감의 힘에 있습니다. 그곳이 비록 '설탕병'과 같은 미궁일지라도, 그

설탕이라는 먹잇감의 유혹을 뿌리칠 수 있는 사람은 그렇게 많지 않습니다. 누가 불확실한 먼 미래를 위하여 눈앞의 확실한 먹잇감을 포기하겠습니까? 이렇게 먹잇감에 사로잡힌 서울 사람들이 살아가는 모습은 그로테스크하다고 말해도 지나침이 없을 만큼 우울한 표정을 하고 있습니다.

김혜순은 이런 서울 사람들의 표정을 다음과 같이 묘사했습니다.

*어떤 유리문을 열면 거기 매맞은 얼굴들이 한 방 가득 들어 있고, 어떤 유리문을 열면 죽은 네 어머니가 웬일이냐 돌아앉으신다. 어떤 유리문을 열면 길 잃은 파리가 윙윙거리는 방안에 허벅지를 드러낸 여자들이 뒤엉켜 누워 있고, 어떤 방문을 열면 네 시신 위로 구더기들이 한없이 쏟아져 나온다.

그러나 어쩌겠습니까? 이 시대의 그 누가 서울을 유토피아 같은 땅으로 되돌려놓겠습니까? 그렇지 않다면 그 누가 서울을 미래적인 땅으로 앞장서서 이끌어나가겠습니까? 서울이란 참으로 거대한 사냥터임을 이 땅에 사는 사람치고 모르는 이가 없을 정도가 되었으니, 서울로, 서울로, 사람들은 점점 더 먹잇감의 유혹에 빠져 발걸음을 옮길 것이고, 그런 만큼 서울의 유리문이 더욱더 많아질 것이며, 그에 따라 서울의 '미궁'도 더 깊고 넓고 어두워질 것이 아니겠습니까?

그런데 서울이란 '미궁'은 블랙홀과 같은 존재라서 전 국민을 모두 서울 사람으로 만들 작정이라도 한 듯이 꾸준하게 사람들을 접수합니다. 김혜순은 이 사실을 다음과 같이 그의 시 〈서울〉에서 묘사하였습니다.

*가슴속 투명한 미궁의 주인은 오늘 또 세간살이를 몽땅 싣고 정읍에서 올라온 다섯 식구를 접수한다. 그들도 이제 들어왔으므로 출구를 모르리라. 미궁의 유리문들이 점점 늘어난다.

김혜순의 말을 빌리자면 이처럼 '미궁'의 얼굴을 하고 있는 서울은 차가 막히지 않는 새벽 네 시경이면, 두 시간 만에 동쪽 끝에서 서쪽 끝까지 주파할 수 있는, 그런 좁은 곳에 지나지 않습니다. 그러나 이곳은 정원도, 마감 시간도 없다는 듯이 사람들을 무한정 '접수'합니다. 그리고 그들을 블랙홀 같은 어둠 속으로 밀어넣습니다. 그렇게 함으로써 그들은 온전하게 서울 사람의 자격을, 도시인의 자격을 얻게 되는 것입니다.

이제 도시인의 자격증을 얻은 사람은 서울의 '순환선 전철' 속에 올라탄 것처럼, 서울의 미궁 속을 뱅뱅 돌며 그 미궁이 주는 즐거움(?)을 누릴 줄 알아야 합니다. 즐거움을 누린다는 표현이 너무하다 싶다면 그 미궁을 견뎌야 한다고 바꾸어 말할 수도 있습니다. 사실 서울이라는 거대 도시의 그 엄청난 미궁을 즐길 수 있다면 얼마나 좋겠습니까? 그곳에 널려 있는 설탕 냄새를 따라 하루 종일 지치지 않고 최선을 다해 달릴 수 있다면 얼마나 행복하겠습니까? 그렇게만 살 수 있다면 그 거대한 미궁이 그 자체로 출구가 되는 신비(?)가 탄생하지 않겠습니까? 그러나 서울이라는 이 거대 도시의 속성을 조금이라도 눈치채는 것이 가능한 사람이라면 이 '미궁' 같은 서울에서의 삶을 괴로워하며 다른 '출구'를 모색하거나 꿈꿀 것입니다.

이런 사람들의 귀에는 거대한 미궁, 곧 서울 속에서의 삶이 너를 구원할 수 없을 것이라는 경고음이 계속해서 들려옵니다. 그 경고음은 〈서울〉 속의 한 구절처럼 "이 길로 가서는 안 돼요"라는 소리를 냅니다. 하지만 이런 경고음을 듣고도 우리는 서울이라는 미궁 속의 순환 열차에서 내리지 못합니다. 그러기에는 눈앞의 먹잇감이 유혹을 하고, 그곳을 벗어나기엔 이미 너무나 멀리 와버렸습니다. 이제 우리는 도시에서 아이를 낳고, 도시에서 아이를 키우고, 도시에서 인생을 마감할 수밖에 없는 문명사의 새로운 종이 되어버린 듯합니다.

이 새로운 인종인 도시인은 '유리문'에 무엇인가를 계속하여 새기려 듭니다. 이 세계에선 '유리문' 외에 무엇인가를 새길 곳이 달리 없으니까요. 도시인들의 욕망은 어찌나 질기고 엄청난지 '유리문'을 뚫을 것만 같은 기세로 달려들 때가 많지요. 그러나 도시가 하나의 거대한 '미궁'이라면 그 속에 흔적을 남기고 성공을 하려 드는 욕망이야말로 '미궁' 속의 일에 불과하지요. 그러면서 그것은 '미궁'을 더욱 난잡하고 난폭하게 만드는 일이기도 하지요.

김혜순은 '미궁'의 현실 속에서 '출구'도 찾지 못한 채, '유리문'에 무엇인가를 새기며 살아가는 이 시대, 도시인들의 실상을 지극히 실감 있게 보여주고 있습니다. 그가 〈서울〉을 통하여 그려 보인 도시인들의 이런 실상은 바로 지금 이 땅에서 살아가고 있는 우리들의 모습이라고 하지 않을 수 없습니다. 이와 같은 우리들의 모습은 김혜순이 그의 시집 『나의 우파니샤드, 서울』의 뒤표지에 쓴 「시인의 말」을 따를 때, 이른바 "지금 마악 한강을 건너는 만원 전동차에 가득한 사람들의 심장으로 만든 만다라"와 같은 것입니다.

김혜순의 도시시가 지닌 특징이 여기서 드러납니다. 그는 신성한 어떤 존재로 만다라를 만들어 보이려고 애를 쓴 것이 아니라, 바로 이 시대의 미궁 같은 도시의 표정들로 만다라를 만들려고 한 것입니다. 한마디로 말하자면 김혜순의 만다라는 '서울 만다라'인 것입니다.
그가 이처럼 '서울 만다라'를 만드는 데 집중한 것은 무슨 까닭일까요? 우선은 서울의 실상을 냉정한 눈으로 고발하고 싶었기 때문일 것입니다. 그리고 그 다음은 그런 고발 위에서 '출구'를 찾고 싶은 강한 소망이 있었기 때문일 것입니다. 비록 '서울엔 출구가 없다'고 말하였어도, 그의 깊은 마음속에는 어떻게 해서든지 '출구'를 찾고 싶은 소망이 숨어 있었던 것입니다. 그렇기 때문에 그는 〈서울〉의 마지막 부분에서 다음과 같이 말했던 것입니다.

*이 몸을 깨뜨리고 어떻게 밖으로 나가지? 내 몸 밖에서 누가 나를 아직도 부르고 있는데……

그는 '몸'으로 표상된 '미궁'을 벗어나고 싶어합니다. 그리고 그 소리가 밖으로부터 들려오는 것을 듣고 있습니다. '미궁'과 '바깥' 사이에 '출구'가 있어야 합니다. 그 '출구'를 아직 찾지는 못하였고, 또 그 '출구'를 찾을 것이라는 확신도 없지만, 그는 '출구'를 꿈꾸고 그곳을 찾고자 노력하며 이 거대 도시인 서울의 '도시인'으로 살아가고 있는 것입니다.
글을 끝내며 한마디 하겠습니다. 역사 속에서 인간이 만든 최고의 작품은 단연 서울로 표상되는 '도시'가 아니겠느냐고 말입니다. 저는 개인적으로 도시에 적응하지 못하여 변두리로 변두리로 터를 옮기며 살고 있는 사람이지만, 도시 앞에 서면, 그리고 그 도시의 내부를 흘낏이라도 들여다보고 있노라면, 언제나 그 앞에서 '경탄'할 수밖에 없습니다. 아, 인간들이야말로 어떤 의미로든지 참으로 대단한 존재임에 틀림이 없다고 중얼거리면서…….

이성선
〈소포〉

당신은 님이 보낸 소포를
받을 자격이 있습니까?

1941년 강원도 고성에서 태어났으며, 1970년 《문화비평》을 통해 등단하였다. 시집으로 『하늘문을 두드리며』 『벌레시인』 『내 몸에 우주가 손을 얹었다』 등이 있다.

소포

이성선

가을날 오후의 아름다운 햇살 아래
노란 들국화 몇 송이
한지에 정성들여 싸서
비밀히 당신에게 보내드립니다

이것이 비밀인 이유는
그 향기며 꽃을 하늘이 피우셨기 때문입니다
부드러운 바람이 와서 눈을 띄우고
차가운 새벽 입술 위에 여린 이슬의
자취 없이 마른 시간들이 쌓이어
산빛이 그의 가슴을 열어주었기 때문입니다

그러나 이것을 당신에게 드리는 정작의 이유는
당신만이 이 향기를
간직하기 가장 알맞은 까닭입니다
한지같이 맑은 당신 영혼만이
꽃을 감싸고 눈물처럼 살아가기 때문입니다

하늘이 추워지고 세상의 꽃이 다 지면
당신 찾아가겠습니다

이성선 시인은 2001년 5월 세상을 떠났습니다. 그는 우리 시단에서 가장 맑은 사람, 가장 순한 사람, 가장 선한 사람으로 불립니다. 어찌 한 사람의 속을 타인이 제대로 알 수 있겠습니까마는, 오랜 세월이 흐르는 동안, 시단에서 사람들은 이성선 시인을 그렇게 보았습니다. 얼마나 좋은 일입니까. 한 사람이 그렇게 살아간다는 것과, 그렇게 살아가는 사람을 보아줄 줄 아는 사람이 있다는 것이 말입니다.

이성선은 자연과 함께 사는 시인입니다. 아니, 그는 우주와 함께 사는 사람입니다. 제가 이렇게 말한 것은 그가 단지 자연과 우주 속에서 살고 있다는 뜻이 아니라 자연과 우주가 지닌 비밀을 읽어낼 줄 아는 시인이며 동시에 그 비밀 속에 자신의 삶을 들여놓을 줄 아는 사람이라는 뜻입니다. 이성선을 가리켜 '자연이 된 인간' 혹은 '우주가 된 인간'이라고 부르면 마땅할 것입니다.

한 시인의 관심이 세속의 인간사 쪽으로 기울어도 좋습니다. 그러나 이와 달리 세속 너머의 자연사나 우주사 쪽으로 기울어도 좋습니다. 물론 대부분의 시인들은, 시인들이 아닌 보통의 인간들이라 하더라도 세속사와 우주사의 양쪽을 넘나드는 게 일반적이지요. 이처럼 이성선의 마음이 세속 너머의 자연사와 우주사 쪽으로 기울어져 있기 때문에, 그의 시를 읽고 나면 어디 저 시원의 숲 속에 들어가 때 낀 몸을 깨끗이 씻고 나온 기분입니다. 몸이 맑아집니다. 몸의 아주 깊은 곳에서부터 티끌이 하나씩 사라지는 느낌을 받습니다. 몸이 고요해집니다. 소용돌이치던 마음이 고요히 가라앉습니다. 몸이 따스하게 열립니다. 막혔던 몸의 땀구멍들이 저절로 벌려지는 느낌입니다. 이것을 가리켜 '명상의 시간' 속으로 들어갔다 나온 것 같다고 표현할 수 있을까요? 명상의 시간이란 쉽게 말하자면 자신을 텅 빈 존재로 만들면서 우주와 하나가 되는 환희에 젖어드는 시간이 아닐까요?

　이성선의 시집 『내 몸에 우주가 손을 얹었다』 속에는 아주 좋은 작품이 많이 들어 있습니다. 높은 경지의 정신세계를 잘 익은 언어들로 소란하지 않게 표현했습니다. 저는 그 가운데서 한 편의 시를 골라보았습니다. 그 작품의 이름은 〈소포〉입니다. 제목만 보면 아주 평범하고 산문적인 냄새도 납니다. 그러나 실제로 시를 읽어본다면 전혀 다른 느낌을 받으실 겁니다.

　　가을날 오후의 아름다운 햇살 아래
　　노란 들국화 몇 송이
　　한지에 정성들여 싸서
　　비밀히 당신에게 보내드립니다

이것이 비밀인 이유는
그 향기며 꽃을 하늘이 피우셨기 때문입니다
부드러운 바람이 와서 눈을 띄우고
차가운 새벽 입술 위에 여린 이슬의
자취 없이 마른 시간들이 쌓이어
산빛이 그의 가슴을 열어주었기 때문입니다

그러나 이것을 당신에게 드리는 정작의 이유는
당신만이 이 향기를
간직하기 가장 알맞은 까닭입니다
한지같이 맑은 당신 영혼만이
꽃을 감싸고 눈물처럼 살아가기 때문입니다

하늘이 추워지고 세상의 꽃이 다 지면
당신 찾아가겠습니다

―〈소포〉전문

    소포를 받는 일은 언제나 가슴 설렙니다. 누군가가 먼 곳에서 시간의 다리를 건너 무엇인가를 보냈을 때, 그 속에는 말로 표현하기 어려운 '느낌'이 담겨 있기 때문입니다. 여러분들도 소포를 받아보신 적이 있겠지요? 보내보신 적도 있겠지요? 누군가를 생각하며 물건을 고르고, 고른 그 물건을 곱게 포장하여 우체국으로 가고, 그곳에서 우표를 붙이며 받을 이를 떠올리는 소포 보내기란 아주 낭만적인 일에 속하기도 하지요. 그러므로 우체국으로 가는 시간은 낭만

시간을 만드는 일이기도 합니다. 또한 누군가로부터 보내온 소포를 가슴 뛰는 시간 속에서 풀어보고, 그 소포에 깃들인 보낸 이의 마음에 우리의 마음을 겹쳐보는 것도 아주 낭만적인 일이지요. 이런 낭만적인 시간을 만드는 것은 거리와 마음 그리고 우체국이 있기 때문에 가능합니다.

이성선 시인은 그의 시 〈소포〉에서 아주 색다른 소포를 님에게 보냅니다. 그는 자신의 소포를 받을 님을 "당신"이라고 불렀습니다. 그가 당신에게 보낸 소포는 한지에 싼 노란 들국화 몇 송이입니다. 그런데 흥미로운 것은 이 소포를 "가을날 오후의 아름다운 햇살 아래"에서 "비밀히" 그대에게 보냈다는 것입니다. 왜 그는 "한지"에 정성 들여 싼 "노란 들국화" 몇 송이를 "가을날 오후의 아름다운 햇살 아래"서 "비밀히" 그대에게 보냈을까요?

이성선 시인은 그 이유를 제2연에서 알려줍니다. 매우 상징적이며 비유적인 말로 그 이유를 알려줍니다. 그것을 여기에 다시 한 번 적어볼까요?

이것이 비밀인 이유는
그 향기며 꽃을 하늘이 피우셨기 때문입니다
부드러운 바람이 와서 눈을 띄우고
차가운 새벽 입술 위에 여린 이슬의
자취 없이 마른 시간들이 쌓이어
산빛이 그의 가슴을 열어주었기 때문입니다

한마디로 말한다면 들국화를 "하늘이 피우셨기 때문"이라는 것입니다. 들국화를 하늘이 피우셨다는 것은 무슨 말입니까? 이성선이 말한 하늘이란 인용 부분에 나타난 것만으로 보면 부드러운 바람, 여린 이슬, 산빛 등과 같은 것을 뜻합니다. 그러나 어디 이것뿐이겠습니까? 이성선이 말한 하늘이란 들국화가 피는 데 작용한 우주 속의 그 모든 것을 뜻할 것입니다. 바람과 이슬과 산빛은 물론 태양과 새소리와 무지개와 천둥 그리고 아이들의 재잘거림과 애벌레의 사랑 노래와 흐르는 물소리와 나비들의 춤짓이 모여 들국화를 피웠을 것이기 때문입니다. 저는 방금 생각나는 대로 우주적인 '사건'들을 열거하였지만, 아마도 이렇게 열거하려면 제가 이 세상에 있는 종이를 다 써도 모자랄 것입니다. 아니, 제가 죽는 날까지 열거하여도 끝이 없을 것입니다. 그만큼 들국화가 꽃을 피운 것은 '위대한 사건'입니다. 위대함을 넘어 '신비한 사건'입니다. 신비함을 넘어 '비밀스러운 사건'입니다. 이성선은 이렇게 전 우주가 참여하여 피워낸 들국화를 보고 "그 향기며 꽃을 하늘이 피우셨"다고 말했습니다. 어디 들국화뿐이겠습니까? 존재하는 모든 것들 속에는 다 하늘의 기운이 들어 있고 하늘이 그것들을 키웠지요.

이성선 시인은 이처럼 '우주적 사건'이자 '위대한 사건'이고, '신비한 사건'이자 '비밀스러운 사건'인 들국화를 그가 사랑하고 신뢰하는 '당신'에게 보냈다고 했습니다. 이처럼 뭔가 소중한 것을 님에게 보낸다는 이야기는 어찌 보면 아주 평범하고 또 진부한 느낌까지 들게 하지요. 지금까지 있어왔던 너무나도 많은 연시들이 그런 구성을 하고 있으니까요.

그런데 이성선의 시 〈소포〉는 그런 진부한 구도를 교묘하게 잘 뛰어넘고 있습니다. 도대체 무엇 때문일까요? 들국화가 핀 것을 우주적 사건으로 읽은 이성선 시인이, 그것을 사랑하는 당신에게 보낸다는 구도를 취함으로써 지극히 진부한 인간적 구도로 전락시켰던 것이, 어떻게 해서 새로운 면모로 탈바꿈할 수 있게 된 것일까요? 그 대답이 제3연에 나와 있습니다. 제3연의 전문을 다시 한 번 옮겨보기로 하겠습니다.

    그러나 이것을 당신에게 드리는 정작의 이유는
    당신만이 이 향기를
    간직하기 가장 알맞은 까닭입니다
    한지같이 맑은 당신 영혼만이
    꽃을 감싸고 눈물처럼 살아가기 때문입니다

여기서 '당신'은 연정을 느끼거나 그런 감정을 고백하려고 하는 대상 이상의 존재입니다. 여기서 '당신'은 한마디로 말하여 '소포'를 받을 만한 자격이 있는 사람입니다. 저는 방금 '소포를 받을 만한 자격이 있는 사람'이란 표현을 썼습니다. 그렇다면 소포를 받을 만한 자격이 있는 사람은 어떤 사람일까요? 말하건대 그런 사람이란 들국화가 피어나는 것이 '우주적 사건'이자 '위대한 사건'이고 '신비한 사건'이자 '비밀스러운 사건'임을 아는 사람입니다. 다시 말하면, 들국화가 피어나는 데 전 우주가 함께 참여한다는 것을 알고 느끼는 사람입니다. 이성선은 '당신'이야말로 그런 사람이라고 말했습니다. 그러니까 이성선은 그가 부칠 소포를 받을 만한 사람을 만난 것입니다. 그 사람은 인용한 윗부분의 표현을 빌면 "꽃을 감싸고 눈물처럼 살아가"는 사람입니다. 여기서 소포를 보내는 행위는 짐을 부치고 받는 행위가 아니라 우주의 신비가 무엇인지를 알고 그것을 서로 나누는 행위가 됩니다. 이로 인하여 뭔가 소중한 것을 님에게 보낸다는 얼마간 진부한 연시의 구도가 깨지고 그대신 우주적 비밀을 나누어 갖는 사람들의 소중한 숨결만이 넘치게 됩니다.

이성선 시인은 〈소포〉의 마지막 연에서 이렇듯 들국화의 신비를, 더 나아가 우주의 신비를 느끼고 사랑하며 살아갈 줄 아는 '당신'은 이 땅에서 진정 하늘과 같은 존재이자 꽃과 같은 존재라고 말합니다. 이렇게 해서 어느덧 소포를 받게 된 당신은 하늘과 같은 존재가 되고 꽃과 같은 존재가 되었습니다. 우주의 신비를 느끼고 그 일에 참여할 수 있는 자라면 그가 바로 하늘(우주)이고, 그 우주 속에서 자란 꽃과 같은 존재를 느낄 줄 알고 볼 줄 아는 자라면 그가 바로 꽃(우주적 존재)이라는 생각입니다. 이성선 시인은 그래서 다음과 같이 시의 끝을 장식하고 있습니다.

하늘이 추워지고 세상의 꽃이 다 지면
당신 찾아가겠습니다

당신에게 소포를 보낸 시인은 이제 걱정이 없습니다. "하늘이 추워지고 세상의 꽃이 다 지"는 사건이 일어나더라도 찾아갈 곳이 있기 때문입니다. 앞에서 말했듯이 그에게 당신은 하늘과 같은 존재이고 꽃과 같은 존재인 것입니다.

저는 이 시를 읽으면서 두 가지 사실에서 진한 감동을 받습니다. 여러분들은 어떠신지요? 우선 그 하나는 들국화로 표상된 이 세상의 모든 생명과 존재들을 우주적 신비가 깃들인 존재로 파악하고 있다는 점 때문입니다. 이 글의 앞부분에서 말씀드렸듯이, 노란 들국화 몇 송이가 피는 데는 부드러운 바람이, 새벽의 여린 이슬이, 고요한 산빛이, 들판의 나비들이 함께 있었기 때문입니다. 그들이 아니었다면 가을날 오후의 노란 들국화를 우리는 볼 수가 없습니다. 다른 하나는 이런 들국화를 한지로 곱게 싸서 누군가에게 소포를 보낸다는 것과 그 소포를 받을 만한 사람을 알고 있다는 점 때문입니다. 소포를 보내고 받는 일이 짐을 부치고 받는 일이 아니라 우주적 비밀을 서로 주고받는 교감하는 일이라는 것이 인상적입니다.

이런 사람 사이를 가리켜 '진정한 연인 관계'라고 말하면 안 될까요? 이런 사람 사이를 가리켜 또한 우주의 신비를 사는 사람들의 비의적 세계라고 말하면 안 될까요? 신비와 신성을 찾고자 하는 사람의 마음으로 세계를 보면, 이렇듯 아름다운 연시가 쓰여지고 연정이 솟아나는가 봅니다.

다른 것은 말할 것도 없고 사람까지도 연봉 얼마짜리로 몸값이 붙여지는 지금, 연정은 사라지고 이해관계만이 얽혀 있는 지금, 교감은 희미해지고 서로가 창 없는 단자로 닫혀져 사는 지금, 이성선이 그의 시 〈소포〉에서 들려주는 내용은 너무나도 아름답습니다. 이 시를 읽은 여러분들께서도, 가을이 오면 노란 들국화 몇 송이를 한지에 싸서 그것을 받을 만한 사람들을 찾아보십시오. 그러면 그해 가을이 참으로 깊어질 것입니다.

임 보
〈우리들의 대통령〉

감동을 주는 대통령이 그립습니다

1940년에 태어났으며, 1962년 《현대문학》을 통해 등단하였다. 시집으로 『은수달 사냥』
『황소의 뿔』『운주천불』 등이 있다.

우리들의 대통령

임보

    수많은 경호원들을 대동하고 비상등을 번쩍이며 리무진으로 대로를 질주하는 대신 혼자서 조용히 자전거를 타고 한적한 골목길을 즐겨 오르내리는
    맑은 명주 두루마기를 받쳐입고 낭랑히 연두교서를 읽기도 하고, 고운 마고자 차림으로 외국의 국빈들을 환하게 맞기도 하는
    더러는 호텔이나 별장에 들렀다가도 아무도 몰래 어느 소년 가장의 작은 골방을 찾아 하룻밤 묵어가기도 하는
    말많은 의회의 건물보다는 시민들의 문화관을 먼저 짓고, 우람한 경기장보다도 도서관을 더 크게 세우는
    가난한 시인들의 시집도 즐겨 읽고, 가끔은 화랑에 나가 팔리지 않은 그림도 더러 사주는
    발명으로 세상을 밝히는 사람들, 좋은 상품으로 나라를 기름지게 하는 사람들의 모임에 나가서는 육자배기 한 가락쯤 신명나게 뽑아대기도 하는
    정의로운 사람들에게는 양처럼 부드럽고 불의의 정상배들에겐 범처럼 무서운
    야당의 무리들마저 당수보다 당신을 더 흠모하고, 모든 종파의 신앙인들도 그들의 교주보다 당신을 더 받드는
    정상들이 모이는 국제회의장에서는 어려운 관계의 수뇌들까지도 서로 손을 맞잡게 하여 세계의 환호를 불러일으키는
    어느 날 청와대의 콘크리트 담장들이 헐리고 개나리가 심어지자 세상의 담장이란 담장들은 다 따라 무너져내리기도 하는
    더더욱 재미있는 것은
    당신이 수제비를 좋아하자, 농부들이 다투어 밀을 재배하는 바람에 글쎄, 이 나라가 세계에서 가장 질 좋은 밀 생산국이 되기도 하는
    어떠한 중대 담화나 긴급 유시가 없어도 지혜로워진 백성들이 정직과 근면으로 당신을 따르는
    다스리지 않음으로 다스리는
    자연과 생명을 소중히 여기는
    그리고 아, 동강난 이 땅의 비원을 사랑으로 성취할
    그러한 우리들의 대통령
    당신은 지금 어디쯤 오고 있는가?

임보 林步의 본명은 강홍기姜洪基입니다. 어떻습니까? 임보라는 이름과 강홍기라는 이름 중 어느 것이 더 시인의 이름으로 어울립니까? 아무래도 전자라고 생각하는 사람이 많을 듯합니다. 저도 전자가 시인의 이름으로 더욱 어울린다고 느껴집니다. 들리는 바에 의하면, 임보 시인은 문학청년 시절 저 프랑스의 현대 시인 랭보를 사모하여 자신의 필명을 랭보와 비슷하게 발음이 되는 '임보'라고 지었다 합니다. 좀 유치한 일이 아니냐고 생각하시는 분도 있겠지만, 우리는 이 이야기를 들으면서 천진성이 가져다 주는 웃음을 웃을 수밖에 없습니다. 누구를 그토록 사모한다는 것은 천진성을 저변에 깔고 있다는 뜻이니까요.

임보 시인은 저와 같은 대학의 같은 학과에 재직하고 있습니다. 임보 시인의 연구실은 대나무 숲이 바라다보이는 북향의 2층이고 제 연구실은 잘생긴 소나무가 눈에 들어오는 남향받이의 1층입니다.

늘 세속 너머를 바라다보고 있는 것 같은 임보 시인, 세속에서 말을 아끼고 그 말을 시로 풀어내는 것 같은 임보 시인은 '우이동 시인' 혹은 '북한산의 시인'으로 불립니다. 그는 수십 년째 서울의 우이동과 북한산을 벗삼아 시를 쓰며 살고 있습니다. 그와 함께 동인으로 모이는 '우이동 시인들'(임보, 이생진, 홍해리, 채희문)은 북한산에서 철쭉제를 지내고, 그 북한산의 정기를 받으며 시를 쓰는 시인들입니다. 비록 다락방이지만 그들은 시를 쓰며 놀 수 있는, 어느 마음씨 좋은 후원자가 내준 방도 하나 갖고 있습니다. 그 보잘것없는 다락방에 그들은 '시수헌詩壽軒'이라는 멋진 이름을 붙였습니다. 그들은 그곳에서 북한산의 사라진 신선을 소생시키고 싶은 심정으로, 사라져가는 '시선詩仙'을 꿈꾸고 있는 듯합니다. 요즘 세상에서 보기 힘든 '멋'이 그곳에 있습니다. '멋진' 삶의 한 자락이 그곳에 있는 것 같습니다.

이런 '우이동 시인들'의 한 사람인 임보는 그들 넷의 만남 앞에서 다음과 같은 시를 썼습니다. 얼마나 동인들을 아껴주는 시인지, 그러면서도 얼마나 재미있는 시인지 모릅니다. 제목은 '네 마리의 소'입니다.

고불古佛 이생진李生珍은 물소
포우抱牛 채희문蔡熙汶은 황소
난정蘭丁 홍해리洪海里는 들소
나 임보林步는 조그만 염소

—〈네 마리의 소〉 전문

임보는 이 시의 주석란에다 "고불은 섬에 미쳐 늘 물을 떠나지 못한 것이 마치 물소와 같다. 포우는 이중섭의 그림 속에 나온 황소처럼 강렬해 보이지만 실은 양순하고, 난정은 난과 매화를 즐기는 선비지만 들소와 같은 정력이 없지 않다. 나 임보는 굳이 소라고 친다면 보잘것없는 염소라고나 할까. 이분들의 아호는 내가 붙인 것이다"라고 했습니다. 이런 주석의 내용을 가진 위 시에는 '멋'이 깃들여 있습니다. 타인을 '아끼는 마음'이 있습니다. 자신을 낮추는 '겸손한 마음'이 있습니다. '무거운 가벼움'이라고 부를 만한 '웃음'이 있습니다.

임보의 시 가운데 여러분과 더불어 우리 시대의 대통령을 함께 생각하며 읽어보고 싶은 시가 한 편 있습니다. 이 시는 원래 몇 년 전 《동아일보》에 발표되었던 작품인데 여러분들은 이 시를 '우이동 시인들'의 공동시집 『우리들의 대통령』 속에서도 만나볼 수 있습니다.

우이동, 북한산, 시수헌, 멋, 시선 등을 이야기하다가 갑자기 '대통령'이라는 지극히 정치적인 낱말이 나오는 것을 보고 혹시 놀라지 않으셨습니까? 정치적인 이름 가운데서도 가장 정치적인 낱말이 '대통령'임을 적어도 우리 사회에서 살아가는 이라면 부정할 수가 없을 터이니까요. 그러나 그렇게 놀라실 필요는 없습니다. 또 어색해하실 필요도 없습니다. 이 시에도 임보 시인이 지향하는 정신은 그 아래에 시냇물처럼 흐르고 있으니까요. 우선 전문을 옮겨보면 다음과 같습니다.

수많은 경호원들을 대동하고 비상등을 번쩍이며 리무진으로 대로를 질주하는 대신 혼자서 조용히 자전거를 타고 한적한 골목길을 즐겨 오르내리는

맑은 명주 두루마기를 받쳐입고 낭랑히 연두교서를 읽기도 하고, 고운

마고자 차림으로 외국의 국빈들을 환하게 맞기도 하는

더러는 호텔이나 별장에 들었다가도 아무도 몰래 어느 소년 가장의 작은 골방을 찾아 하룻밤 묵어가기도 하는

말많은 의회의 건물보다는 시민들의 문화관을 먼저 짓고, 우람한 경기장보다도 도서관을 더 크게 세우는

가난한 시인들의 시집도 즐겨 읽고, 가끔은 화랑에 나가 팔리지 않은 그림도 더러 사주는

발명으로 세상을 밝히는 사람들, 좋은 상품으로 나라를 기름지게 하는 사람들의 모임에 나가서는 육자배기 한 가락쯤 신명나게 뽑아대기도 하는

정의로운 사람들에게는 양처럼 부드럽고 불의의 정상배들에겐 범처럼 무서운

야당의 무리들마저 당수보다 당신을 더 흠모하고, 모든 종파의 신앙인들도 그들의 교주보다 당신을 더 받드는

정상들이 모이는 국제회의장에서는 어려운 관계의 수뇌들까지도 서로 손을 맞잡게 하여 세계의 환호를 불러일으키는

어느 날 청와대의 콘크리트 담장들이 헐리고 개나리가 심어지자 세상의 담장이란 담장들은 다 따라 무너져내리기도 하는

더더욱 재미있는 것은

당신이 수제비를 좋아하자, 농부들이 다투어 밀을 재배하는 바람에 글쎄, 이 나라가 세계에서 가장 질 좋은 밀 생산국이 되기도 하는

어떠한 중대 담화나 긴급 유시가 없어도 지혜로워진 백성들이 정직과 근면으로 당신을 따르는

다스리지 않음으로 다스리는

자연과 생명을 소중히 여기는

그리고 아, 동강난 이 땅의 비원을 사랑으로 성취할
그러한 우리들의 대통령
당신은 지금 어디쯤 오고 있는가?

―〈우리들의 대통령〉 전문

  인간이 무정부주의를 실천할 수 있다면 '총책임자' 혹은 '장長'이 필요 없습니다. 각자가 자율과 자유에 근거해서 자기 자신을 하나의 정부로 삼고 다른 사람과 함께 어깨를 나란히 한 채 어울려 살아가면 되니까요.
  그러나 아주 소수에 해당되는 인간을 제외하고는, 대부분의 인간들이 무정부주의를 실천할 수 있는 능력이 없다고 보는 것이 저의 견해입니다. 그렇다면 인간들은 어쩔 수 없이 크든 작든 공동체나 집단을 필요로 할 것이고, 그들은 이들 속의 일원이 되어 살아가게 될 것입니다. 그러면서 그들은 자신들이 속한 공동체나 집단을 이끌어가고 책임질 대표자 혹은 책임자를 필요로 할 것입니다. 그것은 자신들이 속한 공동체나 집단이 질서를 동반한 안전지대가 되지 않고, 무질서를 동반한 공포의 땅으로 변해버릴 것을 두려워하기 때문입니다. 이와 더불어 사명감에서든, 권력욕에서든, 한 공동체나 집단을 앞서서 이끌어나가고 싶어하는 사람들이 출현하게 마련입니다. 그러고 보면 인간들이 공동체나 집단을 만들고 그 속에서 대표자가 나오는 것은 인간의 본능이 낳은 산물이자 인간의 이성적 능력이 만들어낸 산물이라고 볼 수 있습니다.
  어쨌든 인간의 역사를 보십시오. 인간들은 그동안 크고 작은 집단과 공동체를 만들면서 족장이란 이름으로, 왕이란 이름으로, 황제라는 이름으로, 그들의 집단과 공동체의 대표자를 두었습니다. 그러던 것이 여러분들도 잘 알다시피 근대국민국가시대로 접어들면서 국가주의 이념이 보편화되었고, 그에 따라 왕명에 복종해야 할 백성 대신 대표자 선출권을 가진 시민 혹은 국민이 탄생하게 되었으며, 그 결과로 수상 혹은 대통령이란 이름을 가진 존재가 새로이 나타나게 되었습니다. 법률상으로만 본다면 수상 혹은 대통령과 국민 혹은 시민은 대등한 수평적 계약 관계 위에 있습니다.

그러나 현실은 어떠합니까? 아직도 왕정시대의 유물이 답습되는 가운데, 아니 족장시대의 유물이 답습되는 가운데, 인간이 만들어낸 정치사상 중 최고의 수준에 있다는 민주주의가 교과서 위에서만 희미하게 빛을 내고 마는 것을 우리는 얼마나 자주 봅니까? 일단 수상 혹은 대통령이란 이름을 가진 자들이 그 자리에 올라가고 나면 우리는 투표했던 날들의 기억을 까맣게 잊은 채 그들이 휘둘러대는 엄청난 권력을 보며 얼마나 난감해합니까? 현재 지구상에 있는 약 200여 개 국가들은 거의 다 국가주의와 민주주의를 채택하고 있습니다. 그러나 진정 이것을 제대로 실천하는 나라는 많지 않습니다.

대한민국이란 이름 아래 국가주의와 민주주의에 토대를 두고 우리나라가 설립된 1948년 8월 15일 이후, 우리는 지금까지 50년이 넘는 시간 속에서 몇 사람의 대통령을 뽑거나 만났습니다. 이승만, 윤보선, 박정희, 전두환, 노태우, 김영삼, 그리고 김대중을 우리는 해방 후 이 나라의 대표자인 대통령으로 기억합니다. 성급히 어느 대통령의 치적을 단정하기 전에, 그들 각각의 공과를 대차대조표처럼 치밀하게 만들어서 공정한 평가를 내리도록 해야 한다는 것이 저의 사견입니다마는, 이 땅의 많은 사람들이 이 나라의 대표자로 있는(던)

대통령 중 상당수를 진심으로 존경하거나 그들에게서 감동을 받는 것 같지는 않습니다. 국민들이 대통령에 대해 거는 기대가 너무나 크기 때문일까요? 아니면 대통령이 그에 값하는 행동을 하지 못하기 때문일까요?

임보 시인의 〈우리들의 대통령〉은 김대중 대통령이 당선되고 난 후 얼마 지나지 않아, 앞서 말했듯이 《동아일보》에 발표된 시입니다. 문민정부라고 불린 김영삼 대통령이 취임하던 당시에도 그랬지만, 국민정부라고 자칭한 김대중 대통령이 취임하던 때에도 사람들의 기대는 참으로 컸습니다. 그때는 마침 'IMF 구제금융시대'여서 국민들이 새 대통령에게 거는 기대는 그 어느 때보다도 높았습니다. 저는 김대중 대통령이 대통령 후보로 나섰을 때, 모 문예잡지에서 세 후보에게 요구한 '가장 좋아하는 애송시 감상문' 중 김대중 후보가 쓴 감상문으로부터 제일 깊은 인상을 받은 적이 있기 때문에 남모르는 측면에서 문화적 기대를 건 적도 있었습니다. 그때 김대중 대통령이 후보의 자격으로 써낸 감상문은 김수영의 시 〈폭포〉에 대한 것이었는데 감옥 생활을 하던 시절에 이 시를 특별히 좋아했다고 말했던 것으로 기억됩니다.

어쨌든 우리는 국가주의 이념이 지배하는 사회 속에서 국가를 통치할 대통령의 자리를 제도적으로 마련해놓고 국민의 신분으로 그 대통령을 선출합니다. 그리고 그 대통령을 중심으로 국민으로서의 의무를 다하며 삶을 살아갑니다. 그런데 문제가 무엇입니까? 진정 이 땅에서 대통령을 존경하고 그의 행동에서 감동을 받는 일이 거의 없다는 것입니다. 아침신문이든, 저녁신문이든, 텔레비전의 아침뉴스이든 저녁뉴스이든, 아, 어떤 종류의 뉴스라도 접하고 나면, 이 땅에서 과연 아이 낳고 살아갈 수 있을까, 하는 염려가 들 만큼 머리가 아프고 복잡해집니다. 도대체 국가가 나를 위해 해준 일이 무엇이냐고 따지며 대들고 싶은 때가 참으로 많습니다. 물론 우리도 좋은 국가를 만들기 위해 우리 자신이 한 게 무엇이 있느냐고 질문해야겠지만 말입니다. 그렇더라도, 나라를 떠나 이민이나 망명을 갈 수 없는 한, 아니, 그런 중에 어찌어찌하여 이 나라를 떠났다 하더라도, 자신이 한국인이고, 한국인이었다는 사실을 결코 잊을 수는 없는 것이 사실이니 머리는 더욱 복잡해집니다. 그러나 사실 문제는 간단한 것입니다. 내가 한국인이고, 한국인이었다는 사실을 잊을 수가 없다면, 더 나은 나라를 만들기 위해 노력해줄 것을 대통령에게 요구하고, 우리 스스로도 그런 나라를 만들기 위한 노력을 함께 해나갈 수밖에 없다는 것입니다.

대한민국에 사는 모든 국민의 원형적인 소망 가운데 가장 강력한 것의 하나는, 제가 생각하기에, '멋진 대통령'을 한번 가져보고 싶다는 것인 듯합니다. 존경할 수 있는 대통령, 감동할 수 있는 대통령을 갖고 싶은 것입니다. 임보 시인의 시 〈우리들의 대통령〉에서 우리는 우리가 가진 이런 소망을 대리 표출한 기분에 사로잡힙니다.

저는 앞에서 임보 시인의 시 〈우리들의 대통령〉 전문을 인용하였습니다. 너무나도 쉬운 시인 데다 때로는 설명적인 부분까지 들어 있는 시라서, 따로 무슨 말을 제가 더 해야 할지 모르겠습니다. 그래서인지 임보 시인이 그린 '멋진 대통령'의 초상화를 더욱 실감나게 그려야 한다는 부담이 다가오는군요. 그래도 이왕 이야기의 장을 펼친 것이니까 마무리를 지어야 하겠지요?

시인은 〈우리들의 대통령〉 첫 행에서 다음과 같이 말했습니다.

　수많은 경호원들을 대동하고 비상등을 번쩍이며 리무진으로 대로를 질주하는 대신 혼자서 조용히 자전거를 타고 한적한 골목길을 즐겨 오르내리는

꿈같은 이야기라고 비웃는 사람이 많을 것입니다. 그러나 이런 세상이 되기를 소망하는 사람 역시 많을 것입니다. 대통령이 공포와 권력과 과시의 대상이 아니라 친근함과 겸허함과 소박함의 인간미를 가진 사람이라면 얼마나 좋겠습니까? 대통령은 그렇게 하고 싶은데 현실이 그것을 허용하지 않는다고요? 마키아벨리즘의 사상도 모르느냐고요? 스웨덴의 총리는 서민적인 생활을 즐기다 암살당한 바가 있다고요? 그렇습니다. 현실도 문제입니다. 그러나 우리는 도로를 통제하며 수많은 경호원들을 대동하고 비상등을 번쩍이며 리무진으로 대로를 질주하는 대통령, 아니 권력자들을 보면서 환호하기보다 기가 죽어 돌아오던 때가 얼마나 많았던가요.
임보 시인은 제2행에서 다음과 같이 말합니다.

　맑은 명주 두루마기를 받쳐입고 낭랑히 연두교서를 읽기도 하고, 고운 마고자 차림으로 외국의 국빈들을 환하게 맞기도 하는

여기서 "맑은 명주 두루마기"와 "고운 마고자"는 한국인으로서의 '멋'을 살리며 정체성을 지키고 싶다는 시인의 소망을 담고 있습니다. 그리고 그 일을 나라의 대표자인 대통령이 앞서서 해달라는 소

망이 여기에 깃들여 있습니다. 사실 저 중동 지방의 대통령, 왕, 수상 등의 대표자들은 국빈 모임에 나올 때, 반드시 그들의 전통 복장을 자연스럽게 차려입고 나옵니다. 그것은 참으로 보기가 좋습니다. 정신적인 자존심을 지니고 있다는 상징으로 읽히기도 합니다. 그에 비한다면 우리의 대통령들은 서양식 양복으로 연두교서를 읽고 국빈을 맞이합니다. 편리한 복장이기는 하지만, 어디에 내놔도 멋스러운 한복을 행사에서조차 국가정신의 상징물로 입지 않는다는 것은 아쉽기 그지없습니다.

임보 시인은 제3행에서 다음과 같은 소망을 표현하고 있습니다.

더러는 호텔이나 별장에 들었다가도 아무도 몰래 어느 소년 가장의 작은 골방을 찾아 하룻밤 묵어가기도 하는

여기서 제게는 '골방'이라는 말이 인상적입니다. 구석에 있는 어둡고 비좁은 골방, 그 골방은 가난의 표상이지요. 화려한 호텔이나 별장과는 너무나도 먼 거리에 놓여 있지요. 과시적이며 정치적인 계산으로 소년소녀의 골방을 계획적으로 찾아가는 것이 아니라 진정 인간애의 발현으로 그들에게 연민을 보내는 대통령이 있다면……왼손이 하는 일을 오른손이 모르도록 하라는 성서의 한 구절처럼, 아무도 볼 수 없는 캄캄한 한밤중에 그 일이 일어났다 하더라도, 하늘의 별들은 그 광경을 보았을 것이라고 생각하면 안 될까요? 신이 있다면 신이 그 일을 보았을 것이라고 생각하면 안 될까요?

임보 시인은 제4행에서 이렇게 말합니다.

말많은 의회의 건물보다는 시민들의 문화관을 먼저 짓고, 우람한 경기장보다는 도서관을 더 크게 세우는

　민주주의를 하려면, 더욱이 대의민주주의를 하려면, 의원들이 모일 의회 건물이야 당연히 있어야지요. 그러나 의회의 비생산적인 행동들을 너무나도 자주 보아온 까닭에, 임보 시인은 시민들의 문화관을 먼저 지었으면 하고 바랐던 것 같습니다. 그렇지 않으면 정치에 억눌려 힘도 못 쓰는 문화의 부흥을 꿈꾸었던 것 같습니다. 우리나라 문화부의 1년 예산은 겨우 군 하나의 예산 정도밖에 안 된다는 소리를 들었습니다. 또한 임보 시인은 우람한 경기장보다 도서관을 더 크게 세우는 게 좋다고 말했습니다. 제아무리 체력은 국력이라고 하지만 내면 세계가 뒤따르지 못하는 체력이야말로 이 고도의 지식·문화 사회에서 매우 무력하기만 하지요. 책을 손에서 놓지 않는 대통령, 서재다운 서재를 가진 대통령, 교양 있는 대통령이 요구되듯이 그런 국민들을 기르는 것이 요구되지요. '건강은 빌릴 수 없지만 머리는 빌릴 수 있다'는 명언을 만들어내며 공부를 멀리한 국가의 대표자가 있었다는 소리를 들은 분도 있을 겁니다.

　임보 시인은 제5행에서 다음과 같이 제안합니다.

　　가난한 시인들의 시집도 즐겨 읽고, 가끔은 화랑에 나가 팔리지 않은 그림도 더러 사주는

　여기서 임보 시인은 예술가를 이해해주는 대통령을 바라고 있습니다. 모든 예술가가 다 가난한 것은 아니지만, 많은 예술가가 가난

하지요. 자본주의시대로 들어오면서 예술, 그 가운데서도 시의 상품성은 매우 낮아졌지요. 정신을 고양시키고자 노력하는 분위기가 살아나지 않는 한, 사람들은 편리하게 먹고사는 일로 만족하려 들기 쉬우니까요. 시집을 즐겨 읽는 대통령, 시를 쓰는 대통령, 가난한 화가를 이해해주는 대통령을 기대한다는 것은 지나친 일일까요? 그렇지만 이런 대통령이 영 없는 것은 아니지요. 프랑스의 대통령을 역임한 미테랑은 시를 사랑하는 시 애호가로 널리 알려져 있지 않았습니까? 철학자에게 나라를 맡기는 것이 위험하듯이, 시를 좋아하는 대통령에게 나라를 맡기는 것도 위험하다고요? 글쎄요. 각자 생각해봅시다.

임보 시인은 또다시 제6행에서 아래와 같이 제안합니다.

발명으로 세상을 밝히는 사람들, 좋은 상품으로 나라를 기름지게 하는 사람들의 모임에 나가서는 육자배기 한 가락쯤 신명나게 뽑아대기도 하는

노태우 대통령 시절, 그의 애창곡이 〈베사메 무초〉라고 나라 안에 가득 알려진 바 있었습니다. 낭만적인 느낌도 있었지만 어색한 느낌도 지울 수 없었습니다. 노래 제목의 뜻도 잘 알기 어려운 저 먼 나라의 노래 〈베사메 무초〉가 한 국가의 대통령이 내놓은 최고의 애창곡이라니, 하는 생각이 들었습니다. 그런데 위 행에서, 임보는 대통령들에게 좋은 사람들의 모임에 나가 "육자배기 한 가락쯤 신명나게 뽑아대"라고 주문을 합니다. 가장 한국적인 가락을 멋스럽게 "뽑아"보라는 것입니다. "뽑아"보라는 것은 '불러'보라는 것과 다릅니다. 한국 노래는 부르는 것이라기보다 아랫배에서부터 뽑아내는 것입니다. 요컨대 임보는 노래의 '멋'을 아는 대통령이 그립다고 한 것입니다.

진정한 '멋'은 인간이 가질 수 있는 최고의 단계입니다. 이것은 인위적인 꾸밈과 전혀 차원을 달리하는 영역입니다.

시가 길어서 조금 지루한가요. 쓰는 사람은 그렇지 않은데 읽는 분은 그럴지 모르겠습니다. 음치도 제 노래에는 흥에 겨워서 시간 가는 줄 모르는 것임을 저는 알고 있습니다. 그래도 다시 긴 호흡을 하고 다음 행으로 옮아가야 하겠습니다.

임보 시인은 제7행에서 '정의'에 대해 말합니다.

> 정의로운 사람들에게는 양처럼 부드럽고 불의의 정상배들에겐 범처럼 무서운

제아무리 좋은 법이 있어도 정의롭게 적용되지 않으면 무슨 소용이 있습니까? 임보 시인은 대통령이야말로 '정의'를 실천하는 모범적인 인물이어야 한다고 주장하는 것입니다. 이번에는 이 정도의 짧은 말만을 하고 다음 행으로 넘어갈까요?

> 야당의 무리들마저 당수보다 당신을 더 흠모하고, 모든 종파의 신앙인들도 그들의 교주보다 당신을 더 받드는

여기서 저는 '흠모'와 '존경'의 힘을 봅니다. 전략을 통한 공포감의 조성이나 정치적 기도는 국민들을 불안에 떨게 합니다. 그들은 침묵하고 따르는 듯하지만 절대로 지도자를 존경하거나 사모하지 않습니다. 그러나 지도자가 진정과 진심을 전하여 감동을 주면, 그 감동은 존경과 사모의 마음을 낳습니다. 농담 삼아 하는 말이지만, 가장

나쁜 강의는 감동을 주는 강의라는 소리도 있습니다. 그 감동이란 사람을 사로잡는 것(산 채로 잡는 것)이기 때문입니다. 그러므로 감동을 주는 것만큼 힘있는 일은 없습니다. 임보 시인은 국민을 감동케 하여 사로잡으라고 말하는 것입니다.

다음 행은 대통령에게 '화해의 사제'가 되라고 권유하는 행입니다. 국가란 이 세상에서 가장 이기적인 집단입니다. 냉전체제가 무너지면서 과거 중공으로 불렸던 중국의 힘이 커지자 우리는 대만과 단교하고 중공을 중국으로 고쳐 부르며 그들과 공식적인 외교 관계를 맺었습니다. 아, 정말로 이기심에 토대를 두고 갈등이 난무하는 가장 복잡한 일들이 국가들 사이에 존재합니다. 그런 나라들의 모임에서 우리의 대통령이 '화해의 사제'가 될 수 있다면 하는 바람을 앞서 말했듯 임보 시인은 다음과 같은 말로 전한 것입니다.

 정상들이 모이는 국제회의장에서는 어려운 관계의 수뇌들까지도 서로 손을 맞잡게 하여 세계의 환호를 불러일으키는

임보 시인이 대통령에게 주문하는 내용은 많기도 합니다. 그러나 그 모든 것이 다 공감을 자아내기에 충분한 것들입니다. 그러니까 아무나 대통령을 할 수 있는 것은 결코 아닙니다. 그 명확한 사실을 이해하고 대통령이 되고자 꿈꾸는 사람들은 자기 성찰의 시간을 가질 일입니다.

 어느 날 청와대의 콩크리트 담장들이 헐리고 개나리가 심어지자 세상의 담장이란 담장들은 다 따라 무너져내리기도 하는

이것은 〈우리들의 대통령〉의 제10행입니다. 이것을 보면서 저는 '담장'이라는 말에 주목합니다. 담장은 그것이 어떤 것이든지 간에 너와 내가 서로 긴장하고 경계하고 분리되어 있다는 징표이기 때문입니다. 가진 것이 많을수록 담장이 높아지고 두터워집니다. 어두운 비밀이 많을수록 역시 담장이 높아지고 두터워집니다. 미국 백악관의 담장이 없다는 사실은 잘 아실 것입니다. 그렇다고 해서 보이지 않는 경계의 담장까지 없는 것은 결코 아니지요. 그러나 평화와 믿음의 나라를 만들고 싶은 임보 시인은 아주 비현실적인 것 같은 발언을 했습니다. 대통령, 당신이 먼저 담장을 부수는 일에 모범을 보이지 않겠느냐고 말입니다. 그렇게 해서 전국의 담장들이 헐리고 온 땅이 평화와 믿음의 꽃나라로 변할 수는 없는 것이냐고 말입니다. 시인의 이상주의적, 낭만적 속성은 허황한 듯하지만, 그럼에도 불구하고 인간적 매력을 품고 있습니다.

다음 행으로 가면 임보 시인은 이렇게 말합니다.

더더욱 재미있는 것은
당신이 수제비를 좋아하자, 농부들이 다투어 밀을 재배하는 바람에 글쎄, 이 나라가 세계에서 가장 질 좋은 밀 생산국이 되기도 하는

역시 대통령에 대한 믿음과 흠모의 감정을 강조하는 부분입니다. 서민적인 청와대 살림살이를 보여주겠다고 그곳에 초청한 사람들에게 개인의 취향과는 상관없이 '칼국수'를 점심으로 대접해서 많은 말을 만들어냈던 김영삼 대통령 시절을 기억하시는 분이 많을 겁니다. 칼국수는 분명 서민적인 우리의 전통 음식이지만, 그것을 싫어하

는 사람은 지독히 싫어합니다. 저 역시 칼국수는 그렇게 좋아하는 편이 아닙니다. 더군다나 칼국수는 든든한 점심이 되기에 부족한 음식이라, 식성 좋은 사람들은 청와대에서 나와 다시 점심이나 간식을 먹어야 했다는 소문도 있었습니다. 대통령이 수제비를 좋아한다고 그를 무조건 따를 필요는 없을 것입니다. 그러나 위 행은 이런 내용과 달리 대통령에 대한 진정한 믿음이 어떤 결과를 낳는지에 대해 말해주고 있습니다.

이제 남은 부분은 행의 구분 없이 함께 인용하고 이야기를 마칠까 합니다.

> 어떠한 중대 담화나 긴급 유시가 없어도 지혜로워진 백성들이 정직과 근면으로 당신을 따르는
> 다스리지 않음으로 다스리는
> 자연과 생명을 소중히 여기는
> 그리고 아, 동강난 이 땅의 비원을 사랑으로 성취할
> 그러한 우리들의 대통령
> 당신은 지금 어디쯤 오고 있는가?

대통령에게는 계엄령을 선포할 권한이 있습니다. 소설가 김승옥은 「염소는 힘이 세다」라는 소설을 썼지만 실제로 대통령은 힘이 셉니다. 그는 국군 통수권을 갖고 있을 뿐만 아니라 특별 상황에서 특별조치를 내릴 권한도 갖고 있는 것입니다. 박정희 대통령 시절을 지내온 사람들은 긴급조치가 무엇인지 알 것입니다. 긴급조치가 선포되면 국민들은 특별법의 지배를 받았습니다. 노자의 『도덕경』에

나오던가요. 가장 좋은 통치자는 '다스리지 않음으로 다스리는', 이른바 '무위無爲의 정치'를 하는 사람이라는 구절 말입니다. 이것은 요컨대 국민들이 자율적으로 살아갈 수 있는 세상을 만들어달라는 주문으로 해석됩니다.

임보 시인의 주문은 또 있습니다. 극도의 문명사회로 치닫는 이즈음, 자연과 생명을 소중히 여기는 대통령이 되기를 바란다는 것입니다. 자연과 생명의 중요성에 대한 자각이 없다면 그 대통령은 제아무리 대단한 경제 성장을 이루었다 해도, 국민의 생명을 건강하게 지켜줄 수가 없으니까요. '녹색당'의 대통령은 아니더라도, 녹색사상의 중요성을 아는 대통령이어야 한다는 것이지요.

끝으로 임보 시인은 통일을 사랑으로 성취해달라고 주문했습니다. 그 어떤 목적도 전쟁을 합리화시킬 수 없다는 것은 저뿐만 아니라 많은 사람들의 생각입니다. 통일이 제아무리 대단한 목적이라 하더라도 그것은 사랑과 평화와 타협과 협력을 기반으로 이루어지지 않으면 안 됩니다.

여기까지 오다 보니 많은 지면이 필요하게 되었습니다. '대통령학'도 있을 만큼 대통령의 자리가 중요하니, 그에 대한 시를 감상하는 데도 이렇게 많은 지면이 필요하게 되었다고 변명을 해야 할 것 같습니다.

어떤 부족이나 국가의 장이 되려면 일차적으로 정치적 능력이 있어야 합니다. 그러나 정치적 능력이 대단한 대통령 앞에서 국민들은 놀라움과 감탄의 감정을 가질 수는 있지만 감동까지 하지는 않습니다. 놀라움과 감탄의 감정을 일으키는 것도 장을 따르게 하는 한 요인이 되겠지만, 이와 더불어 진정 장을 따르게 하는 것은 감동을 주는 일입니다. 임보 시인의 시 〈우리들의 대통령〉은 바로 이 감동을 주는 장이 우리 앞에 나타나기를 기원하고 있습니다. 또다시 말한다면 전략가로서의 장만이 아닌, '멋'을 아는 장으로서 국민들 속에 스며드는 대통령을 바라고 있는 것입니다. 정치가와 전략가 앞에서 우리는 긴장하고 두려워합니다. 그러나 '감동'을 주고 '멋'을 아는 사람 앞에서 우리는 그를 진심으로 존경합니다. 백성을 법으로 다스리면 그들이 손을 어디에다 두어야 할지 모르지만, 덕으로 다스리면 비유컨대 북극성이 제자리에 머물러 있어도 나머지 모든 별이 그를 중심으로 고개를 숙이고 도는 것과 같다는 『논어』「위정爲政」편의 한 구절이 단순한 이상론만은 아닌 것 같다는 말을 하면서 글을 맺을까 합니다.

오세영
〈햄버거를 먹으며〉

음식을 먹었나요? 사료를 먹었나요?

1942년 전남 영광에서 태어났으며, 1968년《현대문학》을 통해 등단하였다. 시집으로 『무명연시』 『아메리카 시편』 『어리석은 헤겔』 등이 있다.

햄버거를 먹으며

오세영

사료와 음식의 차이는
무엇일까.
먹이는 것과 먹는 것 혹은
만들어져 있는 것과 자신이 만드는 것.
사람은
제 입맛에 맞춰 음식을 만들어 먹지만
가축은
싫든 좋든 이미 배합된 재료의 음식만을
먹어야 한다.
김치와 두부와 멸치와 장조림과……
한 상 가득 차려놓고
이것저것 골라 자신이 만들어 먹는 음식.
그러나 나는 지금
햄과 치즈와 토막난 토마토와 빵과 방부제가 일률적으로 배합된
아메리카의 사료를 먹고 있다.
재료를 넣고 뺄 수도,
젓가락을 댈 수도,
마음대로 선택할 수도 없이
맨손으로 한 입 덥썩 물어야 하는 저
음식의 독재,
자본의 길들이기.
자유는 아득한 기억의 입맛으로만
남아 있을 뿐이다.

오세영 시인은 서울대학교 국어국문학과에서 시를 가르치는 교수입니다. 그는 학자의 길과 시인의 길을 함께 걸어가는 사람입니다.

학자의 길과 시인의 길은 꽤 다릅니다. 학문이 논증의 세계라면 시는 표현의 세계입니다. 논증의 세계가 추상화를 지향한다면 표현의 세계는 구체화를 지향합니다. 추상화의 세계가 이성의 힘에 지배당한다면 구체화의 세계는 상상력의 힘에 지배당합니다. 이성의 힘이 차갑고 명료하다면 상상력의 힘은 뜨겁고 자유분방합니다.

저는 오세영 시인에게, 당신은 이 두 가지 길 가운데 어느 길에 더 매료당한 처지냐고 질문해본 적이 없습니다. 그러므로 저는 그가 어느 쪽에 더 큰 비중을 두고 살아가는지 알지 못합니다. 다만, 확실한 것이 있다면 그것은 오세영 시인이 이 양자의 길을 오가며 살았다는 것뿐입니다. 이 양자의 길을 오가는 것이 결코 쉬운 일은 아닙니다. 학문을 하는 코드와, 시를 쓰는 코드는 서로 다르기 때문입니다. 그러므로 양자의 길을 가기 위해서는 수시로 서로 다른 코드를 작동시키는 전환 작업이 요구됩니다.

　그렇지만 어쩌겠습니까? 한 사람이 양쪽 세계를 오가며 살아왔고, 또 살아가고 있다는 것은 그럴 수밖에 없는 숙명성이 몸 속 깊은 곳에 숨어 있다는 뜻이나 마찬가지이니까요. 그런데 말입니다. 이것은 전적으로 제 짐작입니다만, 오세영 시인은 나이가 들어가면서 학문 쪽보다 시 쪽으로 기울어지고 있는 것 같습니다. 표현의 기쁨이 논증의 명쾌함이 주는 쾌감을 압도하고 있는 것 같습니다. 저는 이 사실을 백분 이해할 수 있습니다. 학자의 언어보다는 시인의 언어가 한층 생명감으로 넘쳐나니까요.

　오세영 시인의 『아메리카 시편』은 그가 출간한 여러 권의 시집 중 제가 가장 좋아하는 시집입니다. 이 시집은 제목에서도 드러나듯이 처음부터 끝까지 아메리카를 소재로 삼고 있습니다. 어느 날, 오세영 시인을 만났을 때, 저는 오세영 시인에게 개인적으로 이 시집이 저에게는 가장 흥미롭다고 말한 적이 있습니다. 그랬더니 오세영 시인은 제 말에 선뜻 동의하지 않는 표정을 보여주었습니다. 적어도 제 주관적인 느낌으로는 그러했습니다. 그러나 할 수 없습니다. 독자중심비평 이론을 들춰 보이지 않는다 하더라도 일단 시인이 발표한 작품은 독자 편으로 넘어온 것이나 다름없지 않습니까? 독자는 그만큼 힘이 셉니다. 독자의 역할은 그만큼 중요합니다.

　제가 오세영 시인의 『아메리카 시편』을 높이 평가하는 데는 몇 가지 이유가 있습니다. 그 하나는 이 시집이 아메리카에 대한 냉철한 보고서의 성격을 띠고 있기 때문입니다. 지금까지 우리 시단에 나온 아메리카 시편 가운데서 오세영 시인의 이 시집 속에 들어 있는 시편들은 성격도 단연 특수할 뿐만 아니라 그 양과 질에 있어서도 단연 앞자리에 놓입니다. 그 둘은 이 시집이 시인의 절실한 미국 체험 속에서 탄생되었다는 점 때문입니다. 체험은 언제나 상상력을 받쳐 주는 원천입니다. 절실한 체험이 부재하면 그 상상력은 공허해지기 쉽습니다. 그 셋은 이 시집 속에서 시인이 언어를 막힘 없이 자유자재로 이끌고 나간다는 것 때문입니다. 오세영 시인의 다른 어떤 시집에서보다도 이 시집에서 시인의 언어를 다루는 솜씨가 빼어납니다. 이것은 그만큼 이 시인이 그에게 절실한 체험 내용과 문제의식을 충분히 내적으로 용해시켜 다루고 있다는 뜻입니다. 아메리카에 대한, 그리고 아메리카를 향한 오세영 시인의 예리한 언어들은 이 시집에서 봇물처럼 흘러 넘치고 있습니다. 그 넷은 이 시집 속에 들어 있는 작품들이 아주 구체적인 정황 속에서 탄생되었다는 점 때문입니다. 일반적으로 구체적 정황이 부재하는 가운데 막연하게 머리로 쓰여지는 시는 많은 경우 초점을 잃고 부유합니다. 오세영 시인의 아메리카 시편은 이런 위험성을 극복하고 아메리카와 관련된 수많은 소재들이 구체적 정황을 이루고 있는 가운데 창조된 시입니다. 따라서 그의 아메리카 시편들은 독자들을 잡아끄는 힘이 있습니다.

여기서 여러분들과 함께 감상할 작품은 『아메리카 시편』 속에 들어 있는 많은 작품 중 〈햄버거를 먹으며〉입니다. 작품의 미학적 수준으로 보면 더 나은 작품이 있음에도 불구하고 이 작품을 여러분과 함께 감상하고자 선택한 것은 이 시 속에 담긴 내용이 독자들로 하여금 공감할 수 있게 만들 가능성이 크다는 점과, 미국 주도의 현대 자본주의 문명사회가 지닌 모순상을 매우 예리하게 들춰내고 있기 때문입니다.

사료와 음식의 차이는
무엇일까.
먹이는 것과 먹는 것 혹은
만들어져 있는 것과 자신이 만드는 것.
사람은
제 입맛에 맞춰 음식을 만들어 먹지만
가축은
싫든 좋든 이미 배합된 재료의 음식만을
먹어야 한다.
김치와 두부와 멸치와 장조림과……
한 상 가득 차려놓고
이것저것 골라 자신이 만들어 먹는 음식,
그러나 나는 지금
햄과 치즈와 토막난 토마토와 빵과 방부제가 일률적으로 배합된
아메리카의 사료를 먹고 있다.
재료를 넣고 뺄 수도,
젓가락을 댈 수도,
마음대로 선택할 수도 없이
맨손으로 한 입 덥썩 물어야 하는 저
음식의 독재,
자본의 길들이기.
자유는 아득한 기억의 입맛으로만
남아 있을 뿐이다.

—〈햄버거를 먹으며〉 전문

우리가 미국에 가서 제일 먼저 맞부딪치는 것은 햄버거 광고판일 것입니다. 어느 쪽으로 눈을 돌려도 햄버거 광고판이 달려들며 그 존재를 알립니다. 하늘 높이 구원의 상징처럼 우뚝 솟아 있는 이 햄버거 광고판은 미국에 발을 들여놓은 사람에게 당신은 지금 미국 땅에 와 있다는 것을 가장 사실적으로 알려주는 징표입니다. 아니, 당신이 이 햄버거 맛에 길들여져야만 비로소 미국 땅에서 구원(?)받은 존재로 살아갈 수 있다는 것을 알려주는 아주 친절하면서 유혹의 성격이 강한 징표입니다.

저는 지난(2000년) 1년간 미국에 교환교수로 가 있었습니다. 제가 머물던 곳은 얼마전 이른바 '9·11 테러참극'이 벌어진 뉴욕의 접경지, 뉴저지 주였습니다. 저는 넓은 땅 미국 속에 어렵사리 제가 머물 집 한 칸을 얻고 태평양을 건너간 대한민국의 국문학자로 그 속을 거닐었습니다. 저의 미국행은 미국에서 무엇을 배우고자 한 것이 아니었습니다. 또 미국에 대해 엄청난 호기심이 있었기 때문도 아니었습니다. 그러므로 미국으로 향하는 저의 마음은 차분하기 이를 데 없었습니다. 그렇다면 무엇 때문에 저는 그 아까운 1년간을 미국에서 보내고자 마음먹었던 것일까요? 솔직히 말씀드리자면 저는 대한민국에 사는 한 사람의 국문학자로서 미국을 속속들이 관찰하겠다는 의도 때문에 미국행을 계획하였습니다. 그런 길이었기에 저에겐 미국의 어느 것 하나도 동화되어 들어오지 않았습니다. 저는 미국과 일정한 거리를 유지한 채 그들을 낱낱이 살피기에 여념이 없었습니다. 1년 동안 이런 생활을 하고 돌아올 때쯤, 저는 무척이나 피로해 있었습니다. 거대한 미국을 상대로 1년 내내 적절한 거리를 설정하고 자존심 씨름을 한 꼴이었습니다. 그러나 신생 국가 미국 앞에서

5000년 역사가 누적된 나라 대한민국의 국문학자로 자존심을 접을 수는 없었습니다. 조금만 눈을 아래로 내리감고 모르는 체하면 모든 것이 편안해졌겠지만, 저는 그렇게 할 수가 없었던 대신 피로한 몸과 마음을 이끌고 김포공항에 도착하였습니다.

이런 처지이고 보니 제가 돌아올 때까지 미국의 상징인 햄버거와 화해하지 못한 것은 너무나도 자연스러운 일인지도 모릅니다. 눈을 뜨면 달려드는 햄버거 간판과, 그 속에서 햄버거를 파는 시스템과, 그 속에서 먹어야 하는 햄버거와, 그 속에서 산 햄버거와, 그리고 마침내는 그 속에 묻어 있는 아메리카의 정신과 저는 끝까지 어색한 표정을 한 채 헤어져야 했습니다. 제 위장은 햄버거를 소화해내지 못하고 있었습니다. 제 마음은 햄버거 문화를 받아들이지 못하고 있었습니다.

그래도 영 먹을 만한 것이 없으면 저 역시 햄버거 가게를 찾아들지 않을 수가 없었습니다. 미국의 음식문화란 참으로 보잘것없지 않습니까? 그들이 자신들의 음식문화 앞에서 상당한 정도의 열등감을 느낀다는 것은 잘 알려진 사실입니다. 이렇게 어쩔 수 없이 햄버거 가게 문을 열고 들어갈 때마다 저는 햄버거 가게 안의 풍경 앞에서 우울해했습니다. 사람이 어떻게 하면 저렇게까지 뚱뚱해질 수가 있을까 하고 오히려 제 눈을 의심하게 만드는 위험 수위의 비만형 인간들이 여기저기에 앉아서 햄버거를 먹고 있었습니다. 그렇지 않으면 콜라와 커피에 중독돼서 몸의 윤기를 잃은 사람들이 피로한 모습으로 앉아서 햄버거를 먹고 있었습니다. 또한 개인주의가 고도로 발달한 나라답게 외로운 어깨를 한 많은 사람들이 여기저기 앉아서 햄버거를 먹고 있었습니다. 햄버거 하나로 주어진 시간 내에 식사를 때

우려는 사람들이 여기저기 앉아서 햄버거를 먹고 있었습니다. 부모를 따라나선 어린 아이들이 햄버거 이외에는 음식이 없는 듯 아무 생각 없이 햄버거를 먹고 있었습니다.

미국에서 햄버거 하나를 사 먹으려면 참아야 할 것도 많습니다. 적어도 햄버거를 사서 먹기 원한다면 들어가는 문과 나오는 문을 구별해서 들고 나야 합니다. 또한 햄버거를 사서 먹기 원한다면 누구나 줄호트러짐 방지대에 갇히는(?) 수모(?)를 의식처럼 거치며 차례를 기다려야 합니다. 이런 인내심 속에서 산 햄버거를 먹기에는 의자와 테이블이 너무나도 작고 불편하며 차갑습니다. 햄버거를 먹고자 한다면 컵이라고 부르기에는 너무나도 큰 통의 검은색 콜라를 함께 사야 합니다. 그리고 햄버거 하나를 먹는 데 딸려 나오는 엄청난 분량의 일회용 물건들을 버리면서 양심의 가책을 느끼지 않을 수 있어야 합니다.

인내심 속에서 햄버거를 먹고 반드시 'EXIT'라고 쓰여진 출구를 통하여 가게 안을 빠져나올 때마다 저는 우울했습니다. 제 속은 무엇엔가 체한 것처럼 갑갑했습니다. 설상가상으로 아예 자동차를 탄 채 햄버거를 사려는 '드라이브 인' 코스의 길고 긴 행렬들을 만나고 나면 제 마음은 더욱더 우울하고 갑갑해졌습니다.

우리가 살고 있는 이 대한민국 땅에 햄버거가 언제 들어왔을까요? 유목민의 주먹밥 같은 그 햄버거가 언제부터 이 대한민국 사람들의 입맛을 넘보기 시작했을까요? 저도 그 점을 자세히 모릅니다. 다만 1990년대가 되면서부터 우리가 살고 있는 이 대한민국 땅의 곳곳에도 햄버거 가게가 들어차기 시작한 것만은 기억합니다.

햄버거는 단일 종목으로 전 세계에 걸쳐 최고의 체인망을 갖고 있으며 그 판매량과 판매액이 가히 상상을 뛰어넘는 가장 성공한 미국 음식입니다. 앞에 인용한 시 〈햄버거를 먹으며〉를 보건대, 오세영 시인은 미국에 머무는 동안 이런 햄버거 가게를 보면서 여러 가지 상념에 사로잡혔던 것 같습니다. 오세영 시인은 1990년대 중반, 미국의 서부 도시 버클리에 있는 캘리포니아 주립대학 버클리 캠퍼스 동아시아학과에서 한국문학을 강의하고 돌아온 경험이 있습니다. 그때의 미국 체험이 이 시를 쓰게 했고, 이 시가 들어 있는 시집 『아메리카 시편』을 출간하게 했습니다.

그러면 이제 오세영 시인의 시 〈햄버거를 먹으며〉의 본문으로 들어가보겠습니다. 그는 이 시의 첫 부분에서 대뜸 다음과 같은 충격적인 물음을 내어놓습니다.

사료와 음식의 차이는
무엇일까.

여러분은 사료와 음식의 차이가 무엇이라고 생각합니까? 사료는 가축의 먹이이고 음식은 사람의 먹이라고 생각합니까? 그러나 이렇게만 말하고 나면 뭔가 미진하다는 생각이 떠나지 않습니다. 사료든, 음식이든, 둘 다 빈 위장을 채우기 위한 양식이라고만 생각한다면 앞의 대답에 아무런 하자가 없겠지요. 그러나 다른 대답이 더 필요합니다. 그렇다면 어떻게 이 둘 사이의 차이를 말하면 될까요? 사료는 단순한 먹이이고, 음식은 먹이 이상의 문화적 존재라고 하면 될까요? 그런 것 같습니다. 사료가 단순히 먹이에 지나지 않는 것이라면, 음식은 먹이 이상의 문화적 존재입니다. 그러니까 우리가 음식을 먹는

다는 것은 먹이를 먹는 것 이상의 문화 행위를 영위하는 것입니다.

그리고 보면 오세영 시인이 위 시의 첫 부분에서 대뜸 "사료와 음식의 차이는/ 무엇일까"라고 충격적인 물음표를 던진 것은 미국 땅에서 햄버거를 먹는 일이야말로 문화적 행위가 제거된 채 단순히 먹이를 먹는 행위에 지나지 않는다는 것을 암시하는 물음으로 보입니다. 누군가가 이 소리를 듣고 햄버거도 문화적 존재라고 우겨댈지 모르겠습니다. 그것도 영, 틀린 말은 아닙니다. 그러나 햄버거를 먹는 것도 문화적 행위의 일종이라는 것을 아주 부정할 수는 없다 하더라도 그것은 아주 낮은 수준의 문화적 행위에 불과하다는 것을 말하지 않을 수가 없습니다.

또 누군가는 다음과 같이 우겨댈지도 모르겠습니다. 문화적 행위라고 하는 것이 따지고 보면 위장된 형식 놀이에 불과한 것인데, 그런 입장에서 본다면 햄버거를 먹는 행위야말로 아주 '편리하고' '간결한' 삶의 한 방식이라고 말입니다. 이것도 일리가 있는 말입니다. 그러나 인간이란 존재가 비록 그것이 위장된 형식 놀이라고 할지라도 그 위장된 형식 놀이를 즐기는 존재이며, 더 나아가 그러한 형식 놀이를 통하여 우리의 거친 욕망과 본능이 순화된다는 것을 긍정한다면 햄버거를 먹는 그 '편리하고' '간결한' 행위가 무조건 옹호될 수만은 없는 것이 아닐까요?

이렇게 볼 때, 오세영 시인이 〈햄버거를 먹으며〉의 첫 부분에서 "사료와 음식의 차이는/ 무엇일까"라고 물은 것은 분명 음식을 먹는 일이 햄버거를 먹는 일보다 더 세련된 문화 행위이고 그런 행위를 옹호하고 싶은 마음이 간절하다는 것을 암시하는 질문일 것입니다.

그런데 말입니다. 사료와 같은 차원에서 햄버거를 먹는 일이 어찌 미국 땅에서만 벌어지는 것이겠습니까? 미국은 분명 이러한 햄버거 문화(?)가 고도로 발달한 종주국입니다. 다른 어떤 나라도 미국 사람들만큼 햄버거를 사랑(?)할 수는 없습니다. 그러나 이제 미국식 햄버거 가게는 전 세계 어디에서도 찾아볼 수 있을 만큼 어마어마한 세포 증식이 이루어졌습니다. 가난한 나라에도, 부자 나라에도, 공산주의 국가에도, 자본주의 국가에도, 그야말로 국경과 이념과 빈부의 차이를 가리지 않고 미국식 햄버거 문화는 전 세계로 확대되었습니다. 더욱이 불길한(?) 것은, 앞으로 그 증식의 속도는 더 가속화될 것 같은 예감이 든다는 것입니다.

  오세영 시인이 던진 첫 부분의 질문이 너무나도 충격적이고 또 많은 생각을 하게끔 만드는 것이라서 꽤 많은 지면이 벌써 달아났군요. 이제 오세영 시인이 이와 같은 저돌적인 질문을 던진 다음, 그가 스스로 음식과 사료의 차이점에 대하여 말한 부분으로 눈길을 옮겨 보기로 하지요.

  사람은
제 입맛에 맞춰 음식을 만들어 먹지만
가축은
싫든 좋든 이미 배합된 재료의 음식만을
먹어야 한다.

  오세영 시인은 위 인용 부분에서 사람과 가축을, 그리고 음식과 사료를 대비시킵니다. 그러면서 그는 사람과 음식을, 가축과 사료를 서로 짝지어 놓고 있습니다. 이런 그의 대비 구조 속에는 사람이 음식을 먹는 것이 능동적이고 주체적이며 창의적이고 개성적인 행위라면, 가축이 사료를 먹는 것은 수동적이고 획일적이며 기계적이고 몰취향적인 행위라는, 그가 말하고 싶은 속뜻이 들어 있습니다.

그렇다면 이제 햄버거를 먹는 데 익숙해져가는 우리들은 가축처럼 변해가는 것인가요, 아니면 가축들을 닮아가는 것인가요? 오세영 시인은 인간이 가축처럼 변해가고, 인간의 삶이 가축의 그것을 닮아가는 현실 앞에서 우울해합니다. 그는 "제 입맛에 맞춰 음식을 만들어 먹"는 인간이고 싶고 그런 인간의 삶을 살고 싶은 것입니다.

우리가 사는 현재의 이 세상은 한편으로 개성과 주관과 자유와 능동성이 빛나는 땅입니다. 바야흐로 인류 역사상 그 어느 때보다도 이런 성향이 존중되는 세계가 되었습니다. 그러나 다른 한편으로 보면 우리가 사는 지금의 이 세상이야말로 획일성과 몰개성과 수동성이 강요되는 세계이기도 합니다. 우리는 우리가 인식하지 못하는 사이에 자본의 교묘한 상술 속에서, 권력자들의 고단수 술수 속에서, 문명의 성급한 재촉 속에서 꼭두각시 같은 삶을 살고 있기 때문입니다.

〈햄버거를 먹으며〉를 보면 오세영 시인은 지금 아메리카의 한 햄버거 가게에서 햄버거를 먹고 있습니다. 그는 이렇게 햄버거를 먹으며 세번째로 다음과 같은 생각에 사로잡힙니다.

> 김치와 두부와 멸치와 장조림과……
> 한 상 가득 차려놓고
> 이것저것 골라 자신이 만들어 먹는 음식,
> 그러나 나는 지금
> 햄과 치즈와 토막난 토마토와 빵과 방부제가 일률적으로 배합된

아메리카의 사료를 먹고 있다.

오세영 시인은 여기서 한국의 밥상과 미국의 햄버거 덩이를 대비시키고 있습니다. 한국의 밥상이 음식으로서 본인의 자발적인 선택을 가능하게 하는 것이라면 미국의 햄버거 덩이는 그런 선택을 제한시키는 가축의 사료와 같은 존재라는 것입니다. 그는 "아메리카의 사료"라고 스스로 이름지은 햄버거를 먹으며 다음과 같은 보다 발전된 생각에 도달하게 됩니다.

재료를 넣고 뺄 수도,
젓가락을 댈 수도,
마음대로 선택할 수도 없이
맨손으로 한 입 덥썩 물어야 하는 저
음식의 독재,
자본의 길들이기.
자유는 아득한 기억의 입맛으로만
남아 있을 뿐이다.

"재료를 넣고 뺄 수" 있다는 것, "젓가락을 댈 수" 있다는 것, "마음대로 선택할 수" 있다는 것은 모두 문화적 행위의 일종입니다. 위 인용문을 보건대 오세영 시인은 스스로 "아메리카의 사료"라고 부른 햄버거 덩이 앞에서 그런 문화적 행위가 그리웠던 것입니다. 더군다나 아무런 도구도 없이 "맨손으로 한 입 덥썩 물어야 하는", 햄버거를 먹는 방식 앞에서 그는 자신의 문화적 욕구가 무참히 부서지는 참혹한 심정에 빠졌던 것 같습니다. 햄버거 덩이를 들고, "맨손으로 한 입 덥썩 물어야 하는 저", 햄버거를 먹는 방식 앞에서 그는 문화적 도구 없이 살아가는 가축들을, 아니 짐승들의 행위를 떠올렸던 것일까요? 아마도 그런 것같이 짐작됩니다.

그러나 수많은 사람들이 햄버거를 사랑(?)합니다. 그렇지 않고서야 그렇게 많은 햄버거 가게 안에, 그토록 많은 손님들이, 그토록 묵묵하게 가득히 들어앉아, 그토록 자주 햄버거를 먹을 수 있을까요? 햄버거 가게 안의 이런 풍경만을 보면 정말 많은 사람들이 햄버거를 사랑하는 것 같습니다. 그러나 실상의 이면을 들여다볼 줄 아는 사람은 다음과 같이 다른 의견을 내어놓을 것입니다. 그들은 햄버거를 사랑하는 것이 아니라 햄버거를 사랑하는 것처럼 길들여진 것이라고……. 길들여진다는 것은 인간의 창조적 야성과 자유가 거세당했다는 뜻입니다. 그렇다면 햄버거는 음식을 향한 인간의 창조적 야성과 자유를 거세시킴으로써 인간들이 그 앞에서 다소곳해지도록 만드는 데 성공한 경우인가요? 오세영의 시 〈햄버거를 먹으며〉를 읽어 보면, 그리고 그 가운데서도 방금 앞에 인용한 결론 격의 내용을 보면, 저의 이런 생각이 아주 잘못된 것만은 아니라는 생각이 듭니다.

오세영은 음식이 '독재' 행위를 할 수도 있는 현장이, 그 음식이 '자본주의'의 대표적 표상일 수도 있는 현장이, 그리고 그 '자본주의'가 사람들을 조용하게 '길들이기'에 성공할 수도 있는 현장이, 햄버거 가게 안에 있다고 본 것입니다.

사실 햄버거가 아니더라도 현대 자본주의 문명사회는 인간들의 야성과 자유를 계속하여 거세시킵니다. 이러한 현대 자본주의 문명사회 속에서 인간들의 야성과 자유는 오세영의 표현을 빌리면 "아득한 기억"의 한 장면으로 남아 있을 뿐입니다.

그러고 보면 오세영이 〈햄버거를 먹으며〉에서 거론한 햄버거는 현대 자본주의 문명사회의 본질을 알려주는 하나의 상징체입니다. 그러니 햄버거는 "아메리카의 사료"뿐만 아니라 전 세계인의 사료가 된 셈입니다. 그야말로 세계화가 이루어진 판입니다.

사료 앞에서 길들지 않을 자가 누가 있겠습니까? 자본 앞에서 길들지 않을 자가 누가 있겠습니까? 문명 앞에서 길들지 않을 자가 누가 있겠습니까? 아메리카의 햄버거는, 아니 이 시대의 햄버거는 이런 모습으로 우리들을 길들입니다.

여기서 저는 벌써 10여 년 전에 출간된 장정일의 시집 『햄버거에 대한 명상』과 그 속에 들어 있는 작품을 떠올립니다. 장정일이 이 시집의 제목과 그 속에 수록된 작품 〈햄버거에 대한 명상〉에서 말하고자 한 것은 햄버거에 대하여, 아니 햄버거가 상징하는 미국식 문화와 그 정신에 대하여 집중된(?) 명상(?)을 하지 않고는 이 시대를 살아가기가 어렵게 되었다는 한탄입니다. 저는 방금 '집중된 명상'이라고 말하였는데 이것의 속뜻은 '맹목적인 몰두'를 가리키는 것이겠지요. 그만큼 햄버거는 힘이 셉니다. 그리고 그 폭력은 대단합니다. 햄버거를 사랑하지 않고는 살기 어려운 시대가 된 것입니다.

저는 글을 마치며 미국사회를 길들이는 또 한 가지 존재에 대하여 언급하지 않을 수가 없습니다. 그 또 한 가지 존재란 미국사회의 저변에 숨어 있는 총기입니다. 사실, 총기 앞에서 길들지 않을 자가 누가 있겠습니까? 총기는 햄버거보다 더 직접적인 방식으로 사람들을 길들입니다. 미국인의 숫자와 거의 맞먹을 만큼 많은 수의 총기가 미국사회에 숨어 있습니다. 그 총기 때문에 엄청나게 많은 사람들이 생명을 잃습니다. 그 총기의 위력 때문에 사람들은 아무 일이 없어도 긴장과 공포감을 느끼지 않을 수 없습니다. 그러나 그 총기 때문에 사회는 더욱 질서정연하고 차분한 모양을 취합니다.

  자본은 사회를 차갑게 하고, 무력은 사회를 거칠게 만듭니다. 햄버거가 자본의 표상이라면 총기는 무력의 표상입니다. 저는 미국사회 속에서 남다르게 거칠고 차가운 표정을 봅니다. 미국사회는 다른 미덕도 많고 많은 사회입니다만, 또 한편으로 이 차갑고 거친 표정을 쉽게 해소하기 어려운 사회이기도 하다고 저는 말하지 않을 수 없습니다.

  이쯤에서 저는 오세영의 다른 시 〈브루클린 가는 길〉을 소개해보고 싶습니다. 본래 저는 이 시를 다루고 싶었습니다. 그리고 〈햄버거를 먹으며〉보다도 이 시가 더 미학적으로 좋은 시라는 생각을 하였습니다. 하지만 이 시를 여기서 본격적으로 다룰 수 없었던 것은 이 시와 관련된 인간사의 모순과 고통을 제 체력이 감당할 수가 없었기 때문입니다. 총기 이야기보다는 햄버거 이야기를 하는 것이 훨씬 만만했습니다.

  오세영의 시 〈브루클린 가는 길〉은 다음과 같습니다.

제1의 백인이 걸어가오.
제2의 백인이 걸어가오.
제3의 백인이 걸어가오.
    ……………………
    ……………………
제13의 백인이 걸어가오.

길은 화려한 데파트먼트 앞 네거리가 적당하오.

제1의 백인이 가슴에 총을 숨겼다 해도 좋소.
제2의 백인이 가슴에 총을 숨겼다 해도 좋소.
제3의 백인이 가슴에 총을 숨겼다 해도 좋소.
．．．．．．．．．．．．．．．．．．．．．．．．．．．．．．．．．．．．．．．
．．．．．．．．．．．．．．．．．．．．．．．．．．．．．．．．．．．．．．．
제13의 백인이 가슴에 총을 숨겼다 해도 좋소.

총은 21구경 리벌버 6연발 피스톨이오.

제1의 흑인이 걸어가오.
제2의 흑인이 걸어가오.
제3의 흑인이 걸어가오.
．．．．．．．．．．．．．．．．．．．．．．．．．．
．．．．．．．．．．．．．．．．．．．．．．．．．．
제13의 흑인이 걸어가오.

길은 한적한 은행 빌딩 모퉁이가 적당하오.

제1의 흑인이 가슴에 총을 숨겼다 해도 좋소.
제2의 흑인이 가슴에 총을 숨겼다 해도 좋소.
제3의 흑인이 가슴에 총을 숨겼다 해도 좋소.
．．．．．．．．．．．．．．．．．．．．．．．．．．．．．．．．．．．．．．．

………………………………………………
제13의 흑인이 가슴에 총을 숨겼다 해도 좋소.

그들은 모두 무서워하는 사람과 무서운 사람들뿐이오.

제1의 백인이 '하이' 하고 웃소.
제2의 백인이 '하이' 하고 웃소.
제3의 백인이 '하이' 하고 웃소.
………………………………
………………………………
제13의 백인이 '하이' 하고 웃소.

제1의 흑인이 '하이' 하고 웃소.
제2의 흑인이 '하이' 하고 웃소.
제3의 흑인이 '하이' 하고 웃소.
………………………………
………………………………
제13의 흑인이 '하이' 하고 웃소.

그들은 그렇게 무서우니까 웃는 사람과 무서워서 웃는 사람들뿐이오.

'하이' 하고 제1의 황인이 걸어가오.

—〈브루클린 가는 길〉 전문

저 1930년대 한국의 모더니스트였던 이상의 시 〈오감도烏瞰圖〉를 패러디한 오세영의 시는 매우 흥미로운 구석을 많이 갖고 있습니다. 여기서 그것에 대해 이야기할 시간은 없습니다. 또 그런 자리도 아니고요. 그러나 꼭 한 가지 말하지 않을 수 없는 것은 위 인용 시의 맨 마지막 연에 나오는 "'하이' 하고 제1의 황인이 걸어가오"라는 표현이야말로 이 시를 돋보이게 만드는 압권에 해당된다는 것입니다.

다시 하던 이야기를 계속하자면 저는 위 시를 통하여 무력 앞에서, 자본 앞에서, 문명 앞에서 길들여진 미국사회를, 더 나아가 이 시대의 현실상을 말하고 싶을 뿐입니다. 특히 무력의 상징인 총기 앞에서 다소곳이 길들여진 미국사회를 말하고 싶을 뿐입니다.

그러나 그 총기는 어느 때고 거리로 뛰쳐나올 수 있습니다. 저는 인간들이 총기를 제대로 다룰 만한 능력과 인내심이 있는가 하는 점이 늘 궁금합니다. 인간이란 존재는 너무나도 위험한 자질을 많이 안고 태어났지요. 그래도 그 위험한 자질을 살살 달래며 살아갈 수 있게 만드는 것이 '문화'라는 이름의 형식 놀이가 아닐까요? 인간이 가축을 닮아가는 이 시대에, 저는 좀더 고급한 문화가 우리의 삶 속에 깃들이기를, 그리고 우리의 삶 속에서 피어나기를 소망해봅니다.

조정권
〈독락당獨樂堂〉

홀로 즐길 수 있는
집을 한 채씩 갖고 계신가요?

1949년 서울에서 태어났으며, 1970년《현대시학》을 통해 등단하였다. 시집으로『신성한 숲』『비를 바라보는 일곱 가지 마음의 형태』『산정묘지』등이 있다.

獨樂堂

조정권

獨樂堂 對月樓는
벼랑꼭대기에 있지만
옛부터 그리로 오르는 길이 없다.
누굴까, 저 까마득한 벼랑 끝에 은거하며
내려오는 길을 부서버린 이.

조정권 시인, 그는 월간 《현대시학》을 통하여 1970년도에 등단한 이래, 『비를 바라보는 일곱 가지 마음의 형태』『허심송虛心頌』『하늘이불』『산정묘지』 등의 시집을 출간한 우리 시단의 중견 시인입니다. 1990년대 초, 그는 시집 『산정묘지』를 출간함으로써 김소월문학상과 김수영문학상을 함께 수상하는 큰 행운을 얻었습니다.

사실 조정권 시인은 민중시가 세력을 떨치던 1980년대에 그의 시가 가진 내밀한 개성에도 불구하고 크게 주목을 받지 못했습니다. 그가 지속적으로 추구해온 동양정신의 세계는 전투성과 운동성이 요구되는 그당시의 분위기로 볼 때 너무나도 소극적이고 비현실적인 세계처럼 보였습니다. 그러나 1990년대로 오면서 우리 사회의 근본적인 구조와 그 분위기가 달라짐에 따라, 그 달라진 구조와 분위기 속에서 조정권 시인의 시세계는 새로운 빛을 보게 되는 행운을 얻었습니다.

세상이나 시단의 흐름에 따라 민첩하게 옷을 갈아입는 시인들과 비교해볼 때, 조정권 시인이 일관되게 자신이 절실하게 여기는 세계, 곧 동양정신의 세계를 누구의 눈치도 보지 않고 지속적으로 탐구해 온 것은 좋은 인상을 주기에 충분합니다. 저는 우리 시사를 늘 세밀하게 관찰하고자 노력해온 한 사람으로서, 한 시인이 거대한 시대적 변화가 닥쳐올 때마다 왜 자신이 이전과 다른 성격의 시를 써야 하는지에 대해 한마디 반성적 고백이나 변명도 없이 시류를 따라 마치 떼지어 가는 물결에 슬그머니 무임승차하는 것 같은 모습을 보일 때마다 무척이나 속이 상하곤 했습니다. 어쩌면 그런 시인들은 '내가 왜 시를 쓰는가?' 그리고 '나는 어떻게 시를 쓸 것인가?'에 대한 이른바 시인됨에 대한 자의식이 없는 사람이라고 보아야 마땅할 것이라는 생각도 했습니다. 그렇지 않으면 '큰길에 진실이 있다(?)'는 그 사실을 믿고, 언제나 대로의 행렬에 동참하고자 하는 영리한 사람일 거라는 생각도 했습니다. 그런 시인들은 사랑시의 시대에는 사랑시를, 민중시의 시대에는 민중시를, 도시시의 시대에는 도시시를, 생명시의 시대에는 생명시를, 포스트모더니즘시의 시대에는 포스트모더니즘시를 씁니다. 그 결과 자신만의 고유한 시가 있지 않고, 대세를 따라간 이른바 대세의 시가 그들에게 있을 뿐입니다. 제가 조정권 시인을 높이 사는 첫번째 이유는 그가 등단 이래 지금까지 시류에 적당히 영합하지 않고 자기만의 길을 분명한 자의식 속에서 지켜왔다는 점 때문입니다. 그럼에도 불구하고 조정권 시인에게 『산정묘지』라는 시집을 가지고 시단의 중요한 상이 두 가지씩이나 한꺼번에 주어졌을 때, 저는 속으로, 그렇다고 해도 우리 시단이 좀 지나치게 흥분한 것이 아닌가 하는 생각도 슬그머니 했지만, 그가 이후에 보여줄 시집이 그가 맞이한 이러한 대행운을 더욱 견고하게 받쳐줄 만한 것으로 세상에 나타나기를 기대하자는 것으로 속생각을 정리했습니다. 그러므로『산정묘지』이후에 조정권이 보여줄 세계는 많은 기대를 걸게 합니다.

여기서 여러분과 함께 감상할 시는 그의 시집『산정묘지』속에 들어 있는 아주 짧은 시로서, 그가 가진 동양정신의 세계를 압축시켜 갖고 있으면서 동시에 전통적인 우리 시의 분위기도 맛보게 하는 작품입니다. 시의 제목은 '홀로 즐기는 집'이라는 뜻의 〈독락당獨樂堂〉입니다.

독락당, 그것은 앞서 말했듯 '홀로 즐기는 집'이라는 뜻입니다. 여기서 '홀로 즐기는 집'은 외형적인 집일 수도 있고, 보이지 않는 내면 속의 집일 수도 있습니다. 어떻습니까? 여러분들은 '홀로 즐기는 집'을 외적으로든 내적으로든 소유하고 계십니까? 도대체 그렇지 않아도 외로운 것이 인생이고, 이 현대사회 자체가 사람들을 창 없는 원자처럼 하나씩 분절시켜놓고 있는 것이 현실인데, 왜 하필이면 '홀로 즐기는 집'을 가지려 하느냐고 반문하시는 분도 계실지 모릅니다. 어찌 보면 그것도 맞는 말이지요. 이 외로운 인생 속에서, 이 파편화된 현대사회 속에서, 언제나 잔잔한 우수가 죽는 날까지 계속되는 인생 조건 앞에서 아예 '홀로'라는 말 자체를 잊은 채 그럭저럭 사람들과 농담이나 주고받고 일상 이야기나 적당히 나누면서 지내다 보면 하루가 지나갈 것이고, 이래도 한 세상, 저래도 한 세상, 세상이 가는 것은 피할 수 없는 일인데, 뭐 그리 심각하게 '홀로 즐길 집'의 마련에 연연해하며 고독한 인생을 더욱 고독하게, 파편화된 인생을 더욱 파편화되게, 우수 어린 인생을 더욱 우수 어리게 만들 필요가 있느냐고 반문하실 수 있습니다. 하지만 다르게 생각할 수도 있겠지요. '독락당'을 갖고 있는 한 우리의 생이 좀더 의연해질 수 있고 자유로워질 수도 있으니까요.

아, 그런데 위 시의 제목만을 보고 우리가 너무 성급하게 멀리 나와버린 것 같습니다. '홀로 즐기는 집'이라는 제목 앞에서 조금 흥분했던 것 같군요. 본문을 읽으면서 진정 조정권이 말하는 '홀로 즐기는 집'은 어떤 것인가를 먼저 살펴보아야 할 것 같습니다. 그러자면 자연히 그의 시 〈독락당〉의 전문을 인용하는 일이 필요하겠지요. 전문은 다음과 같습니다.

獨樂堂 對月樓는
벼랑꼭대기에 있지만
옛부터 그리로 오르는 길이 없다.
누굴까, 저 까마득한 벼랑 끝에 은거하며
내려오는 길을 부셔버린 이.

총 5행으로 구성된 시입니다. 어디 한번 조정권 시인이 위 시에서 말하는 내용을 따라가봅시다. 그가 무슨 말을 하려고 이 시를 썼는지 하는 점은 조금 뒤에 생각하고 말이에요. 조정권 시인은 우선 독락당을 대월루對月樓와 연결시켰습니다. 제1행을 보면 조정권 시인이 말하는 홀로 즐기는 집은 다른 이름으로 '대월루', 그러니까 달을 대하고 있는 누각입니다. 그 달을 대하고 있는 누각에는 오직 이 누각의 주인 한 사람만이 아무도 몰래 홀로 즐기는 삶을 살고 있습니다. 그런데 그 독락당 대월루는 이상하게도 벼랑꼭대기에 있습니다. 마치 까치집처럼 위태롭게, 그 자신의 나태와 흔들림을 용서하지 않겠다는 의지의 표현처럼, 그 집은 벼랑꼭대기에 있습니다. 게다가 더욱 이상한 것은 분명히 대월루가 벼랑꼭대기에 서 있는데 그곳으로 오르는 길이 없다는 것입니다. 집이 있으면 길이 있는 것은 당연한 일이 아닙니까? 요즘 관청에서 건축 허가를 내려고 하더라도 먼저 길이 있어야 허가가 나지 않습니까? 그런데 그 집으로 올라가는 길이 없는 것입니다. 그러니까 이 시의 '대월루'가 가진 두 가지 독특한 특징은 그것이 벼랑꼭대기에 있다는 것이요, 그리로 오르내리는 길이 없다는 것입니다. 여기에다 한 가지 더 붙인다면 그 집이 세상을 바라다보고 있는 것이 아니라 하늘의 달을 바라다보고 있다는 것입니다.

조정권 시인은 그 대월루에 누가 사는지 그 주인을 모른다고 말했습니다. 다만 그가 까마득한 벼랑 끝에 '홀로 즐기는 집'을 지어놓고 세속과 거리를 둔 채 그만의 자족적인 세계 속에서 살아간다는 것만을 알고 있다고 말했습니다. 그런 삶을 사는 시 속의 대월루 주인은 분명 길이 있었으니까 그 대월루로 올라갔을 터인데, 지금 내려오는 길이 없는 것을 보면, 그 길을 부수어버린 이는 다름아니라 바로 대월루의 주인일 것입니다. 이것은 그의 자족적인 은거 생활을 위하여, 세속과의 거리 유지를 위하여, 흔들리는 마음을 완고하게 다잡아놓기 위하여 대월루 주인이 의도적으로 부수어버렸다는 뜻입니다.

우리가 감상하고 있는 조정권의 시 〈독락당〉의 주인공은 앞서 말했듯이 은둔자입니다. 은둔한다는 것은 그 자체로 좋고 나쁨을 따지기 어려운 것입니다. 다만 그렇게 할 수밖에 없는 내적 필연성과 문맥을 함께 살펴보는 일이 필요할 뿐이지요. 이런 대월루, 다시 말해 독락당의 주인공을 두고 확실하게 말할 수 있는 단 한 가지는 그가 자기 자신만의 독립정부를 스스로 세우고 살려는 사람이란 점입니다. 인간은 태어나면서부터 원하든 원하지 않든 타인과 관계를 맺는 세속의 한가운데로 던져집니다. 그곳에서 세속의 언어를 배우고, 세속의 유치원을 다니고, 세속의 사회적 관습을 배우면서 건전한(?) 시민으로 성장합니다.

그러나 그 건전한 시민이란 말 속의 함정을 눈치챈 사람이거나, 그 세속사의 흐름과 동행하기 어려운 사람들은 어쩔 수 없이 세속 너머의 세계를 넘볼 수밖에 없습니다. 그렇게 세속 너머를 넘보는 일이 하나의 죄악이자 인간 조건을 부정하는 일이라고 하더라도, 그야말로 살기 위하여 그들은 세속 너머를 넘볼 수밖에 없는지도 모릅니다. 그렇게 세속 너머를 넘보는 일에는 여러 가지가 있겠지요. 그런 여러 가지 중의 하나가 바로 세속으로부터 오르내리는 길을 없애버리고 은거의 자족적인 삶을 독립정부의 주인이 되어 사는 것이지요. 이것은 세상이 그를 버리기 전에 그가 세상을 버린 것일 수 있습니다. 거꾸로 세상이 그를 버렸기 때문에 그도 맞받아서 세상을 버린 것일 수도 있습니다. 무엇이든지 좋습니다. 세상과 궁합이 맞지 않는다면 다른 방법을 강구해볼 수밖에 더 있겠습니까? 은거인의 삶을 택한다는 것은 사회적 인간이기를 거부한다는 것일 터인데, 그렇다면 그의 벗이 될 수 있는 것은 자연이나 신과 같은 존재가 되겠지요. 조정권의 〈독락당〉에 사는 주인공은 시의 분위기로 보아 자연을 찾아가, 아니면 우주를 벗삼아 자연인 혹은 우주인으로 살아가기를 택한 사람인 것 같습니다.

조정권의 〈독락당〉에 나오는 은거인은 자연 혹은 우주를, 그 가운데서도 달을 벗삼아 홀로 즐기며 은거하려는 동양적 인간형입니다. 그가 독락당, 대월루라는 이름을 짓고 살아가며 유일하게 벗으로 삼는 대상은 '달'입니다. 자연의 대명사이기도 한 달, 자연 가운데서도 천상의 대명사인 달, 천상의 것 가운데서도 존재의 무상성을 알려주는 달, 그 달이 바로 은거인이 벗으로 삼고 사는 존재인 것입니다.

앞에서도 말씀드렸듯이 그가 무슨 일 때문에 세속사를 등지고 벼랑 끝이라는 그 긴장의 자리에 대월루를 짓고 일체의 길 자체를 부수어버렸는지 그 구체적 이유는 아무도 알 수 없습니다. 그러나 한 가지 분명한 것은 그 어떤 세속사 앞에서도 '자존의 공간'과 '자유의 공간'을 침해당할 수 없다는 강인한 의지가 너무나도 확연하게 이 작품으로부터 엿보인다는 것입니다. '자존自尊'이란 무엇입니까? 말할 것도 없이 자신을 존중하는 일입니다. 자존의 공간을 잃지 않겠다는 것은 끝까지 '나는 나다'라는 명제를 반납하지 않겠다는 인간의 고귀한 결의에서 나옵니다. '자유自由' 혹은 '자유自遊'란 무엇입니까? 이 두 가지 말의 뜻이 약간 다르지만 그냥 섞어서 함께 말한다면 이들은 나 자신을 그 어떤 것으로부터도 도구화되지 않은 존재로 지키겠다는 뜻입니다. 인간이란 도구를 만든 존재인만큼 도구를 사용하면서 동시에 그 자신들도 도구적 존재가 되어 살아갑니다. 언제라고 인간이 완벽하게 자존과 자유를 지키며 살아가는 것이 가능했겠습니까마는 현대사회로 접어들면서 인간들은 더욱 복잡해지고 교묘해진 사회 속에서 이전보다 더욱 서로를 도구로 전락시키는 삶을, 심지어는 자기 자신이 자기 자신을 도구화시키는 삶을 살고 있습니다. 우리는 슈퍼마켓의 물건이 가격표를 달고 진열돼 있듯이 연봉 얼마짜리라는 가격표를 붙이고 살아갑니다. 그러므로 우리는 참으로 많은 물질의 풍요 속에서 화려한 삶을 사는 것 같으면서도, 한편으로 늘 무엇인가로부터 농락당하는 것 같은 느낌을 가질 때가 적지 않습니다. 김용택 시인이 그의 한 작품에서 말했듯이, 우리는 이런 기분 속에서 '이게 아닌데, 이게 아닌데' 하며 오다 보니 인생이 거의 다 바닥나버릴 끝 지점까지 와버린 것은 아닌가 하는 느낌을 가질 때가 적지 않을 것입니다.

위 작품 속의 은거인은 비사회적 인간이라고 비난받을 수 있습니다. 당신은 세 끼 밥도 먹지 않고 달만 벗하며 살아간다니 그게 인간으로서 가능한 일이냐고, 리얼리즘적인 시각을 동원하여 그의 허점을 마구 꼬집어낼 수도 있습니다. 오른쪽 뺨을 때리면 왼쪽 뺨까지 내놓고, 겉옷을 달라고 하면 속옷까지 벗어주며 무한한 아가페적 사랑을 하라고 설교하는 종교 지도자들에게, 당신들은 그래도 세 끼 밥 걱정을 하지 않으니까 그런 말을 함부로(?) 할 수 있는 것이 아니냐고 지적하는 것도 이런 리얼리즘적 입장을 대변하는 행위인지 모릅니다. 실제로 그렇습니다. 그러나 리얼리즘적 입장을 넘어서서, 저 너머의 이상적 유토피아를 가슴속에서 뿌리째 뽑아버릴 수 없는 한 우리는 세속인의 도구적 삶을 넘어서고 싶은 마음에 사로잡히게 마련입니다.

그러므로 제아무리 리얼리즘적 시각을 가져다 댄다 하더라도 조정권의 시 〈독락당〉은 우리의 마음을 끌어들입니다. 다시 한 번 말씀드리건대 인간들은 나날을 사로잡는 그 복잡하고 구차스러운 세속적 관계망을 훌훌 털어버리고, 벼랑 끝의 대월루 주인처럼 달로 표상된 자신만의 탈속한 벗 하나쯤 은밀히 만들어놓고 그 벗과 대화하며 '자존'과 '자유自遊'의 삶을 살고 싶은 소망을 갖고 있는 것입니다.

저는 이 자리에서 다음과 같이 말하고 싶습니다. 비록 세속사회를 떠나 저 벼랑 끝 어딘가에 눈으로 볼 수 있는 대월루 한 채를 지어놓고 살 수는 없다 하더라도, 우리는 이 세속의 한가운데를 통과하며 가끔씩이라도 우리 자신을 돌볼 '자존의 방'과 '자유의 방'을 한 채씩 만들어놓을 필요가 있다고 말입니다. 그 누구에게도 연연해하지 않은 채, 은밀히, 더 이상 그리운 것조차 없이, 그야말로 무심의 자유인이 되어 '홀로 즐길 수 있는 집'이 필요하다고 말입니다. 그 집을 마련하지 못한 사람은 이 세속사에서 제아무리 크고 화려한 저택을 마련했다 하더라도 늘 집이 없는 사람처럼 우수와 불안에 쫓기며 떠돌 것입니다.

'홀로 즐길 수 있는 집'이 있는 사람은 뙤약볕이 내려쬐는 여름날에도 견딜 수 있는 커다란 나무 그늘 하나쯤을 마음속에 홀로 지니고 사는 사람과 같습니다. 그런가 하면 찬바람이 몰아치는 겨울의 광야에서도 견딜 수 있는 따스한 동굴 하나쯤 마련해가지고 사는 사람과 같습니다.

물질이 차고 넘치는데도, 친구와 하루 종일 전화통을 맞대고 온갖 언어를 쏟아놓았는데도, 컴퓨터에 열이 나도록 채팅방을 드나들었는데도, 저녁 내내 코가 비뚤어지도록 술을 마셨는데도, 승진하여 이사가 되고 사장이 되었는데도, 명성이 하늘을 찌를 듯해 태양처럼 빛이 나는데도, '이게 아닌데, 이게 아닌데'라고 도리질치는 소리가 여러분의 내부에서 들리거든, 한번 여러분 자신을 점검해보십시오. 나는 진정 '홀로 즐길 수 있는 집', 곧 독락당을 튼튼하게 마련했는가 하고 말이에요.

독락당이 있는 사람은 비록 은자가 아닌 세속인이라 하더라도 그 세속사 속에서 은자의 삶이 주는 기쁨을 체험할 수 있는 사람입니다. 독락당이 있는 사람은 어떤 유혹과 광풍 속에서도 그가 있을 자리를 지킬 줄 아는 사람입니다. 독락당이 있는 사람은 외로운 인생 속에서 외롭지 않은 길을 홀로 하나쯤 만들어 갖고 사는 사람입니다. 독락당이 있는 사람은 자존심이 강하기에 자신을 사랑하는 사람입니다. 독락당이 있는 사람은 뿌리깊은 나무처럼 흔들리지 않는 강한 사람입니다. 독락당이 있는 사람은 타인의 눈치에 지배당하지 않는 자유인입니다. 독락당이 있는 사람은 끝까지 '나는 나'라고 말할 용기와 여유가 있는 사람입니다.

 이런 생각들을 하면서, 그리고 여러분만의 '독락당'을 한번 생각해 보면서 조정권의 시 〈독락당〉을 다시 한 번 더 읽어보신다면 좀더 새로운 생각의 집에 깃들 수 있지 않을까요? 매우 짧은 시이고, 어찌 보면 저 조선시대의 낡은 인간형을 그려 보인 것 같기도 하지만, 그가 이 시에서 보여주는 대월루 곧 독락당 주인의 모습은 분주한 이 현대사회를 떠돌이처럼 흔들리며 살아가는 우리들에게 참으로 많은 것을 생각하도록 해주는 것 같습니다. 이왕이면 대월루의 주인이 된 듯한 기분, 그렇지 않으면 그런 사람과 마주 앉은 기분으로 이 시를 소리내어 아주 천천히 음미하며 읽어보십시오. 그러면 조금 더 마음이 넉넉해지고 초탈해질 것입니다. 그리고 의연해질 것입니다.

 獨樂堂 對月樓는
 벼랑꼭대기에 있지만
 옛부터 그리로 오르는 길이 없다.
 누굴까, 저 까마득한 벼랑 끝에 은거하며
 내려오는 길을 부셔버린 이.

남진우
〈숲에서 보낸 한철 1〉

황홀경의 순간은 어떻게 찾아오는가?

1960년 전북 전주에서 태어났으며, 1981년《동아일보》신춘문예를 통해 등단하였다. 시집으로『깊은 곳에 그물을』『죽은 자를 위한 기도』『타오르는 책』등이 있다.

숲에서 보낸 한철 1

남진우

어스름에 잠긴 숲
나무 그늘 아래
달빛이 내 긴 속눈썹을 치켜올릴 때
아련히 멀어져가는 뿔피리소리

반짝이는 상형문자 별빛은 녹아내려 떡갈나무 밑
달팽이의 뿔에 이슬로 맺히고 메아리는
이름모를 꽃향기를 깊은 고요 속에 뿌린다
꿈결처럼 다가와 내 둘레에 원을 그리는 암사슴들

오래고 오랜 잠에서 깨어난 나는
발 아래 무르익은 포도를 짓이기며 춤추기 시작한다
바람은 푸른 갈기로 온몸을 어루만지고
황홀히 핏줄 속으로 스며드는 별
대낮처럼 밝아지는 나
나뭇잎마다 퉁겨오르는 새들의 지저귐 속에
그림자는 잠겨드는데

오 나는 마시리 온몸으로 넘쳐오르는 달빛을
대기 속에 녹아드는 내 살결을
활을 떠난 화살처럼 내 춤은 나를 벗어나 솟아오른다 그윽히
어둠을 들이쉬고 내쉬는 하늘 푸르름 속으로

내 숨결이 피워낸 꽃잎에 휘감겨
허공을 떠돌던 물방울과 물방울이 이루는 은밀한 떨림
부드러운 모래로부터 설레이는 잎사귀로부터
나는 다시 태어나련다 불꽃과 함께

지상의 모든 흐름이 멈춘 곳
내 욕망을 한가로이 흔들어줄 풀밭이 있다면
사랑하는 새들이 어깨 위에 팔 위에 내려앉아
내게 긴 이야기를 속삭여주는 새벽까지 춤추리니

지속하라 나의 딸들이여 너희의 아름다움을

남진우 시인은 아주 이른 나이에 시인으로 등단하였습니다. 그때가 1981년이니까 그의 나이 22세 때입니다. 그가 시인으로 등단한 것은 《동아일보》에서 시행하는 신춘문예를 통해서였습니다. 그런데 그는 한 해 쉬었다가 다시 1983년도에 문학평론가로 등단하였습니다. 역시 그가 문학평론가로 등단한 것은 《중앙일보》 신춘문예를 통해서였습니다. 이렇게 하여 그는 20대 초반에 두 부문에서 많은 사람들이 부러워하는 '신춘문예 당선자'가 되어 시인이자 문학평론가로 그의 모습을 드러내게 되었습니다. 그의 조숙한 재능도 한몫을 했겠지만 문학 창작이 재능만으로 가능한 것이 아님을 아는 사람이라면 그의 이런 등단 뒤에는 길고 고통스러웠던 노력의 시간이 숨어 있었을 것이라고 충분히 짐작할 수 있을 것입니다.

그는 지금까지 시 쓰기와 평론 쓰기에 똑같이 몰두하여 세 권의 시집과 다섯 권의 문학평론집을 출간하였습니다. 시집으로는 『깊은 곳에 그물을』과 『죽은 자를 위한 기도』와 『타오르는 책』이 있고, 문학평론집으로는 『바벨탑의 언어』『신성한 숲』『숲으로 된 성벽』『그리고 신은 시인을 창조했다』『미적 근대성과 순간의 시학』이 있습니다. 이 중 제가 여러분들과 함께 감상하고자 하는 작품은 그의 첫 시집『깊은 곳에 그물을』속에 들어 있는 〈숲에서 보낸 한철 1〉입니다.

　남진우의 시세계는 우리 시단에서 매우 독특합니다. 그의 시는 교훈성이나 사회 고발적인 성격을 거의 띠고 있지 않습니다. 한마디로 꼭 집어 그의 시적 특성을 말씀드리기는 어려우나 그의 시는 '존재하는 시'로서의 성격과 '신화적인 몽상의 즐거움'을 느끼도록 해주는 시로서의 성격을 갖고 있습니다. 그러면서 상징주의 풍의 시작 경향을 드러내고 있습니다. 이런 그의 시는, 시에서 교훈성, 사회성, 공리성 등을 기대하는 사람들에게 실망을 주기 쉽습니다. 그러나 사물이 존재하는 모습 그대로를 만나보고 싶어하는 사람들, 유미적인 세계를 꿈꾸는 사람들, 무심 속에서 우주적인 차원의 풍요로운 몽상을 은밀히 즐기고 싶어하는 사람들, 존재의 우주적 율동에 한 마리 사슴처럼 참여하여 몸을 섞고 싶은 사람들에게는 아주 큰 매력을 줄 것입니다. 그동안 우리 시단에서는 교훈성, 사회성, 공리성 등이 무척 크게 강조되었을 뿐만 아니라 그것을 기대하는 분위기가 팽배하였습니다. 따라서 남진우의 이와 같은 시가 가진 특성은 매우 이색적이었고, 그의 시는 이런 독특한 매력과 장점에도 불구하고 상대적으로 소외되는 불운을 맛보기도 했습니다. 하지만 그렇다고 해서 그의 시가 지닌 매력과 장점이 과소평가될 수는 없습니다. 여러분들과 함께 감상할 작품 〈숲에서 보낸 한철 1〉을 보면서 이런 남진우의 시세계 속으로 들어가보기로 하겠습니다.

어스름에 잠긴 숲

나무 그늘 아래

달빛이 내 긴 속눈썹을 치켜올릴 때

아련히 멀어져가는 뿔피리소리

반짝이는 상형문자 별빛은 녹아내려 떡갈나무 밑

달팽이의 뿔에 이슬로 맺히고 메아리는

이름모를 꽃향기를 깊은 고요 속에 뿌린다

꿈결처럼 다가와 내 둘레에 원을 그리는 암사슴들

오래고 오랜 잠에서 깨어난 나는

발 아래 무르익은 포도를 짓이기며 춤추기 시작한다

바람은 푸른 갈기로 온몸을 어루만지고

황홀히 핏줄 속으로 스며드는 별

대낮처럼 밝아지는 나

나뭇잎마다 퉁겨오르는 새들의 지저귐 속에

그림자는 잠겨드는데

오 나는 마시리 온몸으로 넘쳐오르는 달빛을

대기 속에 녹아드는 내 살결을

활을 떠난 화살처럼 내 춤은 나를 벗어나 솟아오른다 그윽히

어둠을 들이쉬고 내쉬는 하늘 푸르름 속으로

내 숨결이 피워낸 꽃잎에 휘감겨

허공을 떠돌던 물방울과 물방울이 이루는 은밀한 떨림
부드러운 모래로부터 설레이는 잎사귀로부터
나는 다시 태어나련다 불꽃과 함께

지상의 모든 흐름이 멈춘 곳
내 욕망을 한가로이 흔들어줄 풀밭이 있다면
사랑하는 새들이 어깨 위에 팔 위에 내려앉아
내게 긴 이야기를 속삭여주는 새벽까지 춤추리니

지속하라 나의 딸들이여 너희의 아름다움을

방금 저는 남진우의 시 〈숲에서 보낸 한철 1〉의 전문을 인용했습니다. 이 시를 읽으신 여러분들은 제가 앞에서 미리 말씀드린 내용에 얼마간 수긍을 하였을 것이라 짐작합니다. 구체적으로 여러분들이 지금까지 읽어왔던 많은 시들과 그 분위기는 물론 언어의 사용법이 다르지 않습니까? 또한 상상력의 방향도 다르지 않습니까? 그런 가운데 분명한 주제가 잡히는 것은 아니지만 뭔가 무상의 기쁨 같은 것, 존재의 해방감 같은 것, 우주적인 교감의 시간 같은 것, 몽상의 신비를 맛본 것 같은 느낌이 은은하게 전해오는 것을 감지하게 되지 않습니까? 그리고 무엇보다도 그런 느낌들을 통하여 묘한 행복감에 스르르 빠져드는 것 같지 않습니까? 아마 그럴 것이라고 저는 또한 짐작합니다.

설명보다 여러분 각자가 눈을 감고 고요히 상상의 날개를 무한으로 펼쳐나가는 것이 위 시를 감상하는 데 더 적합한 일이라고 생각합니다만, 제가 끼어들기로 한 글이니까 여러분들과 함께 첫 연부터 상상의 길을 열어가지 않을 수가 없을 것 같습니다.

그러면 첫 연을 보기로 합시다. 첫 연의 첫 행에서 남진우는 "어스름에 잠긴 숲"이라고 말했습니다. 그러니까 시의 배경은 어스름에 잠긴 숲입니다. 그는 이 배경을 이미지의 형태로 제시하여 우리로 하여금 그것이 환기시키는 상상의 세계로 빠져들게 합니다. 여러분들은 저녁 시간의 '어스름'이 찾아오는 것을 눈여겨본 적이 있습니까? 도회지에 찾아오는 '어스름'은 금세 인공의 전깃불에 쫓겨 나가버리고 말지만 숲 속에 찾아드는 어스름은 신비롭기 그지없습니다. 진한 어둠의 세계로 가는 그 길목에 '어스름의 시간'이 놓여 있습니다. 그러므로 어스름의 시간이 다가오면 온몸을 세상에 대책 없이 내놓아야 했던 존재와 사물들은 그 속에 몸을 숨기기 시작합니다. 아니 어스름이 그 존재와 사물들을 안으로 감싸들이기 시작합니다. 세계를 감싸고 있는 그 어스름은 깊고 비밀스러우나 때로는 너무나 깊고 비밀스러워서 두려운 느낌을 주기도 합니다. 이런 어스름에 숲이 잠긴 모습을 남진우의 시 첫 연 첫 행은 우리로 하여금 상상하게 만듭니다.

그런데 그 '어스름에 잠긴 숲'으로 달빛이 비추고 있습니다. 이 달빛과 어스름의 대비 혹은 만남이야말로 이 시의 첫 연을 살려내는 데 크게 기여하고 있습니다. 너무나 깊고 비밀스러워서 무서움까지도 느끼게 했던 그 '어스름에 잠긴 숲'은, 이 달빛의 출현으로 인하여 그 공포감을 사라지게 만듭니다. 이렇게 어스름에 잠긴 숲을 밝히면서 달빛이 숲 속으로 스며들고 있는데, 그 숲 속에는 시인과 뿔피리 소리가 또한 함께 어우러져 있습니다. 우선 시인은 어스름에 잠긴 숲 속으로 스며드는 달빛에 놀라고 말았습니다. 그의 이러한 놀라움은

"달빛이 내 긴 속눈썹을 치켜올"렸다는 말로 은유화돼 있습니다. 얼마나 놀라울 정도로 황홀한 달빛이었기에 그의 길고 긴 속눈썹이 들어올려졌을까요? 달빛을 바라보았다고 표현하는 대신 "달빛이 내 긴 속눈썹을 치켜올"렸다고 하는 이 표현은 매우 인상적입니다. 달빛의 신비한 자력이 시인의 감은 눈을 뜨게 만든 것으로 상상할 수 있으니까요.

그런데 이처럼 달빛에 이끌려 조용히 긴 속눈썹을 들어올릴 때, 그는 어스름에 잠긴 숲의 저쪽으로부터 "아련히 멀어져가는 뿔피리 소리"를 듣고 있었다고 하였습니다. 그 뿔피리 소리는 분명 아련히 들려오는 소리가 아니라 아련히 멀어져가는 소리였습니다. 들려오는 뿔피리 소리도 그 나름의 매력을 갖고 독특한 분위기를 환기시키지만, 멀어져가는 뿔피리 소리는 이보다 더 매력적인 분위기를 환기시킨다고 생각됩니다. 그러고 보니 어스름에 잠긴 숲 속으로 달빛은 스며들고, 뿔피리 소리는 멀어져감으로써 대비 구도를 형성하고 있군요. 이런 대비 구도 가운데에 시인이 서 있습니다. 그는 달빛을 맞이하는 벅찬 감정과 뿔피리 소리가 사라져가는 아쉬움을 동시에 느끼겠지요.

이렇게 시의 배경 혹은 무대가 되는 정경을 남진우는 제1연 속에 펼쳐놓았습니다. 우리는 이제 이 배경 혹은 무대를 중심으로 펼쳐지는 여러 가지 정황을 제2연부터 보다 구체적으로 만나볼 수 있을 것입니다.

제2연은 모두 세 가지 표현에 의해 그 정황이 묘사되고 있습니다. 그 하나는 "반짝이는 상형문자 별빛은 녹아내려 떡갈나무 밑 / 달팽이의 뿔에 이슬로 맺히고"라는 표현에 의해서, 그 둘은 "메아리는 / 이름모를 꽃향기를 깊은 고요 속에 뿌린다"는 표현에 의해서, 그 셋은 "꿈결처럼 다가와 내 둘레에 원을 그리는 암사슴들"이란 표현에 의해서 그 정황이 묘사되고 있는 것입니다. 그러니 이제 이 세 가지 표현에 의해서 묘사된 정황을 상상하며 우리들은 이 시의 감상에 깊숙이 참여해야 할 것 같습니다.

우선 첫번째의 표현과 그에 의한 정황을 볼까요. 남진우는 여기서 "반짝이는 상형문자 별빛은 녹아내려 떡갈나무 밑 / 달팽이의 뿔에 이슬로 맺히고"라는 말로 이야기를 풀어갔습니다. 이 말 속에서 볼 수 있듯이 그의 상상은 독특해서 별빛을 '반짝이는 상형문자'로 읽었습니다. 하늘에 떠 있는 수많은 별들, 그 별들이 뿜어내는 별빛 하나하나가 다 상형문자로 그 모습을 드러내고 있다는 상상에 이른 것입니다. 남진우가 상형문자라고 비유한 하늘의 별빛을 다 해독할 수 있다면 우리는 우주의 이치를 꿰뚫을 수 있을까요? 그런데 상형문자인 그 별빛이 남진우의 눈에는 액체가 되어 녹아내리는 것으로 보입니다. 아마도 그는 별빛이 숲 속으로 비치는 그 광경에서 '물의 상상력'에 압도되었던 것 같습니다. 그가 만약 '공기의 상상력'에 압도되었다면 별빛은 흩어져서 날아갔을 것입니다. 또한 그가 만약 '대지의 상상력'에 붙들렸다면 그가 본 별빛은 돌덩이처럼 응고된 것으로 보였을 것입니다. 어디 그뿐일까요? 그가 만약 '불의 상상력'에 붙들렸다면 별빛은 뜨거워서 숲을 태우고 말았을 것입니다. 그런데 남진우는 이 부분에서 '물의 상상력'에 붙들리고 말았습니다. 그래서 그의 눈에는 별빛이 액체처럼 녹아내리는 것으로 보였고, 마침내 그 액체성을 가진 별빛이 "달팽이의 뿔에 이슬로 맺히"는 신비를 체험하게 하였습니다. 그러고 보면 '달팽이의 뿔에 맺힌 이슬'은 별빛이 녹아내린 결과입니다. 이런 맥락에서 상상력을 더 가동시켜본다면 우리는 '달팽이의 뿔에 맺힌 이슬'에서 별빛을 읽어내야 합니다. 그리고 그것이 상형문자로 의미화되었던 시절까지도 읽어내야 합니다. 어떻습니까? 흥미롭지 않습니까? 이렇게 우리가 상상력 놀이를 하면서 존재와 사물의 경계를 허물어뜨리며 즐거워할 때, 누군가가 엄숙한 표정으로 나타나서 '도대체 그래서 어쨌다는 것이냐?' 하면서 공리적 의미를 요구한다면 우리는 아무런 할 말이 없습니다. 그렇지만 공리적 의미 너머에서 존재와 사물의 경계를 파괴시키며 노는 놀이는 고착됐던 우리의 시야를 유연하게 만들어주면서 세계의 안쪽으로 들어가보도록 하는 데 아주 유익하지요.

다음은 두번째의 표현과 그에 의한 정황을 살펴보아야 할 것 같군요. 남진우는 여기서 "메아리는/ 이름모를 꽃향기를 깊은 고요 속에 뿌린다"고 말하면서 우리에게 다가왔어요. 아마도 분명하지는 않으나 그가 말한 메아리는 제1연의 "아련히 멀어져가는 뿔피리소리"의 메아리이겠지요. 그는 이 뿔피리소리의 메아리를 들으면서 그 메아리로부터 꽃향기를 맡았습니다. 여러분들은 소리로부터 향기를 맡은 적이 있습니까? 그것도 꽃향기를 맡은 적이 있습니까? 소리와 향기는 다 '공기의 상상력'을 자극하지요. 특히나 아련히 멀어져가는 소리는 '공기의 상상력'에 토대를 두고 있지요. 남진우는 이처럼 '공기의 상상력'을 작동시키면서 메아리로부터 향기를, 그것도 꽃향기를 맡은 것입니다. 그런데 그는 이 꽃향기가 숲 속이 가진 "깊은 고요 속에 뿌"려진다고 보았습니다. 숲 속이 가진 '깊이의 상상력'과 꽃향기(흩어지는)가 가진 '넓이의 상상력'이 아주 조화롭게 만나면서 겹쳐집니다. 한번 상상해보십시오. 숲 속의 고요한 깊이 속에 뿌려진 메아리의 꽃향기를… 최고의 유미적인 세계가 느껴지지 않습니까?

이번에는 끝으로 세번째의 표현과 그에 의한 정황을 살펴볼 차례입니다. 여기서 남진우가 어떤 정황을 창조하기 위해 내놓은 말은 "꿈결처럼 다가와 내 둘레에 원을 그리는 암사슴들"이란 말입니다. 이것을 보면 시인은 여전히 숲 속에 서 있습니다. 그렇게 숲 속에 서 있는 시인의 둘레로 암사슴들이 찾아와 꿈인 듯 원을 그리며 춤을 춥니다. 암사슴들이 환기시키는 따스함과 온유함, 그들이 춤추며 그린 원 모양의 부드러움과 어울림, 이런 것들을 상상하노라면 시인이 이곳에서 보여준 '여성적 상상력'의 아름다움이 느껴집니다. 그러고 보니 제2연의 세 가지 표현과 그로 인해 환기된 정황은 어느 것 하나 근육질의 공격성을 드러내는 '남성적 상상력'의 소산이라 할 수 없습니다. 모두가 다 '여성적 상상력'을 느끼게 합니다.

이제 제3연으로 가보겠습니다. 제3연과 좀더 밀착되는 해석과 감상을 하기 위해 이 연의 전문을 다시 한 번 옮겨보기로 하겠습니다.

오래고 오랜 잠에서 깨어난 나는
발 아래 무르익은 포도를 짓이기며 춤추기 시작한다
바람은 푸른 갈기로 온몸을 어루만지고
황홀히 핏줄 속으로 스며드는 별
대낮처럼 밝아지는 나
나뭇잎마다 통겨오르는 새들의 지저귐 속에
그림자는 잠겨드는데

시인은 제2연의 분위기에 취해서 잠이 들고 말았나 봅니다. 너무나도 평화롭고 아름다운 숲 속의 광경 속에서 그는 오랫동안 그 광경을 음미하다가 마침내 한 마리 착한 짐승처럼 오랜 잠에 빠져들었던 것 같습니다. 그런데 그가 잠자는 동안에도 숲 속의 광경은 여전히 아름다웠고, 그것은 잠자는 시인의 몸 속으로 쉼 없이 스며들었던 것으로 보입니다. 그렇지 않고서야 "오래고 오랜 잠에서 깨어난" 시인이 "발 아래 무르익은 포도를 짓이기며 춤추기 시작"할 수가 있겠습니까? "발 아래 무르익은 포도"라는 표현에서 우리는 '물의 상상력'을 떠올립니다. 그러나 그것은 곧 '불의 상상력'으로 바뀌고 맙니다. "발 아래 무르익은 포도를 짓이"긴다는 것은 포도주를 연상시키면서, 이어 시인으로 하여금 춤을 추게 만드는 원동력이 됨으로써 '불의 상상력'으로 전이되는 까닭입니다. 술이 알코올을 지녔다는 것은 술이야말로 물이면서 동시에 불이라는 징표가 아닙니까? 이런 술을 마신 자는 술 속에 든 불 때문에 춤을 추게 됩니다. 그렇다면 춤이란 무엇입니까? 그것은 인간의 몸이 보여주는 '불의 상상력'의 한 형상입니다. 춤추는 자는 이미 온몸이 불로 타오르는 것이나 마찬가지이지요.

  이렇게 술기운 속에서 황홀하게 춤을 추는 시인의 몸을 "바람은 푸른 갈기로" 어루만져주었다고 했습니다. 바람의 푸른 갈기가 어루만져주는 한, 춤추는 그의 몸은 타서 재가 되지 않습니다. 시원한 바람결과 그것이 어루만져주는 '촉감적 이미지'는 춤추는 자에게 생기를 더해줄 뿐, 그를 광분 상태로 몰고 가는 악마가 아니기 때문입니다. 알맞은 바람결과 그 바람결의 다정한 어루만짐은 사랑하는 사람의 자애로운 손길과도 같은 것입니다.

  이런 가운데서 시인은 마침내 자신의 핏줄 속으로 별이 스며드는 것을 느낍니다. 별은 이제 더 이상 숲 속을 비추는 것으로만 존재하지 않습니다. 그것은 춤추는 시인의 몸 속으로 스며들었고, 그 결과 그의 몸은 "대낮처럼 밝아지는" 신비를 창조하였습니다. 별은 이제 하늘에 있지 않습니다. 그것은 "달팽이의 뿔에 이슬로"만 맺혀 있지 않습니다. 이윽고 그것은 시인의 몸 속으로 들어와 그의 몸을 밝힌 것입니다. 여기서 시인과 별은 한 몸입니다. 시인의 몸 속에서 별은 등불의 역할을 합니다. 별로 등불 밝힌 시인의 몸을 상상한다는 것은 매우 동화적인 느낌마저도 줍니다.

그런데 흥미로운 것은 시인이 "포도를 짓이기며 춤추기 시작"하면서, 그리고 몸 속의 핏줄 속으로 별들이 등불처럼 스며들기 시작하면서 시인의 상상력은 '불의 상상력'을 본격적으로 구사하기 시작한다는 점입니다. 아직 그렇게 뜨거운 불은 아니지만, 그의 몸은 서서히 달아오르기 시작합니다. 이런 가운데 한편 시인은 "나뭇잎마다 퉁겨오르는 새들의 지저귐" 소리를 듣고, 나무 그림자가 더욱더 어스름 속으로 잠겨드는 것을 봅니다.

나무 그림자가 어스름 속으로 잠겨드는 것과 대조적으로 시인은 더욱 '불의 상상력'에 지배당합니다. 제4연으로 가서 보면 이제 시인은 "오 나는 마시리 온몸으로 넘쳐오르는 달빛을／대기 속에 녹아드는 내 살결을"이라고 말합니다. 그는 분명 '달빛'과 '살결'을 '마시리'라고 외쳐댔지만, 그가 마신 액체성의 달빛과 살결은 그를 불처럼 솟구쳐오르게 만듭니다. 달빛을 온몸으로 마신 시인은, 그리고 대기 속에 녹아들었다고 생각하는 자기 자신의 살결조차 마신 시인은 이제4연의 3행을 보면 다음과 같이 변해 있기 때문입니다. 그는 이 제4연의 3행에서

활을 떠난 화살처럼 내 춤은 나를 벗어나 솟아오른다

라고 적고 있습니다. 이제 그가 추는 춤은 "활을 떠난 화살처럼" 그의 몸을 벗어나버렸다는 것입니다. 다시 말씀드리자면 무아경에 이른 그는 몸 전체가 춤을 닮아 몸은 사라지고 춤만 솟구치는 상태가 되고 말았다는 것입니다. 시인의 몸을 떠난 춤, 그것은 스스로 타오르는 불길과 마찬가지입니다. 이런 그의 춤은 대지를 떠나 제4연의 4행에서 볼 수 있는 것처럼 "어둠을 들이쉬고 내쉬는 하늘"의 그 "푸르름 속으로" 솟구쳐오릅니다. 날개를 단 춤, 상승의 욕구를 가진 불길, 그것이 달빛을 마시고 자신의 살결을 마시고 무아경에 이르러 '불의 상상력' 속으로 뛰어든 시인의 모습입니다.

　제5연에 이르면 이렇게 상승의 날개를 달고 춤의 열기를 뿜어대는 시인의 숨결은 '꽃잎을 피워'냅니다. 춤의 꽃잎일까요? 불의 꽃잎일까요? 이런 양자택일 식의 물음보다는 불 같은 춤의 꽃잎이라고 말하는 편이 낫겠지요. 그런데 앞에서도 말했듯이 '불의 상상력'에서 발생한 그의 불 같은 춤은 재가 되는 죽음의 춤이 아니라 생기를 가진 살림의 춤이라는 점이 독특합니다. 그래서 그가 만들어낸 불 같은 춤의 꽃잎은 "허공을 떠돌던 물방울과 물방울"을 흩어지게 하지 않고 은밀하게 서로를 이으면서 살아 움직이게 만드는 힘을 갖고 있습니다. 시인이 이처럼 '불의 상상력'에 빠져들어 그의 몸 자체를 불길 같은 춤으로 변모시킨 것은 제5연의 뒷부분에 나오는 말처럼 다시 태어나고 싶기 때문입니다. 그가 다시 태어나고 싶다는 소망을 말하면서 "불꽃과 함께"라고 단서를 단 것을 보면 그는 지상에 발목잡힌 구속으로부터 떠나고 싶었던 것 같습니다. 모든 지상의 끈들을 다 풀어버리고 불길 같은 춤이 되어 자신의 몸조차도 잊은 채 상승하는 하늘 속으로 솟구쳐올라 완벽한 무아경 속에서 자유의 존재가 되고 싶은 소망은 누구에게나 있을 것입니다. 시인은 그런 소망을 "어스름에 잠긴 숲" 속에서 혹은 그런 숲 속을 바라보면서, 상상력의 힘으로 실현시키고 있습니다.

제6연에 이르니 드디어 앞서 제가 말씀드렸듯이 "지상의 모든 흐름이 멈춘 곳"을 그가 꿈꾼다는 것이 명확하게 나오는군요. 지상의 흐름은 잠시도 멈출 수 없는 것이지만, 그는 그것을 꿈꾸고 있는 것입니다. 그것은 그 자신이 '지상적 존재'이기 때문이지요. '흙의 자녀'이자 '대지의 자녀'이기 때문이지요. 그렇다면 "지상의 모든 흐름이 멈춘 곳"은 어디일까요? 그곳을 저는 신화적인 세계라고 말씀드리겠습니다. 시공이 의식되지 않는 절대적 세계, 그 세계를 신화적 세계라고 부르는 것입니다. 시인은 이런 세계를 꿈꾸며 그 세계 속에서 자신의 욕망을 한가롭게 흔들어줄 풀밭만 있다면, 그 풀밭에서는 "사랑하는 새들이 어깨 위에 팔 위에 내려앉아" 자신에게 "긴 이야기를 속삭여"줄 터이니, 그 새벽까지 쉬지 않고 '춤'을 추겠다고 말합니다. 여러분, 그가 여기서 그려 보인 세계는 얼마나 신화적입니까? 모든 존재와 사물이 노래하고 사랑하며 살아가는 낙원과 같은 곳이 아닙니까? 시인은 그런 낙원에서 다시 태어난 몸으로 춤을 추며 그 속에 존재하는 모든 것들과 함께 사랑하며 노래부르는 시간을 갖고 싶은 것입니다. 그 자신도 신화적인 존재가 되고 싶은 것입니다. 지상이라는 실낙원에서 시인은 '상상력의 힘'을 빌려 낙원의 세계로 그 자신을 들어올리는 데 성공하였습니다. 시 속의 내용을 따르자면 그는 춤추는 존재가 되어, 아니 춤 그 자체가 되어, 지상을 떠나 낙원에서 다시 태어나는 기쁨을 맛본 것입니다. 그런 시간을 가리켜 시인은 "숲에서 보낸 한철"이라고 말했습니다. '한철'이 너무 길게 보인다면 '숲에서 보낸 한순간'이라고 고쳐 말해도 괜찮겠지요.

 제7연은 단 한 줄입니다. 이 시를 마감하는 부분입니다. 그는 이곳에서 다음과 같이 말하고 있습니다.

 지속하라 나의 딸들이여 너희의 아름다움을

 저는 그가 위에서 말한 "나의 딸들"이란 말이 이 우주 속의 모든 존재와 사물들을 의미한다고 생각합니다. 그는 이들을 향하여 너희가 가진 아름다움을 발휘하라고, 너희의 아름다움을 발휘하는 가운데서 기쁨을 만끽하라고, 너희 속에 깃들인 그 아름다운 세계를 끝까지 성소처럼 간직하라고, 명령하듯 당부합니다. 이 유미주의자적인 소망 속에서, 인간들은 '무아경의 순간'이라고, '황홀경의 순간'이라고, '낙원의 순간'이라고, '자유自遊의 순간'이라고 부를 수 있는 그 '한철'을 맛볼 수 있는 것인지 모르겠습니다. 남진우의 시는 우리의 몸 속에 억압되었던 유미주의자적인 소망을 일깨우며 그것에 불을 붙이는 데 기여하고 있습니다.

김병화
〈내 피곤한 영혼을 어디다 누이랴〉

피곤한 영혼을 어디다 누일 수 있을까요?

1948년 서울에서 태어났으며, 1988년 《문학의 시대》를 통해 등단하였다. 시집으로 『내 피곤한 영혼을 어디다 누이랴』 『밀짚광배』 등이 있다.

내 피곤한 영혼을 어디다 누이랴

김병화

김병화의 그림시를 감상해보고 싶습니다. 저는 김병화의 그림시를 보고 있노라면 그림도 이렇게 많은 말을 할 수 있구나 하는 점에 놀라게 됩니다. 그림이 단지 눈으로 들어오는 시각적 차원에서 끝나지 않고 마음의 깊은 곳으로 스며들기 때문에 이런 말을 할 수 있는 것 같습니다. 이른바 마음의 눈으로 그림을 보는 것이겠지요.

이러한 김병화의 그림시 중에는 그의 시집과 같은 제목의 시작품 〈내 피곤한 영혼을 어디다 누이랴〉가 있습니다. 저는 이 그림시를 보고 있노라면 '피곤한 영혼이 누울 자리'에 대해서 이런저런 생각을 하느라고 시간이 가는 줄을 모릅니다.

너나 할 것 없이 우리가 이 땅에서 산다는 것은 피곤한 영혼을 이끌고 살아가는 일입니다. 세상일은 그것이 무엇이든지 그렇게 호락호락하지 않습니다. 더군다나 인간은 생물이기 때문에 세월의 흐름을 막을 수가 없습니다. 우리는 생물학적인 나이를 먹으며 세월을 보내고 마침내는 죽음을 맞이합니다. 저 개미에서부터 인간에 이르기까지 모든 생명들이 이 우주 속에서 살아간다는 것은 힘겨운 일입니다. 특히 인간처럼 욕망과 기대의 높이가 큰 생물은 더욱더 이 세상에서 살아가기가 쉽지 않습니다. 인간세상을 떼어놓고 보면 지금 세계 인구는 기하급수적으로 늘어나 총 60억 명이 되었고 수십 년 내에 지금의 두 배인 120억 명 정도가 될 것이라고 합니다. 게다가 도시화의 급진전에 따라 숨쉬기조차 어려운 인공 도시로 사람들이 밀물처럼 쏟아져 들어온 지금, 무한 경쟁이라는 정글의 법칙이 생존과 생활을 지배하는 공공연한 진실의 법칙으로 전 세계에 군림합니다. 이런 가운데서 사람들은 너나 할 것 없이 그 어느 때보다도 피곤한 영혼을 부여안고 허덕입니다. 산다는 것이 곧 피곤한 영혼을 선물받는 일과 마찬가지인 것처럼, 살아가는 모든 이들이 피곤하다는 말을 입에 달고 삽니다.

인류사가 전개된 이래, 어느 때인들 인간들이 피곤한 영혼의 상태를 벗어날 수 있었겠습니까? 삶 자체가 근본적으로 피곤한 영혼을 부여안고 그것을 극복하려는 안간힘 속에서 이루어지는 것 아니겠습니까? 죽음으로 이승을 떠나는 날까지 피곤한 영혼을 감내하며 살아야 하는 것이 인간 조건인 것 같습니다. 그러나 죽음 이후조차도 피곤한 영혼으로부터 벗어날 수 없다고 김병화는 우리에게 말하고 있습니다. 그렇다면 인간들은 이승과 저승의 어느 곳에서도 편안히 쉬는 게 불가능한 것인가요? 그러기에 그토록 많은 종교들이 영혼의 쉴 자리를 마련해주겠다고 우리에게 손짓을 하는 것일까요? 우선 인간들이 감내해야 할 이런 피곤한 영혼을 생각하며 김병화의 시 〈내 피곤한 영혼을 어디다 누이랴〉의 전문을 옮겨보고 다음 이야기를 더 이어가기로 하겠습니다.

　위에 제시된 김병화의 시를 찬찬히 들여다보십시오. 그렇게 들여다보니, 그의 시로부터 무슨 소리가 들려오는 듯합니까? 그렇지 않다면 그의 시를 보면서 무슨 생각을 먼저 하셨습니까? 아마도 그의 시가 먼저 무슨 말을 하였거나 여러분들께서 먼저 무슨 생각을 하였거나, 상호간에 어떤 교감이 있었으리라 여겨집니다.

　그러면 우선 시의 문면 그대로를 하나씩 조심스럽게 뜯어보기로 합시다. 우선 오른쪽부터 볼까요? 오른쪽의 그림은 대문을 표상한 것 같습니다. 이 대문을 열고 들어가면 다음으로 무엇이 보입니까? 그것은 아파트형 무덤인 것 같습니다. 지하층부터 죽은 자들이 층층이 누워 있습니다. 죽어서도 아파트에서 살고 있는 주검들입니다. 그 옆으로 가보세요. 그러면 무엇이 보입니까? 단독주택(?)에 홀로 누워 있는 주검을 볼 수 있을 것입니다. 누군가가 우리들이 그동안 뒷동산에서 수도 없이 보아왔던 무덤 속에 홀로 누워 있습니다. 그 옆에는 자그마한 비석도 하나 세워져 있군요. 아마도 죽은 이를 기억해주고자 누군가가 비석을 세워놓은 것 같습니다. 지극히 인간적인 모습이군요. 죽은 뒤에 기억되고 싶다는 욕망, 죽은 이를 기억하고 싶다는 욕망이야말로 아주 인간적인 표정이지요.

　김병화의 그림시 〈내 피곤한 영혼을 어디다 누이랴〉를 보면서 저는 다음과 같은 몇 가지 생각을 합니다. 우선 우리가 살아 있을 때는 말할 것도 없고 죽은 다음에도 그 영혼의 쉴 자리를 찾기가 결코 쉽지 않구나 하는 것입니다. 살아 있는 동안, 우리는 지상의 방 한 칸을 얻기 위하여 수많은 시간을 안달하며 보냅니다. 오죽하면『지상의 방 한 칸』(박영한)이라는 소설이 다 있겠습니까? 피곤한 영혼을 쉬게 할 아늑한 방 한 칸, 그것이 비록 작고 초라한 것에 지나지 않을지라도 우리는 그것을 마련하기가 쉽지 않습니다. 이 지구상의 인구는 현재 60억 명이라고 합니다. 우리나라의 인구는 4500만 명이라고 합니다. 그렇지 않아도 인간 조건은 언제나 피곤한 영혼을 부여안고 살아가도록 되어 있는데, 이렇게 기하급수적으로 늘어나는 인구 속에서, 피곤한 영혼을 쉬게 할 지상의 방 한 칸을 갖고 사는 일이 어렵다는 것입니다. 그러나 물리적인 방을 가졌다고 해서 우리의 영혼이 마냥 안온해질 수만은 없습니다. 이 엄청나게 복잡하고 투쟁적인 삶의 세계 속에서, 우리의 영혼은 언제나 부대끼며 피곤해 있습니다. 그러므로 물리적인 방만으로 해결할 수 없는 마음의 방을 마련해야 합니다. 물리적인 방도 방이지만, 진정 우리의 영혼을 쉬게 할, 마음의 방을 구하기가 더욱 어렵습니다. 과연 우리는 어디서 마음의 평화를 얻을 수 있을까요? 김병화는 그의 시 〈내 피곤한 영혼을 어디다 누이랴〉를 통하여 쉼터를 찾지 못하는 우리들에게 연민의 마음을 보내는 것 같습니다.

　그런데 어디 살아서뿐이겠습니까? 죽은 후에도 우리의 영혼은 쉴 자리를 얻기가 어렵습니다. 저는 가끔 생각해봅니다. 인류사가 시작되었다는 350만 년 전 이래로 지금까지 이 땅에 태어났다 죽은 사람의 총수가 얼마나 될까 하고 말입니다. 현재 살아 있는 사람은 물론 미래의 무한한 시간 속에서 태어나고 죽을 사람의 총수는 얼마나 될까 하고 말입니다. 이렇게 태어나서 죽은 사람들은 지금 어느 곳에서 쉬고 있을까 하고 말입니다. 아주 유치한 상상 같지만, 죽은 자가 쉴 곳도 찾기 어렵습니다. 저는 납골당이나 공동묘지 같은 죽은 이의 마을을 볼 때마다, 산 자 못지않게 죽은 자의 영혼도 피곤에 지쳐 있을 것이라는 생각을 해봅니다.

각 지역의 자연 환경과 생활 환경에 따라 삶의 방식뿐만 아니라 죽음의 방식도 다른데, 저는 지금과 같은 도시사회에서 가장 적합한 죽음의 방식은 단연 화장이라고 생각합니다. 매장도, 풍장도, 수장도 다 그 나름의 필연성을 갖고 있는 죽음의 방식이지만, 그야말로 모두가 이 우주 속에서 편하게 쉬기 위해서는 화장이라는 죽음의 방식을 택하는 게 제일 좋을 것 같습니다. 어차피 죽음이란 자연으로 돌아가는 형식인데, 이승과의 연관을 단호하게 끊고 화장의 형식을 통해 자연과 우주 속으로 무심하게 흩어지는 것이 무엇보다도 우리의 피곤한 영혼을 쉬게 만들 수 있는 길이라고 여기기 때문입니다. 여러분들도 아시겠지만, 우리나라에서 한 해 동안 늘어나는 묘지의 면적이 여의도 면적의 한 배 반이라고 합니다. 붐비는 종로 거리처럼, 무덤으로 붐빌 이 나라의 산하를 생각하면 걱정이 여간 크지 않습니다. 살아 있는 동안에는 우리에게 지상의 방 한 칸이 필요합니다. 이것은 산 자가 감당해야 할 몫이고 산 자가 요구할 수 있는 권리이기도 합니다. 그러나 앞에서도 말했듯이 물리적인 방을 마련하는 것 못지않게 중요한 것이 영혼이 쉴 마음의 방을 마련하는 일입니다. 그런데 죽은 후에 대한 우리의 생각은 달라져야 합니다. 죽은 후의 우리들은 허허롭게 우주 전체를 방으로 삼아 자신의 몸과 영혼을 자유롭게 만들어야 합니다. 죽은 후에 우리는 집을 지을 필요가 없습니다. 방금 말했듯이 우주 전체가 우리의 집일 수 있으니까요. 죽은 후에 집을 짓지 않는 자는, 그러므로 행복하고, 또 자유롭습니다. 그들에게는 죽음 이후의 걱정이 끼어들 여지가 없습니다. 우주는 누구의 영혼도 무상으로 받아주니까요. 참으로 포용력 있는 우주가 아닙니까? 우리의 피곤한 영혼을 쉬게 할 자리가 우주 속에는 무한으로 널려 있습니다.

  갈수록 사회는 점점 더 복잡해지고 우리의 영혼은 더욱더 피곤하다고 하소연을 할 것입니다. 그러므로 이제 우리에게는 어떻게 현사회에 적응하며 사느냐 하는 문제와 더불어, 어떻게 하면 피곤한 영혼을 쉬게 하고 위로할 것인가 하는 문제가 남아 있습니다. 사람들은 현사회에 적응하는 전략(?)에 대해서는 많은 충고를 하지만, 피곤한 영혼을 쉬게 하고 위로하는 방법에 대해서는 아주 적은 말밖에 하지 않습니다. 그렇다면 우선 우리 각자가 자신들의 피곤해진 영혼을 쉬게 하고 위로해줄 방안을 마련해야 하는 수밖에 없는 것 같습니다. 피곤해진 영혼을 쉬게 하고 위로하는 데는 무엇이 약이 될까요? 저는 감히 허심해진 마음으로 우주를 바라보는 것이 약이 되지 않겠느냐고 말씀드리고 싶습니다.

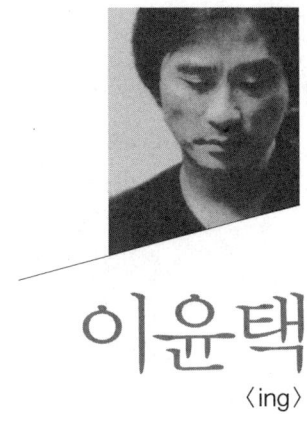

이윤택
⟨ing⟩

나의 사전에는 '절정'만이 있다

1952년 부산에서 태어났으며, 1979년 《현대시학》을 통해 등단하였다. 시집으로 『춤꾼 이야기』 『밥의 사랑』 『막연한 기대와 몽상에 대한 반역』 등이 있다.

ing

이윤택

나는 *ing*를 사랑한다.
죽음과 권태가 내 등을 떼밀었다.
나는 아득한 땅 끝 초시간대를 꿈꾸는 마라토너
속도를 높이기 위해 소지품은 가능한 줄여야 한다
우리는 얼마나 자질구레한 지상의 소유권들에 발목잡혀 있는가
갇힌 이미지의 감옥 속에서 썩어가고 있는가
부패하는 풍경이 죽음을 허락하게 한다
지상의 사실적 구도에 갇힌 언어는 우리들 꿈의 근육을 녹슬게 한다
무소유가 최상이다
무조건의 감동이 필수적이다
무소속의 마라토너는 金배지에 연연하지 않는다
그는 *ing*를 사랑한다
천성대로 생각하며 달린다(근래 그의 주변에서, 특히 뒤통수에서, 수런수런 일어나고 있는 물 귀신들 소문적 진실에 대해서)
신경쓰지 않고 달린다 죽고 싶어 환장한 인간처럼
피를 말리는 시간과의 경주
가공할 식욕
끝없는 체력 소모전
그렇게 생체리듬을 타다가
발전기가 노후되어 툴툴거릴 때쯤이면
만세! 그는 너무 지쳐 죽는 줄도 모르고 상쾌하게
숨이 끊어질 것이다

달려라, 달려라, 백마야!*

*게오르그 뷔히너의 희곡 〈보이체크Woyzecx〉 대사 중에서

이윤택을 아십니까? 질문이 너무 모호한가요? 사실 '안다'고 말할 때의 그 '안다'는 말의 뜻만큼 진폭이 크고 또 주관적인 것도 없으니까요. 그러나 이 자리에서 우리는 이 '안다'는 말의 뜻을 아주 너그럽게 사용해서 그의 이름만을 알든, 그의 예술세계까지를 알든, 그와 직접 친분 관계가 있든 간에, 그 모든 것을 다 포용하기로 합시다.

추측컨대 이윤택을 알고 있는 사람은 많을 것입니다. 한동안 문화방송에서 매주 일요일마다 방송한 〈성공시대〉에서 그는 이 땅의 소위 '성공한 사람'으로 화려하게 조명된 바 있고, 꽤 오래전의 드라마이지만 〈도시인〉이라는 제목의 드라마 각본을 써서 많은 시청자들의 관심을 받은 바 있으며, 이외에도 소설가 이병주의 작품 『행복어 사전』을 드라마로 각색하여 역시 시청자들의 흥미를 적잖이 끌었던 적이 있습니다. 그리고 확실한 관계는 잘 모르겠으나 그의 시집 『우리는 지금 제네바로 간다』와 같은 제목의 영화가 상영된 바 있습니다.

제가 이윤택을 가르치는 시간에 그의 시집을 먼저 말하면 그를 알고 있는 학생들이 드뭅니다. 그러나 방금 위에서 언급한 내용들을 말하면 아연 학생들의 눈빛이 반짝이며 강의실에 활기가 돕니다. 그리고 학생들은 그에게 보다 친밀감을 보입니다. 그만큼 대중매체의 힘은, 그 가운데서도 텔레비전의 힘은 강력한 것 같습니다.

이윤택은 전방위 예술가입니다. 그는 방금 위에서 말했듯이 텔레비전 드라마 작가이기도 하지만, 소설가이기도 하고, 시인이기도 하며, 문학평론가이기도 합니다. 그러나 그의 주업은 지금까지 언급한 이 모든 것보다 연극 연출에 있다고 말하는 것이 옳을 것입니다. 저는 그를 시인으로서 가장 잘 알고 있지만, 그가 다른 장르에서 보여준 재능, 특히 연극인으로서 보여준 재능은 그를 '성공한 사람'으로 만든 제1요인이 되었고, 그를 뒷받침이나 하듯이 그는 지금 성균관대학교에서 연극을 가르치는 교수가 되어 있습니다.

이윤택이 『사랑의 방식』이라는 소설을 출간하였을 때, 한 신문의 문화면에서 이윤택을 크게 다루었습니다. 이 자리에서 기자는 그에게 물었습니다. 제 기억이 정확하다면 그때의 질문 내용이란 '도대체 당신은 어디서 힘이 그토록 솟아오르기에 이처럼 다양한 영역에서 그칠 줄 모르는 예술 활동을 전개하느냐'는 것이었습니다. 그때 이윤택이 한 대답은 너무나도 재미가 있는 것이었습니다. 이윤택은 매우 심각하게 던져진 기자의 질문에 '나는 매일 개소주를 먹으면서 여관방에 틀어박혀 작품 창작에 몰두한다'고 하였습니다. 이 글을 읽으면서 저는 웃지 않을 수가 없었습니다. 속으로 '그렇구나, 이윤택이 쓴 모든 글들은 그러면 이윤택이 쓴 것이 아니라 개의 힘을 빌려 쓴 것이구나' 하고 중얼거리면서 말입니다. 사실 저는 제가 쓴 글들을 보면서 '나의 글은 내가 쓴 것이 아니라 커피의 힘이 쓴 것'이라고 종종 말해왔으며, 담배를 즐기는 사람들로부터 그들의 글은 그들 자신이 쓴 것이 아니라 '담배의 힘'이 쓴 것이라는 소리를 들어왔거든요. 그런데 커피나 담배에 비하면 '개소주'는 그야말로 엄청나게 파격적인 보양식이 아닙니까? 매우 현명한(?) 방법을 택한 이윤택이 저는 부러웠습니다.

개소주를 먹으며 작품 창작에 몰두하는 사람답게, 주관적으로 말한다면 이윤택은 몸 전체가 생명력으로 충천한 사람 같습니다. 이런 비유가 허용된다면 그는 온몸이 심장만으로 이루어진 사람처럼 뜨거운 활력을 자랑하고 있습니다. 그러나 그가 가진 몸 전체의 생명력과 태양 같은 심장은 타인을 시들게 만드는 공격적인 폭력이 아니라 타인을 생의 의지로 충일하게 만드는 살림의 힘입니다. 그가 광기에 가까운 열정을 갖고 일에 몰두하는 힘의 응집력과 그를 몰두하게 만드는 이 힘의 역동성을 보고 있노라면 해이해졌던 우리의 몸과 마음이 충격을 받고 살아나며 솟구치는 것 같습니다.

연극인 이윤택이 가마골 거리패를 이끌며 부산을 활동 무대로 삼아 활동하다가 서울에 입성한 것은 1990년대 초였습니다. 그때 그가 들고 나온 연극 작품은 〈산씻김〉이었습니다. 매스컴의 관심도 대단했고, 관객들도 적지 않았던 것으로 기억됩니다. 그는 이 작품의 공연으로 도도한 중앙문화권의 권력에 도전하여 성공했습니다. 그런데 저는 이 연극을 보면서 '발단-전개-위기-절정-대단원'이라는 연극의 고전적 문법을 완전히 파괴해버린 이 연극 앞에서 저의 상식이 무너지는 소리를 들어야 했습니다. 한마디로 말하자면 이 연극에는 '절정'만이 있었습니다. 두 시간 동안, 관객들은 배우들이 보여주는 절정의 상황 앞에서 그것을 견뎌야 했습니다. 그들이 보여주는 절정의 시간을 견디지 못하는 자는 긴장성 두통을 호소하며 눈을 감아야 했습니다. 연극을 다 본 후 연출가 이윤택에게 다음과 같이 물었습니다. 어찌하여 작품 속에 절정만 있느냐고 말입니다. 그랬더니 이윤택이 하는 대답은 매우 단호했습니다. 그 단호한 대답이란 "나의 사전에는 절정밖에 없다"는 것이었습니다. 저는 금방 이해했습니다. 그러면서 자신의 사전에 절정만을 두고 살려는 한 젊은이의 야심만만한 영혼을 훔쳐보았습니다. 절정이란 집중의 연속입니다. 처음부터 끝까지 집중만으로 생을 창조하겠다는 결의의 소산입니다. 한눈 팔 겨를이 없다는 뜻입니다. 그렇게 하기에는 인생이 너무나 짧고 아깝다는 뜻입니다. 개소주를 먹어가면서라도 그에게 주어진 단 한 번의 생을 절정만으로 이어진 연극 작품처럼 만들고 싶다는 소망입니다. 그런데 인간이 어떤 일에 순수한 마음으로 집중을 하거나 몰두를 하면, 참선을 할 때와 같은 파장이 우리 몸에서 나온다는 말도 있습니다. 그렇다면 '나의 사전에는 절정밖에 없다'는 이윤택의 인생 명제이자 작품 창작의 원리는 무아의 경지에서 벽을 문으로 만들고자 하는 일종의 참선 행위와 같은 것인지도 모릅니다. 그는 영원히 늙지 않는, 늙음이라는 말 자체가 그의 사전 앞에 존재하지 않는, 만년 청춘의 예술가입니다.

   그의 이런 삶은 세속적인 정부나 국가정부와 구별되는 그만의 정부를 갖게 합니다. 그는 보통 사람들이 살아가는 정부와 다른 정부의 통치자입니다. 이런 독자적 인생 원리와 예술 원리를 말하기라도 하듯이 그가 펴낸 문화시평집의 제목은 '우리에게는 또 다른 정부가 있다'입니다. 나에게는, 아니 나와 뜻을 같이하는 우리에게는 '또 다른 정부가 있다'고 자신 있게 부르짖으며 우리들이 만든 공화국의 문법에 따라 독자적인 삶을 살아가자는 것입니다. 그런 사람들은 자신이 가는 길에 확신을 갖고 있는 사람들입니다. 더 나아가 무소속의 자유인으로 외롭지만 당당하게 살아갈 각오가 돼 있는 사람들입니다. 그런 사람들은 흔들리지 않습니다. 몰두란 겨울 나무처럼 온갖 장식을 다 떨구어버리고 맨몸으로 각질의 얼어붙은 땅 밑으로 뿌리를 내리는 일인 까닭입니다. 무소속의 자유인이란 누구의 눈치도 보지 않고 스스로 주인공이 되어 자신의 삶을 창조하는 자유인인 까닭입니다. 이렇게 몰두하는 시간을 갖지 않은 자가, 이렇게 무소속의 자유인이 되기를 각오하지 않는 자가 어떻게 겨울을 견디고 다가오는 새로운 봄날에 자기만의 색깔과 모양으로 꽃을 환하게 피워낼 수 있겠습니까?

절정만으로 인생과 작품을 창조하려는 이윤택 시인의 작품 가운데서 저는 가장 이윤택다운 작품으로 〈ing〉를 고릅니다. 'ing'라는 제목이 좀 낯설 터인데, 이윤택은 달리 자신의 뜻을 전할 방법이 없었던 모양입니다. 이 작품은 그의 시집 『막연한 기대와 몽상에 대한 반역』속에 들어 있습니다. 전문을 옮겨보기로 하지요.

나는 ing를 사랑한다.
죽음과 권태가 내 등을 떼밀었다.
나는 아득한 땅 끝 초시간대를 꿈꾸는 마라토너
속도를 높이기 위해 소지품은 가능한 한 줄여야 한다
우리는 얼마나 자질구레한 지상의 소유권들에 발목잡혀 있는가
갇힌 이미지의 감옥 속에서 썩어가고 있는가

부패하는 풍경이 죽음을 허락하게 한다
지상의 사실적 구도에 갇힌 언어는 우리들 꿈의 근육을 녹슬게 한다
무소유가 최상이다
무조건의 감동이 필수적이다
무소속의 마라토너는 金배지에 연연하지 않는다
그는 ing를 사랑한다
천성대로 생각하며 달린다(근래 그의 주변에서, 특히 뒤통수에서, 수런수런 일어나고 있는 물 귀신들 소문적 진실에 대해서)
신경쓰지 않고 달린다 죽고 싶어 환장한 인간처럼
피를 말리는 시간과의 경주
가공할 식욕
끝없는 체력 소모전
그렇게 생체리듬을 타다가
발전기가 노후되어 툴툴거릴 때쯤이면
만세! 그는 너무 지쳐 죽는 줄도 모르고 상쾌하게
숨이 끊어질 것이다

달려라, 달려라, 백마야!

위 작품에서 시인이 가장 힘주어 말하는 것은 "나는 ing를 사랑한다"는 것입니다. 저는 여기서 'ing'라는 말을 '절정'이라는 말로 바꾸겠습니다. 더 정확히는 '절정의 연속'이라는 말로 바꾸겠습니다. 그렇다면 시의 첫 연 첫 행에서부터 우리는 시인이 전하고자 하는 말이 무엇인지 금방 눈치챌 수 있습니다. 굳이 그것을 여기에 다시 적

어 보자면, '이윤택-나는 인생에서 절정의 연속을 사랑한다'는 것입니다. 나의 삶에는 나의 연극처럼 발단이니 전개니 위기니 대단원이니 하는 이른바 '절정'을 위한 앞뒤 과정이 끼일 시간이 없다는 것입니다. 기운이 없는 사람은 시를 읽기가 어려울 만큼 이윤택의 위 작품은 진정 청춘의 시입니다. 청춘의 심장을 두근거리게 만드는 시입니다.

'절정의 연속'만을 사랑하는 이윤택은 제2행에 이르면서 "죽음과 권태가 내 등을 떼밀었다"고 부연 설명을 하였습니다. 죽음이니 권태니 하는 인생의 그림자들에 휘말려 다닐 틈이 없다는 것입니다. 죽음은 어차피 돌아오는 것, 자살하지 않는 한 권태로워도 인생을 살아낼 수밖에 없는 것, 그렇다면 죽음이니 권태니 하는 인생의 그림자들을 등뒤로 밀어놓고 앞을 바라보며 달리는 것이 어떻겠느냐는 것입니다. 아니, 자신의 인생에서는 그가 반기지 않는 죽음과 권태라는 어두운 그림자가 아예 먼저 그 자신의 등을 떠밀고 뒤로 물러나버렸다는 것입니다. 물론 인생의 그림자는 양면성을 갖고 있습니다. 그러나 그 그림자의 부정적 속성에 우리의 인생이 저당 잡혀 헤어나지 못하는 한, 우리는 살았으되 죽은 것과 같은 삶을, 아침마다 눈을 떴으되 눈을 감고 있는 것과 같은 소모적 혹은 소극적 삶을 살다 가고 맙니다. 사실 죽음과 권태에 사로잡혀 허덕여보지 않은 자가 누가 있겠습니까? 어찌 보면 우리의 삶이란 이들과 영원히 투쟁하는 고단한 과정인지도 모릅니다. 그런 우리들에게 이윤택이 단호한 목소리로 들려주는 말―"죽음과 권태가 내 등을 떼밀었다"―은 듣기만 하여도 가슴이 시원해지는 소리입니다. 그리고 앞을 향해 몸이 가볍게 달려가는 느낌을 주는 이야기입니다.

이윤택은 제3행에서 자신을 가리켜 "나는 아득한 땅 끝 초시간대를 꿈꾸는 마라토너"라고 비유했습니다. 뭐니뭐니 해도 육상경기의 꽃은 마라톤이지요. 인생의 험난한 길을 압축해 보여주는 것 같은 마라톤은 구경하는 것만으로도 가슴이 벅찬 일입니다. 마라톤의 공식적인 거리는 42.195킬로미터입니다. 그런데 이윤택은 이 제3행에서 자신이 '절정의 연속'을 유지하며 앞만 보고 뛰어가야 할 거리를 "아득한 땅 끝 초시간대"라고 표현했습니다. 땅 끝을 넘어선 아득한 지점, 시간을 넘어선 초시간대, 그곳을 자신이 달려갈 지점으로 상정해놨습니다. 저는 무엇이 이윤택을 이처럼 지치지 않는 모험적이며, 미래적인 인간형으로 만들어놓았는지 알 수 없습니다. 도대체 그는 무엇에 홀린 것일까요? 나이 30만 돼도 꺾어진 환갑을 말하는 사람이 있고, 나이 40이 되면 한 수 더 떠서 너나 할 것 없이 공자님의 말씀까지 점잖게 인용하며 나이 앞에서 기죽곤 하는데, 도대체 이윤택은 어떻게 이런 말을 확신에 찬 목소리로 토로할 수 있는 것일까요? 궁금한 일입니다마는, 그가 들려주는 청춘의 목소리는 잠든 우리를 일깨웁니다.

이윤택은 제4행에서 좋은 마라토너가 되기 위한 방법론과 태도에 대하여 언급하였습니다. 그것은 위 인용시에 나와 있듯이 "속도를 높이기 위해 소지품은 가능한 한 줄여야 한다"는 것입니다. 이왕 인생을 마라톤에 비유하고 마라토너가 된 이상 당연히 속도를 높여야 할 것인데, 그렇게 속도를 높이기 위해서라면 그 전제조건이 바로 '소지품을 가능한 한 줄여야 하는 것'임을 그는 역설하고 있습니다. 실제로 여러분들은 마라토너들이 뛰는 모습을 보았을 것입니다. 그들은 팬티 하나만을 걸친 채 아무것도 소유하지 않고 달립니다. 마라토너가 왕처럼 격조 높은 형식적 옷차림을 하고 마라톤에 임한다면 그는 보나마나 중도 탈락을 할 수밖에 없을 것입니다. 저는 인도 여행 중 한 성에서 장식품이 몸무게보다도 더 무거워서 언제나 유모차같이 생긴 수레를 타고 다녔다는 여왕의 마차를 구경한 적이 있습니다. 소지품은 이처럼 우리의 발걸음을 붙들어 맵니다. 일체의 소지품을 줄이고 팬티 바람으로 달리는 마라토너처럼, 그는 가벼운 몸으로 속도를 내고 싶었던 것입니다. 그리고 자신이 설정한 무한의 그 시공을 향하여 창조적인 인간이 되어 달려가고 싶었던 것입니다.

이윤택은 제5행에서 "우리는 얼마나 자질구레한 지상의 소유권들에 발목잡혀 있는가"라고 자신에게, 더 나아가 우리들에게, 묻습니다. 너나 할 것 없이, 우리는 그야말로 큰 소지품이나 소유권도 아닌, '자질구레한' 소지품와 소유권들에 발목잡혀 있는 우리의 인생이 참으로 정신없이 흔들리고 상처받고 우울해지고 무거워진다는 것을 알지 않습니까? 아무것도 아닌 것을 가지고, 정말 아무것도 아닌 것을 가지고, 우리는 목숨을 걸듯 소유권과 소지품에 집착하며 눈에 핏대를 세우지 않습니까? '나는 소유한다. 그러므로 나는 존재한다'는 명제를 절대 진리로 수용하며 우리는 소유하기 위해 존재하는 사람처럼 모든 것을 내 앞으로 등기해놓고 내 집에 가둬놓고자 원하지 않습니까? 그런데 삶이란 늘 역설적인 측면의 연속이라서 이런 소유권과 소지품의 무게에 압도당하는 한, 우리는 땅의 중력에 이끌리어 결코 하늘을 날 수가 없습니다. 이때 우리의 두 팔은 날개가 되지 못합니다. 이렇게 본다면 이윤택은 소유권과 소지품을 줄임으로써 그의 두 팔을 날개로 만들고 싶어하는 사람입니다. 그리고 그의 두 발을 바다 갈매기처럼 물갈퀴로 만들고 싶어하는 사람입니다.

이윤택은 다시 제6행에서 (우리는 얼마나) "갇힌 이미지의 감옥 속에서 썩어가고 있는가"라고 탄식하듯 묻습니다. 그렇다면 이윤택이 말하는 '갇힌 이미지의 감옥'이란 무엇을 뜻하는 말일까요? 이 물음 앞에서 수많은 말을 할 수 있을 것입니다. 고정관념, 편견, 상투성, 관습, 몰개성성, 무반성성, 고정성, 일상성, 기계적 반복성 등등과 같은 말들 말입니다. 실제로 자신만의 눈을 소유하지 못한 보통 사람들이란 남이 정해놓은 '갇힌 이미지의 감옥' 속에서 그것만이 진리인 줄 알고 평생을 그 앞에 엎드려 비인칭의 사물처럼 살다가 생을 마치는 것이 일반적입니다. 그 자신의 내부가, 아니 그 자신의 삶이, '갇힌 이미지의 감옥' 속에서 썩어가는 줄도 모르면서 말입니다. 이 세상의 '갇힌 이미지의 감옥'을 열고자 하는 사람들 중 대표적인 사람들이 시인들입니다. 더 나아가 예술가들입니다. 그들은 '갇힌 이미지의 감옥'과 평생 결투를 벌입니다. 그러나 '갇힌 이미지의 감옥'은 편안합니다. 그대로 만들어진 틀 안에서 만들어진 진리에 복종하며 살아가면 그만이니까요. 무소속의 자유인으로서, 무소유의 초탈인으로서 그의 두 팔과 두 다리를 각각 하늘의 날개와 바다 위의 물갈퀴로 만들고 싶은 이윤택에게 '갇힌 이미지의 감옥'이 주는 편안함은 죽음을 의미하는 것이나 마찬가지입니다.

제7행을 봅시다. 이윤택은 갇힌 이미지의 감옥이 썩음으로써 만들어내는 냄새를 맡습니다. 그는 이것을 "부패하는 풍경"이라고 표현했습니다. 매일매일 다시 태어나는 창조적 변신이 없는 한 우리의 내부는 금세 부패하고 말지 않습니까? 사람들은 그 창조적 변신이 없는 갇힌 내부 속에서, 그리고 그 내부에서 흘러나오는 부패의 냄새 때문에 '권태'라는 인생의 가장 위험한 상태로 들어가게 됩니다.

그렇지만 갇힌 이미지의 감옥을 부수고 매일매일 창조적 변신을 한다는 것이 어디 그렇게 말처럼 쉬운 일입니까? 그러므로 우리는 누구나 권태를 체험하고 권태와 싸웁니다. 그리고 마침내 권태와의 투쟁에서 패자가 되고 나면 우리는 '죽음'이라는 보다 무서운 상태 속으로 걸어 들어가기도 합니다.

이윤택은 제7행에서 이 사실을 잘 알고 있는 사람처럼 "부패하는 풍경이 죽음을 허락하게 한다"고 말했습니다. 생을 창조하거나 발효시키지 못하고 자칫 갇힌 감옥 속에서 부패시켜버리고 만다면, 그 부패하는 풍경으로 인하여 우리는 드디어 죽음이 끼어드는 것을 허락하고 만다는 것입니다. 이윤택은 권태, 죽음, 소지품, 소유권, 갇힌 이미지의 감옥, 부패하는 냄새 등을 경계합니다. 그 부정적인 그림자들이 우리의 건강한 삶을 얼마나 우울하게 만드는지를 그는 알고 있기 때문입니다.

그러면 이제 제8행으로 가봅시다. 지금까지 그가 말한 것과 연속성을 갖고 있으면서도 조금 다른 부분에 대하여 그는 말하고 있습니다. 그가 여기서 말하고 있는 것은 "지상의 사실적 구도에 갇힌 언어는 우리들 꿈의 근육을 녹슬게 한다"는 내용입니다. 저는 이곳에서 이윤택이 언어를 다루는 시인임을 새로이 기억해냅니다. 그는 인간에게 찾아오는 권태와 죽음이 언어를 새롭게 창조하지 않음으로써도 가능하다는 말을 하고 있는 것입니다. 그가 말하는 바 '지상의 사실적 구도에 갇힌 언어'란 도구로만 쓰이는 언어를 말합니다. 이때 언어는 철저히 현실적 이해관계를 위한 수단에 불과합니다. 이런 언어 속에는 '꿈'이 없습니다. 꿈이 없는 언어는 우리의 사고를 고착화합니다. 이윤택은 이런 점을 가리켜 "지상의 사실적 구도에 갇힌 언어는 우리들 꿈의 근육을 녹슬게 한다"고 말했습니다. '꿈의 근육'이 빛나는 사람은 아름답습니다. 그런 사람은 언어를 창조할 줄 압니다. 그런 언어의 창조 행위는 지상의 도구적 이해관계를 넘어설 수 있을 때 가능합니다. 예컨대 한 송이 꽃을 보고 지상의 사실적 구도를 넘어설 수 있는 사람은 그만의 언어를 창조할 수 있는 사람이며, 그렇기 때문에 아름다운 사람입니다.

인생이 '절정의 연속'으로 전개되기를 꿈꾸는 마라토너 이윤택은 다시 그의 인생철학을 제9행에서 내어놓습니다. 그가 여기서 한 말은 "무소유가 최상이다"라는 것입니다. 다시 부연할 것도 없이 몸이 가볍지 않는 한 날아오를 수 없다는 것입니다. 그는 또다시 제10행에서 경구에 가까운 그의 인생철학을 내어놓습니다. 그것은 바로 "무조건의 감동이 필수적이다"라는 것입니다. 어떻게 인간이 무조건의 감동을 연속적으로 느끼며 살겠습니까? 그러나 이윤택이 전하는 이 말의 속뜻은 감동하지 않는 한 절정의 순간을 맛볼 수 없다는 것과, 가장 많이 감동하는 사람이 가장 행복하다는 것으로 이해됩니다. 그러므로 '절정의 연속'은 '감동의 연속'이라고 바꿔 말할 수 있습니다. 더 나아가 '최대의 행복은 최다의 감동이 가져온다'고 말해볼 수 있습니다.

그런데 말이지요. 감동의 전제조건이 있다는 점을 알고 계십니까? 저는 감동의 전제조건을 '순수성'과 '자유로움'이라고 생각합니다. 순수하지 않은 사람과 자유롭지 않은 사람은 감동하기 어렵습니다. 이윤택이 제11행에서 들려주듯이 "金배지에 연연하지 않"는 "무소속의 마라토너"가 되지 않는 한 감동의 시간은 찾아오기 어렵다는 것입니다. 어떤 타산적 목적이나 타인의 눈길도 초월한 채 혹은 비켜선 채 달리지 않는 한 참다운 감동의 시간은 오지 않는다는 것입니다. 한번 상상해보십시오. "金배지에 연연하지 않"는 "무소속의 마라토너"가 "아득한 땅 끝 초시간대를 꿈꾸"며 "지상의 소유권"을 박차버리고 달려가는 모습을… 그리고 그 결과로 '절정 혹은 감동의 연속'이 이 사람의 몸 전체로 스며들고 있는 장면을…. 무척이나 아름답고 인상적인 광경입니다.

지금까지 이윤택이 한 모든 말은 그가 'ing'를 사랑하는 사람이란 것을 말하기 위한 것입니다.

그는 그 다음에 이어지는 제13행과 14행에서도 계속하여 앞으로 달려가는 그의 모습을 그려 보이고 있습니다. 그는 제13행에서 "천성대로 생각하며 달린다"라고 말했습니다. 그는 가식이나 의도성을 갖고 달리지 않습니다. 그의 '천성대로', 다시 말하자면 그에게 가장 알맞은 자연 그대로의 모습으로 달립니다. 그런 까닭에 그는 인간사회에서 일어나는 탐욕스러운 인간들의 망언에 현혹되지 않습니다. 그는 그의 보폭대로, 그의 내면이 원하는 목소리대로 그저 최선을 다해서 달릴 뿐입니다. 주변의 지저분한 소문에 신경을 쓰다가는 우리가 길을 잃고 방황하거나 지상의 소유권에 노예가 된다는 것을 잘 알고 있기 때문입니다. 주변의 소문들이 그를 어지간히 괴롭힌 바 있는지, 이윤택은 제14행에 이르러 아주 과격한 표현을 쓰고 있습니다. 그것은 바로 "신경쓰지 않고 달린다 죽고 싶어 환장한 인간처럼"이라는 표현입니다. 어지간히 화가 난 적이 있었던 모양입니다. 순수하고 자유로운 무소속의 마라토너가 모든 불순한 '꾼'들을 제치고 의연하게 첫 테이프를 끊으며 들어오는 승자의 모습을 보여주고 싶었나 봅니다. 그것은 진정 아름다운 삶이 무엇인지를 보여주고 싶은 욕구를 담고 있습니다.

이윤택은 제15행에서도 계속 달리는 심정을 고백합니다. 그는 여기서 "피를 말리는 시간과의 경주"를 하겠다고 말했습니다. 시간을 이길 자가 이 세상에 누가 있겠습니까? 그러나 인간적 시간을 넘어서 "아득한 땅 끝 초시간대를 꿈꾸는" 사람은 시간을 이긴 사람입니다. 또 다르게 말할 수도 있습니다. "피를 말리는 시간과의 경주"를 하겠다고 말했지만 죽음을 의식하지 않은 채 인간사 속의 시간대를 무화시켜버린 사람은 시간을 이긴 사람입니다. 이런 사람에게 시간은 아무런 위협적 존재도 되지 못합니다.

무소속으로, 무소유의 상태에서, 초시간대를 꿈꾸며 달리고만 싶어하는 사람, 그런 사람인 이윤택에게 달리고 싶은 욕구는 제16행의 표현처럼 "가공할 식욕"과 같은 것으로 나타납니다. 놀랄 만한 식욕을 시도 때도 없이 느끼며 앞으로의 추동력을 느끼는 사람은 상상만 해도 놀랍고 부럽습니다. 무엇이 그를 이렇게 달리도록 불러내는 것일까요? 저는 '창조적 예술혼'이 바로 그것이라고 말할 수 있습니다. 전방위 예술가인 이윤택에게 "가공할 식욕"을 느끼도록 만들며 길 위의 마라토너가 되도록 한 것은 다름 아닌 '창조적 예술혼'인 것입니다. 이것을 몸 속에 지닌 대가로 그는 "피를 말리는 시간과의 경주"를 자청하고, "가공할 식욕"을 느끼고, "죽고 싶어 환장한 인간처럼" 달리는 것입니다. 누가 부르지 않는데 어떻게 이토록 목숨 걸고 달릴 수가 있겠습니까?

그는 제17행에서 보듯이 "끝없는 체력 소모전"을 자청합니다. 나이 40만 넘으면 보약 타령을 하며 퇴행의 발걸음을 옮기는 이 세상에서, 그는 "끝없는 체력 소모전"을 하겠다고 만용(?)에 가까운 선언을 합니다. 어차피 소진될 우리의 몸을 그는 '창조적 예술혼'이 부르는 곳에다 바치겠다는 것입니다. 자신이 가진 모든 생명력을 그의 몸이 더 이상 버텨낼 수 없는 순간까지 남김없이 바친 후에, "너무 지쳐 죽는 줄도 모르고 상쾌하게 / 숨이 끊어"지는 것이 그의 꿈입니다. 이윤택은 제18행, 19행, 20행 그리고 21행에서 '초시간대를 꿈꾸며 달리던 마라토너'가 어떻게 죽음을 맞이할 것인가에 대하여 언급하고 있는 것입니다. 여기서 가장 인상적인 것은 더 이상 그가 달릴 수 없는 순간까지 달려가되, 그 순간이 오게 되면 "만세!"라고 외치면서 "너무 지쳐 죽는 줄도 모르고 상쾌하게 / 숨이 끊어"지는 방식을 택할 것이다라는 부분입니다. 자학적인 느낌이 없지 않지만, '절정의 연속' 혹은 '감동의 연속' 가운데서 인생을 마치고 싶어하는 사람의 종말로서는 최적의 것으로 보입니다. 이런 이윤택의 죽음에 대하여 우리는 죽음이라는 말을 붙이기 어렵습니다. 그는 죽음을 두려워한 적도, 죽음을 의식한 적도, 죽음을 피하고자 한 적도 없기 때문입니다.

제2연은 단 한 행으로 구성돼 있습니다. 주석에 의하면, 이 행의 "달려라, 달려라, 백마야!"는 독일의 희곡 작가 게오르그 뷔히너의 작품 〈보이체크〉의 대사에서 따온 것이라고 되어 있습니다. 게오르그 뷔히너(1813~1837)는 24세에 요절한 독일의 낭만주의적인 희곡 작가입니다. 그리고 〈보이체크〉는 그의 마지막 작품으로, 보이체크라는 한 인물이 가난과 계급적 차별 때문에 억압을 당하다 마침내 미친 인간이 되어 그가 사랑하는 여인을 살해한다는 내용이 주를 이루는 작품입니다. 저는 게오르그 뷔히너와 그의 작품 〈보이체크〉에 대해 이 정도밖에 모릅니다마는, 어렵게 생각할 것 없이 중요한 것은 백마가 달리듯, 백마를 보고 달리라고 하듯, 그는 앞을 향해, 그의 '창조적 예술혼'이 부르는 소리를 들으며 인생 전체를 달림으로써 완성시키겠다는 것입니다.

어느 날 슬며시 권태라는 놈이 찾아왔을 때, 설상가상으로 그 권태라는 놈이 죽음이라는 놈까지 데리고 왔을 때, 그런데 도저히 이 두 놈의 격렬한 유혹에서 벗어날 수가 없을 때, 영원한 청년 이윤택을, 그리고 영원한 청년의 시 〈ing〉를 만나보면 어떻겠느냐고 여러분께 권유하고자 합니다. 이윤택의 삶을 생각하고, 이윤택의 이 시를 목청껏 읽어내려가다 보면, 분명 그의 삶과 그의 시는 하나의 주술적 힘을 만들어내며 우리를 찾아와서 유혹했던 권태와 죽음이라는 놈을 대문 밖으로 휘이휘이 몰아낼 수 있을 것이라 생각하기 때문입니다.

권태와 죽음에 맞서서 그것을 이겨내는 방법에는 물론 여러 가지가 있을 것입니다. 제가 그것을 일일이 다 열거할 수 없을 정도입니다. 우리가 놓인 자리와 시간과 처지에 따라 그 치유책은 다 다를 터이니까요. 그러나 우리가 권태와 죽음이라는 두 존재에 압도당해 삶을 추스르기가 힘들어질 때, 이윤택의 도전적인 삶과 그의 시 〈ing〉가 전해주는 패기에 가득 찬 모습을 떠올린다면 분명 커다란 도움을 얻을 수 있을 것이라고 생각합니다.

박노해
〈하늘〉

서로를 밝혀주는
푸른 하늘이고 싶습니다

1957년 전남 함평에서 태어났으며, 1983년 《시와경제》를 통해 등단하였다. 시집으로 『노동의 새벽』 『참된 시작』 『겨울이 꽃핀다』 등이 있다.

하늘

박노해

우리 세 식구의 밥줄을 쥐고 있는 사장님은
나의 하늘이다

프레스에 찍힌 손을 부여안고
병원으로 갔을 때
손을 붙일 수도 병신을 만들 수도 있는 의사 선생님은
나의 하늘이다

두달째 임금이 막히고
노조를 결성하다 경찰서에 끌려가
세상에 죄 한번 짓지 않은 우리들
감옥소에 집어넣다는 경찰관님은
항시 두려운 하늘이다

죄인을 만들 수도 살릴 수도 있는 판검사님은
무서운 하늘이다

관청에 앉아서 흥하게도 망하게도 할 수 있는
관리들은
겁나는 하늘이다

높은 사람, 힘있는 사람, 돈 많은 사람은
모두 하늘처럼 뵌다
아니, 우리의 생을 관장하는
검은 하늘이시다

나는 어디에서
누구에게 하늘이 되나
代代로 바닥으로만 살아온 힘없는 내가
그 사람에게만은
이제 막 아장걸음마 시작하는

미치게 예쁜 우리 아가에게만은
흔들리는 작은 하늘이것지

아 우리도 하늘이 되고 싶다
짓누르는 먹구름 하늘이 아닌
서로를 받쳐 주는
우리 모두 서로가 서로에게 푸른 하늘이 되는
그런 세상이고 싶다

박노해 그의 본명은 박기평입니다. 그가 자신의 이름을 박기평에서 박노해로 바꾼 것은 '노동해방'이 이루어진 세상을 꿈꾸었기 때문입니다. 그는 자신의 성인 '박'에다, '노동해방'의 약자인 '노해'를 붙여 자신의 이름을 '박노해'로 다시 지은 것입니다.

지난 1998년 8월 15일, 박노해는 수감 생활을 마치고 석방되어 자유인의 몸이 되었습니다. 노동해방을 염원하며 노동투쟁을 벌였던 박노해는 1980년대 후반에 들어와 자생적인 사회주의자가 되었습니다. 그는 '사노맹(남한사회주의노동자동맹)'이라는 단체를 결성하고 그가 자생적으로 구축한 사회주의 이론을 노동해방의 대안으로 내놓았습니다. 그러나 이 대안을 우리 정부에서 인정할 리도 없을 뿐만 아니라 그 대안은 실패할 수밖에 없다는 것이 세계사 속에서 드러나고 말았습니다. 그가 사노맹을 결성하고 투쟁을 해나간 것은 분명 이 땅의 체제를 부정한 일이었기에 박노해는 사상범으로 무기징역을 선고받았습니다. 앞에서 저는 박노해를 '자생적 사회주의자'라고 하였는데 이 말은 누구에게 사회주의 교육을 받은 바 없이, 그 스스로 불평등한 노동 현실을 개선하고자 하는 과정에서 사회주의자가 되었다는 뜻입니다. 그는 이 땅의 산업자본주의사회가 가져온 모순을 사회주의 이념으로 극복할 수 있다고 스스로 믿은 것이지요. 그러나 공산권 국가의 대몰락으로 인하여 그의 생각이 잘못된 것이었음은 명백하게 드러났습니다. 시인 자신도 그것을 공개적으로 시인하였습니다. 다만 그는 현실로서의 사회주의는 거부하지만, 가치로서의 사회주의에서는 배울 점이 있다고 말했습니다. 어쨌든 그는 현실로서의 사회주의는 버리고 1990년대 우리 사회가 지향하고 있는 자본주의, 자유주의, 민주주의의 가치를 인정하면서 전향을 하였습니다. 그것은 분명한 전향이었습니다.

저는 박노해에게 그 어떤 이름보다도 먼저 순결한 이상주의자라는 이름을 붙여주고 싶습니다. 그의 꿈은 아주 고결합니다. 그는 공동체, 사랑, 헌신, 평등, 희망, 나눔, 봉사 등과 같은 세계를 지향합니다. 그의 삶과 운동과 시 창작의 원천은 이곳에 있습니다. 이런 점에서 그는 다소 종교적입니다. 저는 그가 한때 그토록 사회주의 이념에 애착을 가진 것도, 현실로서의 사회주의 사회를 옹호했다기보다, 사회주의 이념 속에 깃들인 몇 가지 이상주의적 면모 때문이 아니었나 짐작을 해봅니다. 어떤 사람이 무슨 사상이나 이념을 옹호할 때는 그것의 전모를 다 알고 옹호한다기보다 그 사상이나 이념의 어느 한 부분에 특별히 매력을 느껴서 그렇게 하는 경우가 아주 많으니까요. 저는 이런 경우를 많은 종교인들에게서 보곤 합니다. 종교인들 역시 그들이 믿는 종교의 전모를 알고 믿기보다 그들이 믿는 종교의 어느 부분에 특히 매력을 느껴 종교를 택하는 일이 많습니다.

노동해방을 추구한 박노해의 정신과 그가 지닌 이상주의적 면모를 고스란히 보여주는 시편들은 아주 많습니다. 그의 시집 『노동의 새벽』이나 『참된 시작』 속에 실린 작품들이 대부분 이런 면모를 갖고 있습니다. 저는 박노해의 시 가운데 여러 편을 좋아하나, 특히 『노동의 새벽』이라는 그의 첫 시집 맨 앞에 실린 작품 〈하늘〉을 좋아하기에 여러분들과 함께 감상해보고 싶습니다. 박노해의 시가 대부분 그렇듯이 이 시도 아주 쉽고, 시인의 의도가 잘 전달됩니다.

우리 세 식구의 밥줄을 쥐고 있는 사장님은
나의 하늘이다

프레스에 찍힌 손을 부여안고
병원으로 갔을 때
손을 붙일 수도 병신을 만들 수도 있는 의사 선생님은
나의 하늘이다

두달째 임금이 막히고
노조를 결성하다 경찰서에 끌려가
세상에 죄 한번 짓지 않은 우리들
감옥소에 집어넌다는 경찰관님은
항시 두려운 하늘이다

죄인을 만들 수도 살릴 수도 있는 판검사님은
무서운 하늘이다

관청에 앉아서 흥하게도 망하게도 할 수 있는
관리들은
겁나는 하늘이다

높은 사람, 힘있는 사람, 돈 많은 사람은
모두 하늘처럼 뵌다
아니, 우리의 생을 관장하는
검은 하늘이시다

나는 어디에서
누구에게 하늘이 되나
代代로 바닥으로만 살아온 힘없는 내가
그 사람에게만은
이제 막 아장걸음마 시작하는
미치게 예쁜 우리 아가에게만은
흔들리는 작은 하늘이것지

아 우리도 하늘이 되고 싶다
짓누르는 먹구름 하늘이 아닌
서로를 받쳐 주는
우리 모두 서로가 서로에게 푸른 하늘이 되는
그런 세상이고 싶다

—〈하늘〉전문

이 시는 박노해의 첫 시집 『노동의 새벽』 첫 장에 수록된 작품입니다. 그가 바라는 세상을 압축해서 담아놓은 듯합니다. 다소 해설적인 느낌이 없지 않으나, 그가 바라는 세상의 압축도는 이 작품의 다소 해설적인 맨 마지막 연에 들어 있습니다. 그것을 여기서 다시 한 번 반복해 읊어볼까요?

아 우리도 하늘이 되고 싶다
짓누르는 먹구름 하늘이 아닌
서로를 받쳐 주는
우리 모두 서로가 서로에게 푸른 하늘이 되는
그런 세상이고 싶다

한마디로 말해서 박노해는 서로가 서로를 격려하고 이끌어주며 사랑하는, "서로가 서로에게 푸른 하늘이 되는 그런 / 세상"을 소망한다는 것입니다. 부연하자면, 박노해는 너와 내가 서로에게 권력이 되지 않는 세상, 너와 내가 수평적인 자리에서 서로를 위한 빛이 되는 세상, 너와 나 사이에 대화정신과 민주정신만이 살아 있는 세상, 너와 내가 서로를 살림의 길로 안내하는 세상, 너와 내가 서로를 그리워하며 만나고 싶어하는 세상, 너와 내가 서로를 자유롭게 하는 세상 등을 소망한 것입니다. 이런 세상을 가리켜 우리는 인간이 만들고자 하는 유토피아라고 부를 수 있을까요?

그러면 박노해의 시 〈하늘〉을 좀더 찬찬히 그리고 자세히 감상해 보기로 합시다. 누구나 다 하늘을 알고, 하늘을 보면서 살지만, 박노해는 이 시에서 하늘의 이미지를 원용하여 그가 하고자 하는 뜻을 잘 형상화했습니다.

　우선 제1연을 볼까요? 박노해는 이 부분에서 "우리 세 식구의 밥줄을 쥐고 있는 사장님은 / 나의 하늘이다"라는 말을 했습니다. 혹시 자신의 부모가 사장님이라든가, 본인 자신이 사장님인 사람은 이 말을 듣고 기분 나빠하실지 모르겠습니다. 그러나 마음 푸십시오. 그 이유는 두 가지입니다. 하나는 시 속의 언어는 비유적이고 상징적인 것이지 어느 대상을 구체적으로 지시하는 것이 아니라는 점입니다. 여기서 비록 박노해가 사장님이라는 말을 사용했다 하더라도 그것은 권력을 가진 자의 비유적 표현일 뿐, 어떤 누군가를 지칭하지 않습니다. 그러나 박노해의 이러한 비유적 표현이 설득력을 얻으려면 그 말이 환기하는 이미지에 많은 사람들이 공감해야 합니다. 어떻습니까? 여러분들은 우리 시대에 사장님을 권력의 주체라고 생각하십니까? 아니면 종업원들 등쌀에, 뿐만 아니라 경제 위기까지 겹쳐서 이제 사장님의 권력도 적잖게 줄어들었다고 생각하십니까? 아니면 연봉제니 계약제니 하며 종업원들을 마음대로 조절할 수 있으니 사장님의 권력은 더욱더 강화되었다고 생각하십니까? 어쨌든 아직까지는 사장님은 '장長'으로서의 권력을 누리고 있습니다. 아직도 사람들은 사장님이 아님에도 불구하고 누군가가 사장님이라고 부르면 그 소리를 듣기 싫어하지 않으며, 관습상 모르는 남성을 사장님이라고 부르는 데 익숙해 있습니다. 지난 1970년대와 1980년대의 다방가에서 기혼 남성들은 온통 사장님으로 불렸습니다.

　박노해는 이런 사장님을 가리켜 "우리 세 식구의 밥줄을 쥐고 있는" 사람이라고 말합니다. 인간에게 가장 큰 권력으로 작용하는 것이 밥이라면 밥줄을 쥐고 있는 사장님은 종업원들에게 가장 큰 권력입니다. 그는 '하늘' 같은 존재입니다. 밥줄을 잃는다는 것은 목숨을 잃는다는 것과 같은 뜻이기에, 사장님에 대한 존경은 두려움으로 변하기도 합니다. 사장님의 횡포가 심하다면, 그때 밥줄을 쥐고 있는 사장님은 존경보다 두려움의 대상입니다. 박노해가 말하는 식으로 표현한다면 그는 "검은 하늘"과 같은 존재입니다. 종업원들이 사장님 앞에서 공손해지는 것은 그에 대한 예의 이전에 자신의 밥줄을 관장하고 있다는 아주 현실적인 이유 때문입니다. 이것이 억울하다면 당신도 사장이 되라고 누군가 충고를 할지도 모릅니다. 그러나 아무나 사장이 될 수는 없습니다. '능력'이 있어야 합니다. 이때 제가 말씀드린 '능력'은 아주 다양한 의미를 내포하고 있습니다.

  박노해가 그의 시 〈하늘〉의 제2연에서 의사 선생님을 앞 연의 사장님처럼 검은 하늘과 같은 존재라고 규정했습니다. 이 말을 듣고 어떤 분은 몹시 못마땅하게 생각할 것입니다. 의사의 공로가 얼마나 대단한데 이런 부정적 발언을 하느냐고 투덜대면서 말입니다. 여기서도 의사는 지시대명사가 아니라 비유적, 상징적 표현으로 이루어진 것입니다. 박노해는 이 땅에서 의사의 권력이 얼마나 대단한가를 말하고자 했을 뿐입니다. 존경과 두려움, 은혜와 권력은 동전의 앞뒤와 같습니다. 따라서 의사에 대한 존경심은 두려움의 다른 말이고, 그가 베푸는 은혜는 권력의 다른 말입니다. 의사는 어느 시대이고 대접을 받아왔습니다. 그것은 한마디로 말해서 그들이 인간의 목숨을 구원해주기 때문입니다. 인간에게 가장 중요한 것은 목숨을 보전하는 일입니다. 밥이 권력의 핵심에 있을 수 있는 것도, 의사가 권력의 핵심에 있을 수 있는 것도 실은 이들이 다 인간의 목숨을 관장하기 때문입니다. 이처럼 의사가 대단한 권력을 갖고 있기 때문에 사람들은 병원에 가서 자기 돈 내고 치료를 받으면서도 의사에게 굽신거립니다. 간호원의 호명 소리에 초등학생처럼 대답합니다. 역시 자기 돈 내고 치료를 받는데도 몸 아픈 것이 잘못을 저지른 것이라도 되는 것처럼 머뭇거립니다. 의사는 우리에게 당신의 병명이 무엇이며, 당신에게 무슨 약을 줄 것인지에 대해 제대로 알려주지 않습니다. 우리는 그저 의사가 주는 대로 약을 가지고 돌아옵니다. 더욱이 그가 기록카드에 쓰는 문자를 환자인 우리는 해독할 수도 없습니다. 그는 결코 우리가 다 아는 한글을 쓰지 않으니까요. 아, 이래저래 의사는 권력을 갖게 됩니다. 의사는 우리의 목숨을 좌우할 수 있는 신과 같은 존재입니다. 그리고 그는 이 땅에서 경제적으로도 아주 특별한 대접을 받습니다. 이만하면 박노해가 왜 의사 선생님을 겁나는 하늘로 비유했는지 이해할 수 있을 것입니다. 열악한 환경의 컨베이어벨트에 앉아 기계처럼 육체노동을 하고 그런 자신들을 사장님이나 선생님이 아닌, 공돌이 혹은 공순이로 지칭하는 것을 들을 때, 분명 그들에게 의사 선생님은 겁나는 하늘과 같은 존재입니다.

　박노해는 제3연에서 경찰관을 "경찰관님"이라고 부르며 그 역시 "두려운 하늘"과 같다고 말했습니다. 어느 시대, 어느 장소에서나 사람들이 모여서 하나의 집단을 이루게 되면 그 집단의 질서 유지를 위하여 '합법적인 폭력기관'을 만듭니다. 폭력기관이 합법성을 띠고 있다니, 하며 궁금증을 표시할 사람이 있을지 모르겠습니다. 그리고 인간들은 반드시 폭력기관의 제재를 받아야만 질서를 유지할 수 있는가, 하고 한심해할 사람이 있을지 모르겠습니다. 그래도 할 수 없습니다. 인간은 한편으로 자율적인 질서 유지 능력이 있으면서도 다른 한편으로는 그렇지 못합니다. 그러나 한 집단에 '합법적인 폭력기관'이 있는 것은 단순히 그 구성원들의 탓만이 아닙니다. 그 집단의 최고 권력자는 자신의 권력을 보다 공고히 하기 위해 '합법적인 폭력기관'을 만듭니다. 우리가 살고 있는 사회에서, 경찰과 군대는 그 대표적인 예입니다. 그래서 경찰관과 군인을 보면 한편 안심도 되지만 겁도 납니다. 특히 우리들의 일상생활과 연관돼 있는 경찰관에게서 이런 양가감정을 더 크게 느낍니다. 그런데 집단이 어수선할수록, 그 집단의 최고 지배자가 끝없는 권력욕의 화신일수록, 최고 지배자의 선출에 부정이 가해질수록, 그 사회의 합법적인 폭력기관은 더 큰 힘을 얻습니다. 그리고 때로 그 힘을 남용합니다.

전두환 대통령이 통치하던 지난 5공화국 시절, 시인 김진경은 〈광화문에서〉라는 그의 시에서 경찰을 보면 없는 죄라도 만들어서 고백하고 싶다는 말을 하였습니다. 고백한다면 일단 용서받을 수 있을 것 같으니까요. 그만큼 경찰관은 두려운 존재였습니다. 그들은 서비스업에 종사하는 사람 같지 않았습니다. 그보다 그들은 감시와 처벌을 위해 존재하는 사람들 같았습니다. 박노해는 이런 경찰관을 "경찰관님"이라고 부르며, 그들의 권력 앞에서 나약해진 노동자들의 처지를 알렸습니다. 경찰이 두려운 것은 그들 역시 인간의 목숨을 좌우하기 때문입니다. 경찰이 허락받은 것은 이른바 물리적 힘입니다. 이것은 밥보다도, 의술보다도 더 직접적인 폭력입니다. 인간들은 밥 앞에서보다 물리적 폭력 앞에서 더 두려워 떱니다. 그래서 이런 권력은 "두려운 하늘"과 같다고, 박노해는 탄식한 것입니다.

아직도 박노해를 두렵게 만드는 권력적 실체는 또 남았습니다. 그는 판검사를 "판검사님"이라고 부르며 이들을 "무서운 하늘"과 같다고 말했습니다. 판검사란 심판관입니다. 아마도 심판받는 일만큼 두려운 일도 없을 것입니다. 선생님으로부터 시험 결과 통지서를 받아 들을 때부터 재판소에서 재판받는 일에 이르기까지, 심판은 우리를 두려워하게 만듭니다. 그것은 재판으로 인하여 내가 '평가'되기 때문입니다. 평가란 나의 잘잘못을, 그리고 나의 높낮이를 백일하에 드러내는 일입니다. 사람 위에 사람 없다고 말하지만, 재판관은 사람 위의 사람 같아 보입니다. 이런 재판관은 인간의 목숨뿐만 아니라 명예 그리고 재산에 영향력을 미칩니다. 그들의 말 한마디가 무섭습니다. 재판관의 권력 또한 어느 시대에나 대단해서, 사람들은 재판관의 권력을 흠모합니다. 그래서 재판관이 되는 시험에 해마다 사람들이 구름처럼 몰려듭니다. 집안에 재판관이 한 사람이라도 있으면 그 집안 전체가 힘을 얻은 듯 상기됩니다. 박노해는 이러한 재판관이 하층민들에게는 어마어마하게 두려운 존재라고 말합니다. 특히나 독재정권 하의 친여적 재판관은 노동자들에게 참으로 두려운 존재라고, 그는 행간 속에서 전하고 있습니다.

아, 박노해에게 무서운 권력이 또 있군요. 박노해는 〈하늘〉의 제5연에서 관청의 관리들을 "겁나는 하늘"로 묘사하고 있습니다. 박노해의 말에 따르면 그들은 "관청에 앉아서 (나라를) 흥하게도 망하게도 할 수 있는" 힘을 갖고 있습니다. 그들은 나라의 공복이라고 말하면서도 실제로는 국민 위에 군림하곤 했습니다. 그들의 계획과 그들의 결재는 국민들을 통제했습니다. 저 조선시대부터 지금까지 관리들은 선민의식을 갖는 경우가 많았습니다. 박노해는 이들 또한 민중에게는 겁나는 권력적 실체임을 폭로했습니다. 그래서 지금도 각종 고시는 사람들의 부러운 관심 대상이고 그들의 성공은 신문지상을 화려하게 장식합니다.

박노해가 그의 시에서 사장님, 의사 선생님, 경찰관님, 판검사님, 관리라고 부른 사람들은 모두 보통 사람 이상의 권력을 가진 존재라고, 박노해는 생각했습니다. 그들은 '높은 사람'이거나, '힘있는 사람'이거나, '돈 많은 사람'이라는 것입니다. 보통 사람들이 이 땅에서 주눅들어 사는 것은 바로 지위가 높지도, 힘이 있지도, 돈이 많지도 않기 때문이라는 생각을 한 것입니다. 지위와 힘과 돈은 다 무엇을 가능하게 하는 것입니까? 한마디로 말해서 그것들은 인간의 욕망을 충족시켜주는 데 가장 효과적인 것입니다. 인간의 욕망이 어디 한두 가지입니까? 그러나 제가 생각하기에 모든 인간의 욕망 중 가장 큰 욕망은 이 땅에서 목숨을 잃지 않고 영원히 살고 싶다는 욕망이라고 생각합니다. 그것을 가능하게 하는 데 가장 큰 역할을 하는 것이 돈과 힘과 지위입니다. 아, 권력은 이래서 인간들의 영원한 주제입니다. 권력이라는 주제에 관심이 있는 사람이라면 엘리아스 카네티의 『군중과 권력』이라는 책을 한번 읽어보시기 바랍니다.

후진사회란, 권력이 한 곳에 집중된 사회입니다. 그것도 부당한 방법으로 권력이 특정한 곳에 집중된 사회입니다. 인간이란 어차피 정치적 동물이기 때문에 누군가에게 얼마간의 권력이 주어지는 것은 피할 수 없는 일입니다. 그러나 권력이 왜곡된 집중은 국민들을 불안하게 하고 그들을 허탈감에 빠지도록 이끕니다. 강한 자의 권력이 약한 자의 삶을 언제든지 황폐화 내지는 초토화시킬 수 있으니까요.

지난 시대, 우리 사회의 권력은 너무나도 한 곳에 집중되었습니다. 참다운 민주사회가 이룩될 수 없었습니다. 어쩔 수 없는 역사의 과정이었다고 자위하는 사람도 있을지 모르겠으나 우리는 힘있는 사람, 돈 많은 삶, 높은 사람 앞에서 주눅들어 있었습니다. 우스갯소리를 하나 해야겠군요. 어느 날, 지금은 60세가 다 되어가는 시인 한 분을 만났습니다. 그분은 시골에서 상경하여 자수성가한 분이었습니다. 그는 저에게 말했습니다. "아, 글쎄, 내가 서울에 와서 부자들이 사는 동네를 지나가려면 그 높은 울타리에 삐죽이 고개를 내밀고 있는 개나리도 위대하게 보이더군. 어디 그뿐인가. 그 집의 울타리 너머로 들려오는 개소리도 대단해 보이더군. 나는 완전히 주눅들었던 거야"라고 했습니다. 부잣집 옆을 지나면서 이 시인이 느낀 감정, 경찰서 앞을 지나면서 없는 죄라도 만들어서 고백하고 싶다던 김진경 시인의 시구, 의사 앞에서 제 돈 내고 진료를 받으면서도 하인처럼 굽실거리는 우리들의 모습은 어딘가 잘못된 것이 분명합니다.

   박노해는 이런 현실의 어둡고 무서운 권력들을 고발하면서 그가 소망하는 세계를 그의 마지막 두 연에 담아보았습니다. 그것을 여기에 다시 한 번 옮겨 적어볼까요?

나는 어디에서
누구에게 하늘이 되나
代代로 바닥으로만 살아온 힘없는 내가
그 사람에게만은
이제 막 아장걸음마 시작하는
미치게 예쁜 우리 아가에게만은
흔들리는 작은 하늘이것지

아 우리도 하늘이 되고 싶다
짓누르는 먹구름 하늘이 아닌

서로를 받쳐 주는
우리 모두 서로가 서로에게 푸른 하늘이 되는
그런 세상이고 싶다

인용된 첫 연을 보면 박노해는 자신을 "代代로 바닥으로만 살아온" 사람으로 규정짓고 있습니다. 이때의 바닥은 하늘과 대비되는 세상입니다. 이 글을 읽은 여러분들은 여러분들의 삶을 어떻게 인식하고 있습니까? 높고, 힘있고, 돈 있는 그런 하늘로서의 삶이었습니까? 아니면 힘없고, 돈 없고, 지위도 없는 바닥으로의 삶, 그것도 대대로 바닥으로만 이어지는 삶이었습니까? 여기에는 본인 자신의 책임도 아주 크겠지만 냉정한 역사의 책임도 있습니다. 역사란 냉정하기 짝이 없는 속성을 갖고 있어서 역사 바깥으로 또는 역사 아래쪽으로 누군가를 내몰고, 아무렇지도 않은 척 바람처럼 지나가버리곤 합니다. 역사의 냉정성과 무심성을 생각할 때면 온몸에 전율이 일어납니다. 실제로 역사란 얼마나 차갑고 난폭하고 불공정한가요. 그러나 역사란 추상적 실체이기 이전에 인간이, 아니 인간만이 만든 산물이니, 그것을 해결하는 것도 인간의 몫일 수밖에 없습니다. 그리고 인간의 흔적인 역사를 시간적으로 누적시켜 꿰매는 존재 역시 이 우주 속에서 인간밖에 없으니, 역사의 성패는 곧 인간의 성패를 의미합니다. 이 역사적 흐름 속에 당연히 인간이 참여할 수밖에 없습니다.

박노해는 그런 역사 속에서 자신의 몸을 던지고자 했습니다. 그는 시로, 산문으로, 노동운동으로, 저항과 데모로, 역사의 왜곡된 면모를 수정하고자 했습니다. 그의 역사 인식과 역사 참여의 방법이 타당

했는지 어떤지는 심각하게 고려해야 할 사항이겠으나, 그가 인간이 만든 역사를 인간의 힘으로 적극 개선해보려고 '투신'한 사람임은 분명합니다. 우리가 함께 논의하고 있는 그의 시 〈하늘〉을 보면, 그가 만들고 싶은 세상은 누구도 검은 권력자가 되지 않는 평등한 세상입니다. 누구도 타 존재를 지배하지 않는 민주 세상입니다. 그는 이것을 가리켜 "서로가 서로에게 푸른 하늘이 되는 세상"이라고 표현했습니다.

그러나 그는 그의 힘이 아주 작다는 것을 느낍니다. 자신은 기껏해야 아장걸음마를 시작하는 자신의 아이나 아내에게만 작은, 그것도 흔들리는 작은 하늘에 불과할지 모른다고 생각합니다. 그러나 실제로 박노해는 엄청난 힘을 가지고 투쟁했습니다. '사노맹'을 만들어 현재의 대한민국 체제를 뒤엎고 노동자가 중심이 되는 공산사회를 만들고자 꿈꾸기도 했으니까요.

그는 지금 사상 전향을 하고 석방되었습니다. 그는 명상집이자 시집인 『사람만이 희망이다』 속에서 자신의 희망은 동네 이장이나 한 번 멋지게 해보는 것이라고 말했습니다. 이 말은 아주 상징적인 것으로 읽힙니다. 말하자면 그는 인간사의 처음이 농사짓는 일이라는 점과, 따라서 그 일을 인류가 인간사의 근본으로 삼아야 하며, 그 패러다임을 인류사의 기저로 깔고 존중할 때, 비로소 인간들이 이 땅에서 온전히 살아갈 수 있다는 생각을 하고 있는 것입니다. 시인이 동네 이장이 된다는 것, 과격한 혁명가가 동네 이장으로 변신한다는 것, 노동운동가가 동네 이장이 되고 싶다는 것, 이 모두가 어찌 보면 맥을 같이하는 점이지만, 적어도 그는 이제 밥의 배분 문제라고 할 수 있는 산업사회 속에서의 노동 혹은 인간 문제를 해결하고자 했던 이전의 일로부터, 밥(쌀 혹은 생명) 그 자체의 건강한 보존과 생성이라는 농경사회적 생명운동가의 일을 소망하고 있는 것입니다. 이것은, 그가 인간 이전에 자연(생명)이 있으며, 인간은 산업사회적 인간이기 이전에 농경사회적인 자연임을 인식했다는 증거입니다. 여기에서 그는 이전보다 훨씬 근본적인 차원으로 내려왔으며, 또 현시대의 예민한 문제를 문명사적인 차원에서 포착하고 이해하며 대안을 만들어가려는 의지를 보여주었습니다.

다시 말씀드리지만, 박노해는 이상주의자입니다. 그는 역사 속에서 역사적 인간으로 그 이상주의자의 꿈을 실현해보고자 했습니다. 그의 시는 이상주의자가 보여주는 비장미와 숭고미를 기저에 깔고 있습니다. 우리가 앞에서 감상해온 〈하늘〉을 보더라도 이런 점이 여실히 드러납니다. 그에게 우리 모두가 서로를 받쳐주며 푸른 하늘이 되는 세상이란, 그가 가진 이상주의자의 꿈이 담겨 있는 세상입니다. 그는 역사라는 것이 원래 불평등과 불공정과 강자 우선의 세상임을 모르는 순진한 어린아이처럼, 아니 그것을 너무나도 잘 알지만 처음부터 그것을 부정해보고 싶은 사람처럼, 서로가 서로에게 푸른 하늘이 되는 민주와 평등의 이상적인 세상을 간절히 소망한 것입니다.

이런 소망과 그 소망의 실현을 위해 그가 지적하고 비판한 세계 인식의 실상이 너무나도 날카롭기 때문에, 그리고 그 소망의 실현을 위해 그가 바친 열정이 너무나도 대단하기 때문에 우리는 그 앞에서 비장감과 숭고의 감정을 느끼는 것입니다. 박노해가 말하는 세상, 즉 서로가 서로에게 푸른 하늘이 되는 세상이 진정 민주적인 세상이라면, 우리 시대는 아직도 한참 가야 할 길이 남아 있습니다. 그 세상이 올 수 있다는 확신은 없지만, 그렇게 되기를 바라는 마음으로 검은 하늘과 같은 세상을 푸른 하늘과 같은 세상으로 바꾸려는 노력을 할 수밖에 없겠지요.

이상주의자는 당당한 것 같지만, 이상이 높기에 세상에서 외롭습니다. 이상주의자는 숭고한 것 같지만, 그의 뜻이 숭고하기에 이 세상에서는 쓸쓸합니다. 다시금 우리가 『시 읽는 기쁨』 1권에서 다룬 안도현 시인의 시집 『외롭고 높고 쓸쓸한』이라는 제목이 떠오르는군요. 박노해가 사상범으로 수감될 만큼 과격한 모험을 계속하였지만, 그것은 기본적으로 그가 인간을 신뢰하고 인간을 통하여 이상사회를 만들려는 꿈이 강렬했기 때문이라 생각합니다. 그가 수감되었을 때, 그는 비록 자신이 꿈꾸는 이상사회가 현실적으로 어려움에 처해 있고 그것에 도달하려는 방법 또한 문제가 있다는 것을 알고 전향하게 되었지만, 그는 이상주의자가 감당해야 할 '외롭고 쓸쓸한' 심정에 사로잡혀 있었을 것입니다.

글을 마치며 하고 싶은 말은, 수많은 역사적 질곡 속에서도, 인간이 역사를 포기할 수 없는 한(왜냐하면 역사를 포기한다는 것은 인간이기를 그만둔다는 말과 같으니까요), 우리 모두가 서로에게 푸른 하늘이 되는 그런 세상은 영원한 이상향으로 인간들의 마음속에 남아 있을 것이라는 점입니다. 이 시는 시대적 현실을 반영하면서도 그러한 인간들의 원형적인 소망에 호소하는 강력한 힘을 갖고 있습니다.

지금, 혹시 여러분들은 누군가에게 여러분 자신이 검은 하늘과 같은 존재가 되어 있지는 않은지 점검해보십시오. 또한 지금, 혹시 여러분들은 누군가로부터 검은 하늘과 같은 존재를 느끼고 두려움에 떨고 있지 않은지 점검해보십시오.

이수명
〈환멸〉

환멸이 찾아왔던 날의 충격을
기억하십니까?

1965년 서울에서 태어났으며, 1994년 《작가세계》를 통해 등단하였다. 시집으로 『새로운 오독이 거리를 메웠다』 『왜가리는 왜가리놀이를 한다』 『붉은 담장의 커브』 등이 있다.

환멸

이수명

 개나리꽃이 진다. 개나리꽃을 잉태한 봄은 총력을 기울여 개나리꽃을 떨어뜨린다. 꽃이 지는 것은 꽃의 환멸 때문이다. 가장 완벽한 동의가 환멸이기 때문이다. 가장 완벽한 동의의 옷을 입고 푸른 잎들이 그 자리에 태어난다.

지난 1995년, 이수명 시인이 첫 시집 『새로운 오독이 거리를 메웠다』를 들고 시단에 나왔습니다. 시집 제목도 파격적이지만, 그 시집 속의 작품들도 역시 파격적이었습니다. 그의 이 시집을 보고 저는 이수명 시인의 시를 통하여 우리 시단에 하나의 새로운 징후가 조용히 창조될지도 모른다는 생각을 하였습니다. 그만큼 그의 시집이 가진 파격성은 매우 컸습니다.

우선 그의 첫 시집 제목만을 보자면 그가 파악한 세상은 '오독의 거리'와 같습니다. 우리는 너나 할 것 없이 단 한 순간도 '해석'을 가하지 않고는 이 세상을 살아갈 수가 없습니다. 우리는 우리 나름의 시각으로 '해석 행위'에 참여합니다. 그러면서 살아갑니다. 그러나 우리는 이런 해석 행위 앞에서 멈칫하며 우리의 해석 행위를 돌아다보지 않을 수가 없습니다. 그 까닭은 우리들의 그 어떤 해석 내용도 결코 절대적 진실일 수 없기 때문입니다. 그렇다면 우리들의 모든 해석 행위는 오독misreading의 일종에 지나지 않는 것인가요? 그렇다고 말할 수 있습니다. 우리는 최선을 다해서 오독의 여정을 열어가며 살아가는 것이라고 볼 수 있기 때문입니다.

그러나, 그렇다고 해서 낙담할 필요는 없습니다. 우리의 모든 해석 행위는 비록 그것이 오독의 일종이라 하더라도, 그것이야말로 우리 나름의 최선을 다한 결과인 까닭에 우리는 그 오독이라는 해석 행위 앞에 기꺼이 '진실한'이라는 형용사를 붙일 수 있기 때문입니다. 그러고 보면 우리의 삶은 '진실한 오독'의 여정을 열어가는 일입니다. 그리고 그러한 '진실한 오독'이 끝도 없이 계속하여 이루어진다는 점에서, 우리의 삶은 '새로운 오독'의 여정을 열어가는 일입니다.

이수명은 그의 시집 속에서 이러한 '진실한 오독'이자 '새로운 오독'의 행위를 다른 누구도 흉내낼 수 없을 만큼 재기 발랄하게, 적극적으로, 과격하게, 충격적으로, 깊이 있게 행하고 있습니다. 그러므로 그의 시집을 읽는 일은 한편으로 무척이나 흥미로운 일이면서 다른 한편으로 아주 힘겨운 일이기도 합니다.

첫 시집을 이렇게 열어 보인 이수명은 두번째 시집 『왜가리는 왜 가리놀이를 한다』와 세번째 시집 『붉은 담장의 커브』로 오면서 그 진면목을 한층 강하게 보여주었습니다. 그의 새롭고, 진실한 오독 행위는 일반인들의 상상과 기대치를 염두에 두지 않은 채 아주 멀리 앞서 나아가 있었습니다. 그는 독자들을 소외시키려고 작정이라도 한 사람처럼 보였습니다. 아니, 그는 아예 독자들을 머릿속에 두지 않고 시를 쓰는 시인처럼 보였습니다. 이렇게 너무 멀리 앞서 나간 자리에서 오독의 즐거움을 만끽하고 있는 이수명은, 그래서 매스컴이나 시단으로부터 한때 불이익을 당하기도 하였습니다.

이수명 시인이 시집을 출간하였을 때, 그의 앞선 오독 행위를 이해하지 못하는 매스컴들은 그의 시집을 소개하지 않았습니다(못했습니다). 어디서나 볼 수 있는 평범한 시를 쓰는 시인들은 신문지상에 오르내리고 하였지만, 고차원의 오독 행위를 먼 곳에서 즐기는 이수명 시인은 시집을 안 낸 것처럼 조용히 밀려나 있었습니다. 나는 이런 일이 안타까워 매스컴을 비난하기도 하였습니다.

하긴 대중을 상대로 하는 매스컴을 나무랄 필요가 없습니다. 시 비평을 한다는 한 전문 비평가도 이수명의 시를 이해하지 못해 그의 시를 무시하고 폄하하여 저와 설전을 벌인 일이 있었으니까요. 저는 그 비평가를 탓할 생각이 없습니다. 그대신 이수명 시인의 시가 그렇게 혼자 멀리 나아가 있다는 점을 지적하고 싶습니다.

저는 이수명 시인의 시를 즐기면서 그를 1930년대의 전위 시인 이상과 연결시켜 이해하곤 하였습니다. 이수명 시인은 참으로 여러 점에서 이상과 맥을 같이하고 있었습니다. 이상이 활동하던 1930년대로부터 약 60여 년이 지난 후에, 이상에 맥을 댈 수 있는 한 시인이 탄생한 것입니다. 저는 속으로 이런 이수명 시인을 귀하게 여겼습니다. 그를 어떻게 해서든지 우리 시단에 살려내고 싶었습니다. 너무나도 닮은 꼴의 무난한 시가 많이 나오는 우리 시단의 정황을 생각할 때, 이수명 시인의 출현은 매우 의미 있고 기쁜 일이었습니다. 저는 서평에서, 월평에서, 계간평에서, 기회가 있을 때마다 이수명 시인의 장점을 언급하였습니다. 그의 예리한 투시력과 통찰력, 밀도 있는 상상력, 고차원의 언어 능력, 빈틈없는 구성력 등은 놓치기에 아까운 자질들이었습니다.

이런 자질들이 모여서 이루어진 이수명 시인의 시는 3차 방정식의 세계에서 노는 것 같았습니다. 그의 시를 읽고 감상하는 데는 품이 들었지만, 그 기쁨은 진한 것이었습니다. 이수명 시인의 이와 같은 시를 읽다 어디서나 볼 수 있는 무난한 시를 읽으려면 갑자기 1차 방정식의 세계로 추락한 것 같기도 하였습니다. 그런 시를 읽을 때는 참으로 심심하였습니다. 고등학교 수학책을 끼고 있다가 중학교 수학책을 넘겨보는 일과 같았습니다.

제가 이수명 시인의 시에 대해 너무 과하게 칭찬을 했나요? 그렇게 보는 사람도 있을지 모르겠습니다. 그러나 저는 앞에서 제가 한 말을 철회하고 싶은 생각이 전혀 없습니다. 그대신 고차원의 시 읽는 기쁨을 느끼고 싶은 사람이 있다면, 이 기회에 이수명 시인의 시와 한번 친해보는 것이 어떻겠느냐고, 이렇게 제안하고 싶습니다.

여기서 여러분들과 함께 감상할 이수명 시인의 시는 〈환멸〉입니다. 제 딴에는 이수명 시인의 시 가운데서 가장 쉽게 풀리는 작품을 한 편 골라보려고 애를 쓴 것인데, 여러분들께 어떤 느낌을 가져다 줄지 모르겠습니다. 우선 전문을 소개하기로 하겠습니다. 이 시는 그의 두번째 시집 『왜가리는 왜가리놀이를 한다』 속에 들어 있습니다.

개나리꽃이 진다. 개나리꽃을 잉태한 봄은 총력을 기울여 개나리꽃을 떨어뜨린다. 꽃이 지는 것은 꽃의 환멸 때문이다. 가장 완벽한 동의가 환멸이기 때문이다. 가장 완벽한 동의의 옷을 입고 푸른 잎들이 그 자리에 태어난다.

그동안 저는 다른 많은 사람들과 마찬가지로 '환멸'이란 말을 종종 사용해왔습니다. 그런데도 막상 글을 쓰려고 하니까 '환멸'이란 말의 뜻이 새삼 궁금해졌습니다. 그래서 사전을 뒤적여보았습니다.

제가 찾은 일석 이희승 선생의 국어사전에는 환멸의 개념을 다음과 같이 정의해놓고 있었습니다.

환멸(幻滅) : 환상(幻想)에서 깨어 현실로 돌아옴. 지금까지 미화(美化)되고 이상화(理想化)되었던 사실이 헛것에 지나지 않음을 깨달음.

환상에서 깨어 현실로 돌아오는 것이 환멸이라면 환멸을 느끼기 이전까지 우리는 '환상' 속에서 살아가는 것입니다. 지금까지 미화되고 이상화되었던 사실이 헛것에 지나지 않음을 깨닫는 것이 환멸이라면, 역시 그것을 깨닫기 이전까지 우리는 미화되고 이상화된 가짜 세계에서 살아가는 것입니다.

그렇다면 여러분들은 언제쯤 환상에서 깨어나 현실로 돌아왔습니까? 또 여러분들은 언제쯤 미화되고 이상화된 세계가 헛것임을 알고 현실세계로 돌아왔습니까? 아직도 돌아오지 않았다고요? 이미 수십 년 전에 돌아왔다고요? 제아무리 현실세계로 돌아와도 완벽한 환멸은 이루어지지 않는다고요?

어쨌든 좋습니다. 환상이 없으면 우리는 살아갈 수가 없습니다. 미화되고 이상화된 세계가 존재하지 않는다면 역시 우리는 살아갈 수가 없습니다. 세상에 태어난 우리들에게 어른들은 환상의 세계와 미화된 세계와 이상화된 세계를 끊임없이 주입시켜주지 않습니까? 아마도 우리가 자라날 수 있는 힘은 그렇게 주입된 환상과 미화와 이상화의 힘 때문인지도 모릅니다.

어른들은 아이를 이 세상에 탄생하도록 만들어놓고 그들에게 세상은 살 만한 곳이라고, 그 속에는 꿈과 희망과 의미가 가득하다고 계속하여 가르칩니다. 부모들은 물론 유치원에서부터 대학에 이르기까지, 모든 선생님들은 아이들을 앞에 놓고 꿈과 희망과 보람에 대하여 가르칩니다. 그들이 비록 환멸을 경험한 어른이라 할지라도 그들은 환멸 따위에는 관심이 없는 사람들처럼 아이들 앞에서 다른 표정으로 목청을 높입니다. 그렇게 해서 아이들은 자라고, 어른들은 아이들을 키웁니다. 생각해보면, 이런 일은 얼마나 아이로니컬한 장면입니까? 그러나 문제는 그렇다고 해서 어른들이 아이들에게 환상과 미화된 세계와 이상화된 세계를 가르치지 않을 수가 없다는 데 있습니다. 그렇게 하지 않고서는 인간사가 지속적으로 이어져나갈 수가 없을 터이니까요.

태어난 이후부터, 진정한 의미의 어른이 되기 이전까지, 우리가 앞으로 발걸음을 부지런히 떼어놓게 만든 것은 바로 그 환상과 미화와 이상화의 힘 때문이란 것입니다. 그렇다면 '진정한 의미의 어른'이란 환멸을 경험한 사람을 뜻한다고 보아도 될까요? 그럴 것 같습니다. 환멸을 경험한 사람, 그런 사람을 두고 우리는 어른이라고 말할 수 있을 것입니다. 그렇게 본다면 조로한다는 것처럼 불행한 일도 없습니다. 조로한 사람이란 다른 사람들보다 아주 일찍 환멸을 경험한 사람이니까요. 그러므로 조로한 사람이 많은 세상은 바람직하지 않습니다. 조로한 사람들은 아이를 낳지 않을 것이기 때문입니다. 조로한 사람은 '소박한 기쁨'을 누리지 못할 것이기 때문입니다. 조로한 사람은 환각의 힘을 만들어내지 못하기 때문입니다.

환상에 관한 이야기를 조금 길게 했습니다. 더 이야기하고 싶지만 여기서 대강 줄여야 할 것 같습니다. 그대신 시의 본문을 다루면서 기회를 봐가며 환상에 관한 이야기를 덧붙이고자 합니다.

앞에서 인용한 이수명 시인의 시 〈환멸〉은 한 연으로 이루어진 산문시 형태를 취하고 있습니다. 그는 이런 형태의 글 속에서 첫 부분을 다음과 같이 시작합니다.

*개나리꽃이 진다. 개나리꽃을 잉태한 봄은 총력을 기울여 개나리꽃을 떨어뜨린다.

여기서 흥미로운 것은 두 가지입니다. 그 하나는 시인의 관심이 개나리꽃이 피어나는 데 머물지 않고 그것이 지는 데 머물고 있다는 것입니다. '봄-개나리꽃-개화', 이것은 매우 자연스러운 상상력의 방향입니다. 그런데 이수명 시인은 이런 자연스러운 상상력의 방향을 따라가지 않고 '봄-개나리꽃-낙화'라는 색다른 상상력의 방향을 이끌어내고 있습니다. 그러므로 그의 시 〈환멸〉의 첫 부분을 보면서 우리는 우리가 기대했던 상상력의 방향이 수정되는 데서 오는 낯설음과 새로움을 함께 맛보게 됩니다.
그런데 이수명의 시 〈환멸〉의 첫 부분은 단순히 상상력의 방향만 색다른 게 아닙니다. 그러면 어떤 부분이 또다시 우리들로 하여금 색다르다는 느낌을 갖게 할까요? 그것은 둘째 문장에 들어 있습니다. 그 둘째 문장을 여기에 적어보겠습니다.

*개나리꽃을 잉태한 봄은 총력을 기울여 개나리꽃을 떨어뜨린다.

위 인용 문장에는 두 가지 사실이 들어 있습니다. 그 하나는 봄이 개나리꽃을 잉태했다는 것입니다. 그리고 다른 하나는 그 봄이 자신이 잉태한 개나리꽃을, 총력을 기울여 떨어뜨린다는 것입니다. 일반적으로 생명을 잉태한 존재는 그 생명을 지키려는 생명력(욕)으로 가득 찹니다. 그런 점에서 본다면 개나리꽃을 잉태한 봄은 개나리꽃을 더 오래 지키기 위해 안간힘을 쓴다고 보아야 합니다. 그런데 이수명 시인의 눈에는 개나리꽃을 잉태한 봄의 다른 측면이 더 강하게 눈에 들어옵니다. 그것은 바로 개나리꽃을 잉태한 봄이 "총력을 기울여 개나리꽃을 떨어뜨린다"고 보인 것입니다. 꽃의 개화 현상은 물론 생명의 생명욕에 익숙한 우리의 눈으로 볼 때 이수명 시인이 낙화에 초점을 맞추고 이렇게 표현한 것은 매우 색다르고 신선합니다.

  저는 여기서 존재의 이면을 포착해낸 이수명 시인의 날카로운 눈길을 느낍니다. 그리고 이와 더불어 한 존재의 여정 속에 깃들인 삶의 본능과 죽음의 본능이라는 이원성을 봅니다. 사실 이 땅에서 살아가는 우리들은 의도적으로 또는 의식적으로 삶의 본능 쪽만을 보고자 하는 경향이 강합니다. 그러므로 우리는 우리가 하루하루 죽음이라는 대사건을 향해 죽어가고 있는 것임에도 불구하고 이와 달리 하루하루 생명을 연장해가고 있는 것으로 생각합니다. 이것은 아주 지독한 습관이 되어서 우리들은 '나는 죽어가고 있다'는 말을 아예 사장시키고, 대신 '나는 살아가고 있다'는 말만을 사용합니다. 삶의 본능이 죽음의 본능을 억압한 것이지요.

  그러나 그렇다고 해서 죽음의 본능이 완전하게 억압당하지 않는다는 데 문제가 있습니다. 죽음의 본능은 삶의 본능만큼 강력해서 일순간 그것이 억압당한 듯한 표정을 취한다고 해도 그 밑에서 활발하게 자신의 존재를 키워가고 있습니다. 그러므로 하루하루 살아가고 있는 우리들의 삶의 끝은 마침내 죽음이 되고 마는 것을 우리는 막을 수가 없습니다.

　이런 논리를 빌려온다면 개화의 끝은 낙화입니다. 아니 개화 속에는 이미 낙화의 표정이 들어 있습니다. 그러니까 이수명 시인은 봄이 잉태한 개나리꽃의 개화 속에서 그 꽃의 낙화를 미리 본 것입니다. 그가 이렇게 미리 본 개나리꽃의 낙화는 "총력을 기울여 개나리꽃을 떨어뜨린다"고 그가 말한 것처럼 필사적입니다. 개화가 필사적이듯이 낙화도 필사적인 것입니다. 그러면 필사적으로 봄이 잉태한 개나리꽃은 왜 이렇듯 또한 필사적으로 낙화의 길을 가는 것일까요?
　이수명은 이런 물음에 대하여 다음과 같이 대답하고 있습니다.

　*꽃이 지는 것은 꽃의 환멸 때문이다. 가장 완벽한 동의가 환멸이기 때문이다.

　여러분들은 꽃이 지는 이유가 '환멸' 때문이라고 느껴보신 적이 있습니까? 모르긴 몰라도 그렇게 생각하신 적이 많지 않을 것이라 여겨집니다. 꽃이 지는 것은 생물학적으로 볼 때 꽃의 수명이 다했기 때문이요, 우주사적으로 볼 때 우주의 섭리를 따르는 일이요, 계절적으로 볼 때 꽃에 적합한 계절이 지나가고 있기 때문입니다. 보통 사람들인 우리들은 대체로 꽃이 진다는 사건 앞에서 이런 정도의 생각을 하게 마련이지요.
　그런데 이수명 시인은 전혀 다른 생각을 하였습니다. 그것은 앞에서 말했듯이 꽃이 지는 것은 "꽃의 환멸" 때문이라는 것입니다. 여기서 우리는 꽃이 지는 문화적 의미를, 더 정확히 말하자면 인간이 만든 문화적 의미를 되새겨보게 됩니다. 그러면서 곧 꽃이 필사적으로 피었다가 다시 필사적으로 지는 것은, 산다는 것에 대하여, 아니 세계에 대하여 환멸을 느꼈기 때문이라는 점을 생각하게 됩니다. 그리고 더 나아가 인간들이 자아와 세계에 대하여 느끼는 환멸을 생각하게 됩니다.

환상의 세계를 살다 환멸의 세계를 맛보았을 때, 미화되고 이상화된 세계를 꿈꾸다 환멸의 세계와 맞부닥쳤을 때, 생각할 수 있는 존재는 그것이 무엇이든지 간에 아찔한 충격을 체험할 것입니다. 환상과 미화되고 이상화된 세계가 걷힌 자리에 자아와 세계의 적나라한 모습만이 남아 있을 때, 사실 제아무리 강심장을 가진 자라 하더라도 어떻게 놀라지 않을 수가 있겠습니까? 이런 환멸의 시간 앞에서 우리는 배신감을, 분노심을, 허탈함을, 좌절감을, 무력감을, 구역질을 느끼며 몸을 가누지 못하고 비틀거릴 것입니다. 어릴 적 부모가 가르쳐준 세계가, 유치원 시절부터 대학에 이르기까지 모든 선생님들이 가르쳐준 세계가 사실과 다르다는 것을 알고 우리는 잠을 이루지 못할 것입니다.

그러나 단숨에 죽을 수 있는 용기가 없는 한 어찌하겠습니까? 우리는 몸을 가누지 못하고 비틀거리면서도, 잠을 이루지 못하여 눈이 붉게 충혈되었어도, 오늘 이 시간을 살아갈 수밖에 없습니다. 그러나 이때 우리의 삶은 이전의 삶과 다릅니다. 환멸의 시간을 맞이한 자가 살아가는 삶은, 그것을 맞이하지 못한 자가 살아가는 삶과 다르기 때문입니다.

그러므로 여기서 우리는 이렇게 질문할 수가 있습니다. 우리에게 찾아온 환멸의 시간은 나쁘기만 한 것인가라고 말입니다. 그렇지 않다는 것을 여러분들은 알 것입니다. 환멸의 시간은 어린이가 어른이 되기 위하여 거쳐야 할 관문과도 같은 것이기 때문입니다. 환멸의 시간을 통과함으로써 우리는 '소박한 기쁨'의 시간에서 '성숙한 예지'의 시간으로 옮아갈 수 있기 때문입니다. 소박한 기쁨의 시간 속에서 뛰노는 것도 좋은 일이지만 성숙한 예지의 시간 속에서 관조하는 것도 좋은 일이 아닙니까?

이렇게 환멸의 시간을 통과하고 성숙한 예지의 시간을 맞이하여 삶을 살아갈 수 있을 때, 죽음의 본능인 꽃의 낙화까지도 담담하게 바라볼 수 있습니다. 그뿐입니까? 그 죽음의 본능인 꽃의 낙화를 삶의 본능인 꽃의 개화보다 더 아름다운 것으로 받아들일 수도 있습니다. 그러나 비록 환멸의 시간을 통과한 자에게 이러한 축복(?)이 더해진다 해도, 환멸의 시간을 통과하는 것은 결코 쉬운 일이 아닙니다. 환멸의 시간이 가져다 주는 충격 앞에서 우리는 단숨에 생을 마감하고 싶은 충동을 느낄 만큼 아파해야 하기 때문입니다. 더욱이 환멸의 시간은 한 번만 찾아오고 다시는 찾아오지 않는 것이 아니라 언제든지 불쑥불쑥 또 다른 모습으로 우리 앞에 나타나기 때문입니다. 그러고 보면 죽음의 시간이 올 때까지 우리는 환멸의 시간을 계속하여 체험하며 살아가야 하는 것인지도 모릅니다.

이수명 시인이 "가장 완벽한 동의가 환멸"이라고 말한 것은 이렇게 질긴 환멸의 속성을 알고 있기 때문인 것 같습니다. 자아와 세계를 깊이 바라보면 그럴수록, 그 결과는 '환멸'을 느끼는 데로 모아진다는 것을 이수명 시인은 알고 있는 것 같습니다.

그런데 말입니다. 앞에서도 말했듯이 그 환멸의 시간이 수도 없이 우리를 찾아들어도 우리는 단숨에 죽음이라는 대사건 속으로 뛰어들 수가 없습니다. 그러기는커녕 우리는 또다시 우리의 뒤를 이을 아이를 낳고 그들을 기릅니다. 그것도 그 아이들에게 환상과, 미화되고 이상화된 세계를 교육(?)시키면서 말입니다. 아마도 환멸은 사람을 포함한 모든 생명들을 이 세상에서 몰아낼 만큼 강력한 것이 될 수는 없는 모양입니다. 인간을 포함한 모든 생명들에게는 환멸을 견딜 만한 힘이 있는가 봅니다. 그렇지 않고서야 이 환멸스러운 세상에 어떻게 그토록 많은 인간과 생명들이 끝도 없이 번성할 수가 있겠습니까?

이수명 시인은 이 사실을 알고 있는 것 같습니다. 그것은 〈환멸〉의 맨 마지막 부분을 보면 알 수가 있습니다.

*가장 완벽한 동의의 옷을 입고 푸른 잎들이 그 자리에 태어난다.

봄은 자신이 잉태한 개나리꽃을 총력을 기울여 떨어뜨렸지만, 그것이 떨어진 자리는 죽음이라는 끝이 아니라 다시 푸른 잎으로 이어지는 생명의 자리가 되고 말았다는 것을 이수명 시인은 위의 인용 부분에서 말하고 있습니다. 이것은 비극인가요? 아니면 희극인가요? 저는 단순하게 이것이다, 아니다, 저것이다라고 말할 수 없습니다. 그러나 가만히 생각해보면 환멸의 체험 속에서도 이렇게 이어지는 생명의 연속성은 희극과 비극이라는 이원성을 넘어선, 어떤 다른 차원의 길인 것같이 느껴집니다. 그렇다고 여기에서 무슨 신비한 주술적 세계를 이끌어들이고 싶은 생각은 전혀 없습니다. 다만 환멸의 지속성만큼 생명의 연속성도 대단하다는 것과, 환멸의 시간을 통과했기 때문에 어쩌면 생명의 연속성도 가능할 수 있는 것이 아니냐라는 말을 조심스럽게 꺼내놓고 싶을 뿐입니다.

이런 저의 말을 허용할 때, 저는 여러분들의 동의를 얻으면서 다음과 같은 말을 해볼 수 있을 것 같습니다. 환멸의 시간이 가져다 주는 성숙한 예지의 시간을 맞이하지 않고서는 생명의 연속성을 진정으로 이어나갈 힘이 생겨날 수 없다고 말입니다. 그런 점에서 환멸의 시간이 찾아오는 것은 야속한 일이지만, 환멸의 시간을 거침으로써만 우리는 생명의 일에 진심으로 참여할 수 있다는 역설이 성립될 수 있을 것 같습니다.

입춘이 지났습니다. 봄이 오는 소리가 들린다고 아주 조심스럽게 입을 열 수 있는 시간입니다. 이제 곧 개나리꽃이 피고, 진달래꽃이 피고, 목련꽃이 피겠지요. 어디 이들뿐이겠습니까? 생명을 가진 모든 것들이 그들 자신을 꽃피우겠지요. 그렇게 봄이 잉태한 생명의 꽃들은 한동안 환상 속에서 '소박한 기쁨'의 시간을 보내겠지요. 그러나 그런 시간이 계속될 수는 없는 법. 그러니까 그들의 삶 속에 환멸의 시간이 찾아들겠지요. 그런 때가 오면 그들은 그들을 찾아온 환멸의 시간 앞에서 충격을 받으며 날을 하얗게 지새우겠지요. 그러나 환멸이 죽음으로 곧장 이어질 수는 없는 것. 그들은 다시 환멸의 시간과 대결하며 그들의 삶을 한 차원 높이겠지요. 그런 결과, 그들의 삶은 '성숙한 예지'의 시간 속으로 들어가겠지요. 이런 시간 속에서 생명들은 이전과 다른 차원의 삶을 살아가겠지요. 그것은 환멸을 알면서도 생명을 연장시키는 일에 참여하는 것. 저는 이런 생명의 연장성을 희극이라고 부르지도, 비극이라고 부르지도 않았습니다. 그것은 희극일 수도, 비극일 수도 없는 다른 어떤 차원의 일로 여겨졌기 때문입니다.

이수명 시인의 시 〈환멸〉을 저와 함께 감상한 여러분들은 이수명 시인이 기법적으로는 실험적인 시인이지만, 내용상으로는 날카로운 리얼리스트라는 것을 눈치챘을 것입니다. 또한 그의 시가 대상과 일정한 거리를 유지하고 쓰여지는 매우 지성적인 시라는 사실도 눈치챘을 것입니다. 실험성, 리얼리스트적 자질, 지성의 힘, 이런 것들은 이수명 시인의 시를 돋보이게 하는 장점들입니다.

정한용
〈~〉

희미한 파선으로 추상화될
우리들의 생을 상상하며……

1958년 충북 충주에서 태어났으며, 1985년 《시운동》을 통해 등단하였다. 시집으로 『얼굴 없는 사람과의 약속』 『슬픈 산타페』 『나나 이야기』 등이 있다.

~

정한용

국문학사 책을 읽을 때, 가령
宋××(1493~1584)
鄭××(1536~1593)
朴××(1561~1642)
曺××(1561~1625)
라고 되어 있다면, 우리는 이들이
조선중엽의 가사작가들이라는 사실을 안다
하지만 숫자에 가려 보이지 않는
〈~〉 속에 한 인간의 생애가 고스란히
꼼짝없이 체포된다는 사실을 무시한다

어떻게 보면 멸치꽁지 같기도 하고
조금 확대하면 주가지수의 곡선 그래프나
고교시절 수학시간에 배운 sin/cos 을 닮기도 했고
세워놓으면 거인왕국으로 뻗어올라간 콩넝쿨 같기도 해
한번의 소용돌이로 끝나는
그저 철썩 한번 바위에 부딪고 사라지는 파도
작은 〈波線〉

거기에 양반과 상놈이 눈 마주치고 살았다는 것
밥 먹고 오줌 누고 여자와 살부비며 살았다는 것
늦은 밤 책을 읽다 깜빡 졸아 눈썹을 그을렸다는 것
씨앗 뿌리고 곡식 거두고 진탕 술 퍼먹었다는 것
이웃과 쌈박질하고 목청돋우고
썩은 정치가 역적무리 매국노들을 욕하고 분노하고
그러다 화해하고 회개하고 세월은 가고
한 평 썩어갈 땅을 차지해 흙으로 돌아갔다는 것
그리하여 지금 남은 것이 이름 석자와 작은 파선 하나
이 땅에 살았었다는 작은 표시로 요약된 채

그리고, 그래서, 가령
몇 세기 흐른 뒤 구천을 맴돌던 내 영혼이 잠시
교보문고에 들어 20세기 한국문학사 연표를 뒤적이다

정××(1958 ~ ????)
라는 상징표식을 발견한다면 나는, 기쁠 것인가
자식과 아내와 직장동료와 스승과 제자와
안산시와 충주시와 청주시와 고향산골

6,500짜리 집과 90만원의 봉급과
장당 3,000원 남짓의 원고료와 그나마 못 받을 원고료와
리얼리즘과 모더니즘과 술집〈나주집〉과
이들과 얽히고설킨 끈들이 모두 잘린 채 오직
멸치똥 하나로 압축된 나
내가 거기 웅크리고 있다면

정한용 그는 시를 쓰는 시인이기도 하고, 문학평론을 하는 문학평론가이기도 합니다. 그는 대학 시절 저와 같은 문학동아리의 회원이었습니다. 그 이름은 '창窓문학동인회'였습니다. 저보다 한 해 선배인 정한용은 그때부터 시도 쓰면서 동시에 평론도 썼습니다. 그런데 그는 문학평론가로 먼저 등단했습니다. 그가 등단한 작품명은 〈이성부론〉이고, 그가 등단한 곳은 《중앙일보》 신춘문예란이었습니다. 그는 23세라는 매우 이른 나이에 문학평론가로 등단했던 것입니다.

그러나 문학평론만으로 그의 욕구를 충족시킬 수는 없었던 것 같습니다. 정한용은 1980년대에 들어와 경희대학 출신들이 주를 이뤄 형성한 '시운동' 동인으로 참여하면서 시인으로도 활동하기 시작하였습니다. '시운동' 동인들 중 유명한 사람으로는 명상가이자 시인이자 산문가, 더 나아가 번역가로 많은 이들에게 알려져 있는 류시화, 실험적인 시와 소설을 쓴 하재봉, 역시 시인이자 소설가이면서 소설집 『날아라 거북이!』로 유명해진 박덕규 등이 있습니다.

정한용은 세 권의 시집을 출간했습니다. 『얼굴 없는 사람과의 약속』 『슬픈 산타페』 『나나이야기』가 그것입니다. 저는 이 세 권 속의 많은 시들 가운데 제목조차 이상한 그의 시 〈~〉을 좋아합니다. 이 작품을 여러분들과 함께 읽어보고 싶습니다. 앞으로 저는 부호 '~'을 '파선'이라고 읽겠습니다.

국문학사 책을 읽을 때, 가령
宋××(1493~1584)
鄭××(1536~1593)
朴××(1561~1642)
曺××(1561~1625)
라고 되어 있다면, 우리는 이들이
조선중엽의 가사작가들이라는 사실을 안다
하지만 숫자에 가려 보이지 않는
〈~〉 속에 한 인간의 생애가 고스란히
꼼짝없이 체포된다는 사실을 무시한다

어떻게 보면 멸치꽁지 같기도 하고
조금 확대하면 주가지수의 곡선 그래프나
고교시절 수학시간에 배운 sin/cos을 닮기도 했고
세워놓으면 거인왕국으로 뻗어올라간 콩넝쿨 같기도 해
한번의 소용돌이로 끝나는
그저 철썩 한번 바위에 부딪고 사라지는 파도
작은 〈波線〉

거기에 양반과 상놈이 눈 마주치고 살았다는 것
밥 먹고 오줌 누고 여자와 살부비며 살았다는 것
늦은 밤 책을 읽다 깜빡 졸아 눈썹을 그을렸다는 것
씨앗 뿌리고 곡식 거두고 진탕 술 퍼먹었다는 것
이웃과 쌈박질하고 목청돋우고
썩은 정치가 역적무리 매국노들을 욕하고 분노하고
그러다 화해하고 회개하고 세월은 가고
한 평 썩어갈 땅을 차지해 흙으로 돌아갔다는 것
그리하여 지금 남은 것이 이름 석자와 작은 파선 하나
이 땅에 살았었다는 작은 표시로 요약된 채

그리고, 그래서, 가령
몇 세기 흐른 뒤 구천을 맴돌던 내 영혼이 잠시
교보문고에 들어 20세기 한국문학사 연표를 뒤적이다
정××(1958 ~ ????)
라는 상징표식을 발견한다면 나는, 기쁠 것인가
자식과 아내와 직장동료와 스승과 제자와
안산시와 충주시와 청주시와 고향산골

6,500짜리 집과 90만원의 봉급과
장당 3,000원 남짓의 원고료와 그나마 못 받을 원고료와
리얼리즘과 모더니즘과 술집 〈나주집〉과
이들과 얽히고설킨 끈들이 모두 잘린 채 오직

멸치똥 하나로 압축된 나
내가 거기 웅크리고 있다면

—〈~〉 전문

    이 시를 읽고 나니, 시의 본 내용과 크게 관계 있는 것은 아닌데, 저에게는, 왜 시조를 배우고 가사를 배워야 하는지, 왜 미분을 배우고 적분을 배워야 하는지, 왜 물리를 배우고 화학을 배워야 하는지, 왜 〈산타루치아〉를 부르고 고갱을 알아야 하는지, 아무도 그 이유를 가르쳐주지 않은 채, 그리고 우리 자신도 그 이유를 알려고 하지 않은 채, 학교와 교재와 교사의 절대적 권력 앞에서 그냥 이들이 알려주는 지식을 몸 속에 우겨넣느라고 정신없었던 초·중·고 시절이 맨 먼저 떠오릅니다. 그로 인하여 저뿐만 아니라 우리들 모두가 참으로 많은 것을 백과사전처럼 알게 되었지만, 그것의 본질과, 그것을 어떻게 실감으로 받아들여야 하는지는 잘 몰랐습니다. 공부는 우리들 앞에서 철저히 추상화되고 수단화되었습니다. 그런 과정 속에서 우리들이 한 그 많고 많은 공부가 추상의 세계만을 맴도는 메마른 얼굴로 환상처럼 존재하다가 어느 날 수단의 기능을 잃고 나면 우리들의 기억 속에서 까맣게 잊혀지곤 했습니다. 몸 전체로 공부를 해야 하는데, 머리로만 공부를 한 까닭입니다. 체득해야 하는데 암기한 까닭입니다.

    정한용의 시 〈~〉의 제1연을 읽고 나니 위와 같은 푸념과 안타까움이 다른 무엇보다도 먼저 나오고 말았습니다. 그것은 구체화를 지향하는 것이 문학의 특성이라고 배우면서도 실상 문학작품인 가사와 그것을 쓴 작가들에 대하여 공부할 때에도 우리는 몸으로 생생하게 그들을 체득하는 공부를 하지 못하고 머리로 외우는 공부를 하는 데 그치는 것을 많이 보았기 때문입니다. 이런 까닭에, 국문학사 책에 나오는 인물들은 살아서 우리에게로 다가오지 않고, 항상 우리와 무관한 저 먼 곳의 이방인이나 미라 같은 존재였습니다. 교과서에 나오는 훌륭한 시가이고, 훌륭한 인물이기 때문에 어찌 됐든 우리는 배워야 한다는 의무감만 마음속에 들어와 있었을 뿐, 그들과 교감의 장을 마련하기가 어려웠습니다.

그런데 정한용은 국문학사 책에 조선 중엽의 가사 작가들이 표시된 방식을 보고 아주 기발한 생각을 하였습니다. 그 방식이란 위 인용시의 제1연에 나오듯이 "宋××(1493~1584) / 鄭××(1536~1593)"과 같은 식의 인물 표기 방식을 말합니다. 이것을 보면 정한용의 말처럼 우리는 아마도 '宋××'은 송순이고 '鄭××'은 정송강일 거야,라고 추측을 하거나 확인을 할 수 있을 것입니다. 그러나 이런 추측과 확인을 한다는 것이 도대체 무슨 의미를 갖는다는 말입니까? 이러한 이름을 추측하거나 아는 것만으로는, 아니 파선(~)과 숫자의 단호한 규정 속에 이들이 들어가 있는 것만으로는, 도저히 한 인간이 몸으로 살아낸 생을 이해할 수도 전달받을 수도 없는 것입니다.

몸을 갖고 살아간 한 인간의 생이란, 그가 잘난 사람이든 못난 사람이든, 그 잘남과 못남에 관계없이 그 나름의 절절한 생의 과정을 탄생의 순간부터 죽음에 이르는 동안 계속하여 간직하게 마련입니다. 아, 그런데 이런 절절한 과정들이 다 어디로 가고 작고 초라한 파선(~) 하나와 숫자의 감옥 속에 인간들의 삶이 빵 부스러기 같은 조각으로 압사당해 있단 말입니까? 정한용은 조선 중엽의 가사 작가들을 알려준 그 표식 앞에서 이런 생각으로 괴로워합니다.

그런데 말입니다. 그래도 송순이니 정송강이니 박인로니 하는 이들은 축복(?)받은 자이거나 성공한 자입니다. 국문학사 책에 그들의 이름이 올라왔다는 것은 엄청난 사건일 수 있기 때문입니다. 참으로 많은 역사 속의 작가들이 그들 나름으로는 하얗게 밤을 밝히며 글을 썼음에도 불구하고 국문학사 책은커녕 사람들의 소문에조차 오르내리지도 못하는 것을 우리는 얼마나 많이 봅니까? 시인 김승희가 자신의 어느 시에서 말한 것처럼 문학사 책은 깨끗하게 무늬 맞춰 도배질한 바람벽 같은 것인지도 모릅니다. 그런 과정 속에서 위대한(?) 몇몇을 제외한 수많은 시인, 작가들은 존재하지도 않았던 사람들처럼 사라지고 맙니다. 그러므로 어느 면에서 보면, 문학사 책은, 아니 모든 역사책이란 역사책은 다, 존재했던 사람들을 대부분 무화시켜 버리고 마는 엄청난 폭력적 실체이자 관념적 조작물의 성격을 갖고 있습니다. 그리고 보면 작고 초라한 파선을 중심으로 하여 앞뒤의 숫자에 의해서 만들어진 감옥 같은 표식, 그 표식이라도 갖고 있는 사람은 대단한 영광(?)을 누리는 것인지 모르겠습니다.

어떻습니까? 여러분들은 그것이 무슨 종류의 역사책이든 간에, 그 역사책에 여러분들의 이름 석자라도 올라가게 할 자신이 있습니까? 태초부터 지금까지 이 땅에 태어난 사람들 중, 과연 몇 퍼센트에 해당되는 사람들이 역사책에 이름이 오르는 그 엄청난 행운을 얻었겠습니까? 이것은 복권에 당첨되는 일보다 더 어려운 것인지도 모릅니다. 이처럼 역사를 재구성한다는 모든 역사책은 수많은 사람들을 아예 이 땅에 없었던 존재처럼 만들어놓습니다. 이렇게 생각하고 나면 역사책이란 역사책을 모조리 없애버리고 싶은 충동이 일기도 합니다. 그러나 역사적 존재임을 자랑으로 삼는 인간들이니, 어떻게 역사

책을 다시 쓰지 않을 수 있으며, 그렇게 쓴 책을 또 보관하지 않을 수가 있겠어요. 인간이 역사적 존재라는 사실은 인간에게 행운이자 불운입니다. 이 모순 속에서 인간들은 살아갑니다.

　다시 정한용의 시 〈～〉의 본문으로 들어가봅시다. 앞서 언급했듯이 정한용은 제1연에서 파선 속에 한 인간의 생애가 고스란히 갇히고 마는 현실을 안타까움 속에서 지적했습니다. 그런 그는 제2연을 통하여 파선의 모양을 이런저런 형태 같다고 재미있게 묘사했습니다. 사실 보기에 따라 파선(～)은 아주 다양한 모습으로 보일 수 있습니다. 그러나 유희를 즐기듯 파선의 모양을 이렇게도 저렇게도 그려 보이던 정한용은 제2연의 뒷행에 와서 매우 심각한 말을 토해놓습니다. 원래 한 인간의 생이란 게 "그저 철썩 한번 바위에 부딪고 사라지는 파도" "작은 波線"과 같은 게 아니냐는 암시를 하고 있는 것입니다. 그렇습니다. 무한이라고밖에 말할 수 없는 우주사는 물론 그 속의 작은 인간사만 놓고 보더라도 한 인간의 생이란 것은, 그가 누구든지 간에 "그저 철썩 한번 바위에 부딪고 사라지는 파도"이거나 "작은 波線" 같은 존재에 불과하지요. 수도 없이 밀려왔다 밀려가는 바닷물의 물결 하나 같은 것, 그것이 겁도 없이 세상에 태어난 모든 존재들의 숙명인지도 모르지요.

　그러나, 그러나 말입니다. 그 물결 하나 같은, 작은 파선 하나 같은, 너무나도 가벼워서 존재의 무게를 느낄 수조차 없는 것 같은 우리들 하나하나의 생은 이 이승에서 그 과정이 끝날 때까지 왜 그렇게 절실하고 무겁고 고단합니까? 아무도 기억해주지 않는 그 생이, 자기 자신조차 다 기억해낼 수 없는 그 생이, 왜 그렇게 짊어지기 힘든 지게 짐 같습니까?

정한용은 이런 사실을 생각하면서 〈~〉의 제3연을 시작합니다. 비록 이름 석자와 작은 파선 하나로 요약되고 압축될 것이 우리들의 생이지만, 아니 그러한 이름 석자와 파선 하나조차도 남기지 못하고 사라질 것이 보통 인간인 우리들의 생이지만, 그것은 그렇다 치더라도, 절절한 우리의 생이 이 땅에서 전개되었던 것만은 분명한 게 아니냐고 따지면서 말입니다. 대형 도서관 하나를 다 차지하고도 모자랄 만큼의 절절한 생을 역사 속의 모든 인간들이 각각 다 거치면서 살아간 게 아니냐고 그는 말한 것입니다. 그러나 시인이 이렇게 말하더라도 역사는 아랑곳하지 않고 또다시 우리들이 살아온 그 절절한 과정을 작은 파선처럼 가볍게 처리해버립니다. 그런 중에 우리들은 이런 폭력에 익숙해져버립니다.

　정한용은 〈~〉의 제4연으로 오면서 자기 자신을 주인공으로 내세워 생각해봅니다. 그가 가정한 것은 지금으로부터 몇 세기가 흘러간 뒤에 그의 영혼이 대한민국에서 가장 큰 서점, 서울 한복판의 교보문고에 들러 국문학사 책을 들춰보다가 가사 작가의 그것과 같은 '鄭××(1958~????)'이라는 표식을 발견하게 된다면, 그때 자신의 심정은 어떤 모습을 띨 것인가 하는 것입니다. 아, 그래도 내 이름 석자가 국문학사 책에 오르는 영광을 누렸다고 기뻐해야 할 것인가, 아니면 나의 모든 생이 무시된 채 이토록 가벼운 파선으로 멸치 똥처럼 구부리고 내가 앉아 있구나,라고 생각하며 괴로워할 것인가에 대해 그는 생각해보고 있는 것입니다. 이 제4연의 이면을 들여다보면, 분명 그는 괴로워할 것 같다는 답을 내놓고 있습니다. 이 시인의 꿈은 그가 절절히 살았던 생의 모든 것들이 다 그 나름의 중요성을 갖고 있다는 데 이르고 있으며, 그런 꿈과는 관계없이 역사 속에서 휘발성의 공기처럼 사라지고 마는 인간 존재의 삶에 대해 크나큰 연민을 갖고 있기 때문입니다. 여기서 한 걸음 더 나아가본다면, 그는 그럼에도 불구하고 생을 절절히 이어나갈 수밖에 없는 인간의 운명에 대해 무한한 동정과 안타까움을 느끼고 있기 때문입니다.

정한용은 이런 사실을 입증이라도 하듯이 〈~〉의 제4연 뒷부분과 제5연 전체에서 다시금 이승에서 벌어지는 인간들의 그 절절한 생의 목록들을 나열하고 있습니다. 아무리 나열해도 다 나열할 수 없는 것들이 인간이 살아온 그 삶의 목록들이지만 그는 그래도 이런 것들이 우리들의 삶이 아니었느냐고, 이런 것 속에서 우리는 울고 웃으며 지내지 않았느냐고, 이런 것과 더불어 우리는 하루 하루를 건너오지 않았느냐고, 자꾸만 반복하여 말하고 있습니다.

파선 속에 갇힌 인간의 생을 보고 있노라면 인간의 생은 말할 것도 없이 허망합니다. 제아무리 조선 중엽의 위대한 가사 작가라고 학생들이 밑줄을 그으며 외워대도 역시 그 파선 속의 작가들은 생의 허망함을 알게 해줍니다. 그러나 이런 허망함이 기다리고 있는 것을 잘 알면서도, 우리가 매일매일 느끼는 생명욕은 얼마나 절절합니까? 그런 생명욕이란 어찌 보면 얼마나 대단하고 대견한 것입니까? 오늘도 여기저기서 사랑을 하고 결혼을 하고 아기를 낳고 있을 것임을 우리는 잘 알고 있지 않습니까? 허무가 우리의 한 손을 장악하는 순간, 생명욕이 우리의 또 다른 한 손을 이끌고 갑니다. 그런 가운데서 우리의 생은 쉴새없이 아침과 저녁을 맞이합니다.

윤승천
〈아버지의 편지〉

행여,
너의 하늘 같은 꿈에 금이라도 갈까 봐……

1958년 경북 예천에서 태어났으며, 1984년 《문예중앙》을 통해 등단하였다. 시집으로 『안 읽히는 시를 위하여』 『탱자나무 울타리』 『김과장과 이대리』 등이 있다.

아버지의 편지

윤승천

애야, 봉답논 서 마지기 논바닥에
올챙이가 배를 뒤집고 죽어가던
그해 여름은 1982년이었단다
니가 스물 한 살이던 해였지
그해 따라 니 웃음 소리가 유난히 쩌렁쩌렁
너의 서울 사람과 더불어 이 갈라진 논바닥까지 넘나들고
니가 날마다 대학에서 열심히 공부하고
스물 한 살 젊음을 위해 꿈꾸는 법을 배운다고 편질 할 때마다
애비는 기꺼워 미친 듯 헐떡이며 우물을 팠지
말라 비틀어진 감자는 고사하고
반쯤 생기다 만 강낭도 그나마 괜찮다만
너의 아름다운 서울 사랑을 위해
노랗게 시들다가
빨갛게 시들어가도 모 포기만은 살려야 했기에……
끝내 비는 오지 않고
봉답논 서 마지기에 모 한 포기 살리지 못했으면서도
행여 니 하늘 같은 꿈에 금이라도 갈까봐
니 사랑의 푸름을 누가 업신여기기라도 할까봐
몰래 애비는 땀방울까지 쥐어짜면서
니한테 돈을 보내 주곤 했었지
애야, 그렇게 그렇게 해를 보냈더니
어느덧 니가 졸업반이 되었구나
니만 믿고 살아온 애비 어미도
이제는 허리 좀 펴고 살 날 오겠구나
농사짓지 않고도 살 수가 있겠구나
남들은 샘이 나서 그런지
시방은 대학을 나와도 옛날과는 다르다고 하더라만
어디 그런 사람들이 니만큼 알고나 하는 소리겠느냐
에미는 요즈음도 니 생각을 하느라고
고구마라도 빨리 캐야 니 주인집에 한 자루 보낼텐데 하면서
늦도록 잠을 자지 않다가도

제풀에 곤한 잠에 떨어진단다
널 키우랴 공부시키랴 쭈글쭈글해진
얼굴과 뭉툭한 손마디를 보면
공연히 나도 코끝이 시큰거려 돌아눕는다
아무튼 이제 니가 곧 졸업을 하게 된다니
무엇보다도 반갑고 기쁘구나
그러면서도 막상 졸업을 한다고 하니
어깨춤이라도 추어야 할텐데
춤은 고사하고
오히려 뒷바라지한 4년간이 주마등처럼 스쳐
주책스럽게 눈물은 왜 나는지 모르겠다
오냐 오냐 남들도 다 졸업할 무렵이면
돈은 더 많이 든다고 하더라
오는 장날에 고추와 마늘이 팔리는 대로 곧 보내줄 테니
아무 걱정하지 말고
다른 학생들에 비시받히지* 않도록 하면서
환절기에 특히 감기 조심하고
부디 몸성히 잘 있거라.

＊비시받히지 — '업신여기지'의 경상도 방언.

아버지의 편지를 받아보신 적이 있습니까? 이렇게 쓰고 났더니 틀린 맞춤법으로, 구식 글자 체로, 누런 백로지 위에, 뭉툭해진 손마디로, 대처에 나가 공부하는 딸에게 보낸 아버지의 편지를 받아들고 한 여학생이 흘린 눈물과 그가 보인 아버지에 대한 연민과 사랑의 표정이 먼저 떠오릅니다. 저는 이 여학생의 눈물과 이 여학생이 촌부인 아버지에 대해 연민과 사랑을 느꼈을 때의 그 표정을, 선생인 저에게 그가 습작으로 써낸 시와 과제로 제출한 보고서의 한구석을 통해서 만났습니다. 그가 써낸 시와 제출한 리포트를 읽는 동안 저의 코끝은 계속해서 찡-한 울림으로 떨고 있었습니다.

여기 윤승천 시인의 시 〈아버지의 편지〉가 있습니다. 이 편지 속의 아버지는 농사짓는 일밖에 모르는 시골의 전형적인 농부입니다. 지식도, 경제력도, 명예도, 그야말로 세속에서 높이 평가하는 그 무엇도 당당히 내놓을 만한 것이 없는 평범한 촌부일 뿐입니다. 그런 아버지가 대처로 나가 대학 공부를 하는 자식에게 보낸 편지 형식의 글이 시의 형태를 띠고 윤승천에 의하여 발표된 게 제가 여러분들과 함께 감상할 작품 〈아버지의 편지〉입니다. 물론 이 시는 제목이 '아버지의 편지'이지만 시인의 아버지가 직접 쓴 글이 아니라 윤승천 시인이 지은 글입니다. 그러나 그 속에 담긴 내용은 윤승천 시인이 아버지의 마음을 고스란히 읽어서 옮겨놓은 것으로 생각됩니다.

옛날, 글자를 모르는 사람들이 많았던 당시, 시골 동네마다 편지를 대필해주는가 하면, 배달된 편지를 읽어주는 사람이 있던 사실을 적어도 나이 40이 넘은 시골 출신들은 대부분 알 것입니다. 그러고 보면 이 시 속의 편지는 아버지가 하고 싶은 말을 윤승천 시인이 대필한 것이나 마찬가지입니다. 그리고 '시 읽어주는 여자'라고 자처하는 제가 그 편지를 여러분들에게 읽어주는 것이나 마찬가지입니다. 이 시의 전문은 다음과 같습니다.

애야, 봉답논 서 마지기 논바닥에
올챙이가 배를 뒤집고 죽어가던
그해 여름은 1982년이었단다
니가 스물 한 살이던 해였지
그해 따라 니 웃음 소리가 유난히 쩌렁쩌렁
너의 서울 사람과 더불어 이 갈라진 논바닥까지 넘나들고
니가 날마다 대학에서 열심히 공부하고
스물 한 살 젊음을 위해 꿈꾸는 법을 배운다고 편질 할 때마다
애비는 기꺼워 미친 듯 헐떡이며 우물을 팠었지
말라 비틀어진 감자는 고사하고
반쯤 생기다 만 강낭도 그나마 괜찮다만

너의 아름다운 서울 사랑을 위해

노랗게 시들다가

빨갛게 시들어가도 모 포기만은 살려야 했기에……

끝내 비는 오지 않고

봉답논 서 마지기에 모 한 포기 살리지 못했으면서도

행여 니 하늘 같은 꿈에 금이라도 갈까봐

니 사랑의 푸름을 누가 업신여기기라도 할까봐

몰래 애비는 땀방울까지 쥐어짜면서

니한테 돈을 보내 주곤 했었지

애야, 그렇게 그렇게 해를 보냈더니

어느덧 니가 졸업반이 되었구나

니만 믿고 살아온 애비 어미도

이제는 허리 좀 펴고 살 날 오겠구나

농사짓지 않고도 살 수가 있겠구나

남들은 샘이 나서 그런지

시방은 대학을 나와도 옛날과는 다르다고 하더라만

어디 그런 사람들이 니만큼 알고나 하는 소리겠느냐

에미는 요즈음도 니 생각을 하느라고

고구마라도 빨리 캐야 니 주인집에 한 자루 보낼텐데 하면서

늦도록 잠을 자지 않다가도

제풀에 곤한 잠에 떨어진단다

널 키우랴 공부시키랴 쭈글쭈글해진

얼굴과 뭉툭한 손마디를 보면

공연히 나도 코끝이 시큰거려 돌아눕는다

아무튼 이제 니가 곧 졸업을 하게 된다니
무엇보다도 반갑고 기쁘구나
그러면서도 막상 졸업을 한다고 하니
어깨춤이라도 추어야 할텐데
춤은 고사하고
오히려 뒷바라지한 4년간이 주마등처럼 스쳐
주책스럽게 눈물은 왜 나는지 모르겠다
오냐 오냐 남들도 다 졸업할 무렵이면
돈은 더 많이 든다고 하더라
오는 장날에 고추와 마늘이 팔리는 대로 곧 보내줄 테니
아무 걱정하지 말고
다른 학생들에 비시받히지 않도록 하면서
환절기에 특히 감기 조심하고
부디 몸성히 잘 있거라.

지식이 대단한 아버지, 명예가 대단한 아버지, 경제력이 엄청난 아버지, 그야말로 세속의 모든 것을 다 갖추어서 아버지의 그 권력과 후광이 늘상 든든하게 자신을 받쳐주고 그 그늘 아래서 아버지에 대한 자긍심까지 갖고 있는 행복한(?) 사람은 윤승천의 위 시에 나타난 아버지의 편지 내용으로부터 크게 공감을 받을 수가 없을지 모르겠습니다. 그런 사람을 저는 방금 행복한 사람이라고 말했습니다. 그런데 좀더 정확히 말씀드리자면 무척이나 운이 좋은 사람입니다. 부모란 내가 선택해서 인연을 맺은 존재가 아닌데, 어느 날 태어나보니 그렇게 대단한(?) 아버지가 그를 맞이하고, 태어난 자식은 그런 사람

을 아버지라고 부를 수 있게 되었으니까 말이에요. 그러나 이 땅에서 그런 아버지를 둔 사람이 얼마나 되겠습니까? 특히 전 국민의 80% 정도가 부농도 아닌 중농이나 빈농이었던 시절, 국민 한 사람당 소득을 가늠하는 GNP가 몇백 달러에 머물던 저 1950년대와 1960년대가 불과 몇십 년 전이고, 그보다는 나았지만 먹고사는 문제의 해결과 경제 발전이라는 말 앞에서 모든 것이 부차적일 수밖에 없었던 1970년대까지도 거리마다, 마을마다, 학교마다 '잘살아보세 / 잘살아보세 / 우리도 한번/ 잘살아보세'라는 가사의 노래가 확성기와 국민들의 입을 통하여 아침저녁으로 울려 퍼지며 '먹고사는 일을 해결하는 것', 이것이 국민 모두의 최고 목표로 설정되었던 바 있지 않았습니까? 그런 땅에서 지식과 부와 명예의 3박자를 갖추고 자식의 든든한 후원자와 후광이 되어주는 아버지를 우리가 얼마나 만날 수 있겠습니까?

위 시에서 아버지가 편지를 보낸 시점은 1980년대로 돼 있습니다. 1980년대라면 그래도 이전보다 상당한 경제 발전이 이룩된 시절입니다. 하지만 돈은 도시로 흘러들었고, 더 많은 먹잇감이 흘러 다니는 그 도시를 향하여 수많은 사람들은 1970년대에 이어 이때에도 이농을 하기에 분주했습니다. 인간들이 삶의 터전을 옮기는 대부분의 이유가 더 좋은 먹잇감을 더 쉽게 얻을 수 있기 위한 것임은 원시시대부터 지금까지 전개돼온 인간사의 기본 원리이니, 이런 도시로의 이농 현상은 너무나도 자연스러운 인간들의 삶의 한 모습을 보여주는 일입니다. 그러나 윤승천의 시 〈아버지의 편지〉에 나오는 아버지는 이농을 하지 않고 농촌에 머물러 있는 아버지입니다. 그는 더 좋고 큰 먹잇감이 도시에 있다는 사실을 모르는 사람일까요? 아니면 그런 도시를 거부한 사람일까요? 그것도 저것도 아니라면 도시는 자식대의 것이고, 자신은 농촌에 사는 것이 적합한 존재라고 느낀 사람일까요? 또 이 모든 것이 다 아니라면, 도시로 삶의 터전을 옮기는 것이 두려웠던 사람일까요? 작품만 보고는 잘 알 수가 없습니다마는 이 모든 가능성을 다 생각해보는 것도 괜찮은 일이지요.

이제 인용한 시의 본문으로 들어가보겠습니다. 저는 우선 이 시를 아버지가 아들에게 보낸 사적인 편지로 감상하겠습니다. 그러고 나서 이 편지의 내용을 문명사의 변화 과정이라는 보다 보편적인 문제와 관련시켜서 해석하고 감상하겠습니다.

위 시의 주인공인 아버지는 농부입니다. 그리고 아버지에 의해서 언급되는 부주인공 격의 어머니 역시 농부입니다. 시의 내용으로 볼 때 그들은 많지 않은 농토에 의지해서 농사를 짓고 살아갑니다. 그런데 아버지가 아들을 대학에 보냈던 몇 년간의 시절 중 구체적으로 연도가 언급된 1982년은 너무나도 비가 오지 않은 가뭄의 해였던 것 같습니다. 가뭄 앞에서 하늘만 쳐다보며 애간장을 태워야 했던 아버지는 그해의 여름을 "봉답논 서 마지기 논바닥에 / 올챙이가 배를 뒤집고 죽어가던" 여름으로 묘사했습니다.

여러분은 이런 농촌의 가뭄을 아십니까? 저도 잘은 모르지만 어린 시절을 시골에서 보낸 저는 가뭄으로 쩍쩍 갈라진 논바닥 위에 올챙이가 하얗게 배를 뒤집고 가득히 죽어 있던 풍경을 본 바가 있습니다. 그러다가 가뭄이 더해지면 배를 하얗게 뒤집고 죽어 있던 올챙이들이 말라비틀어지며 그 몸의 형체를 지워가던 모습도 본 바가 있습니다. 이런 가뭄을 맞이하여 벼 한 포기가 곧 밥이고 돈이고 자존심인 시인의 아버지는 까맣게 타들어가는 속을 어루만지며 가뭄의 현장을 바라보았던 것 같습니다.

그러나 이 농부인 아버지와 그의 아내인 시인의 어머니는 아들을 서울이라는 대처로 내보내 공부를 시키고 있습니다. 그는 농부의 아들로 태어났지만 아버지나 어머니와 다른 길을 가고 있는 것입니다. 그도, 그의 부모도 그것을 원했기에, 그렇게 다른 길을 택했습니다. 단순히 그런 길을 원한 정도가 아니라 그런 길을 택하는 것이 더 가치 있고 성공적인 삶의 방식이라고 여겼기에 그런 길을 택한 것이며, 그런 길을 택한 것에 자랑스러움과 기대감까지도 흠뻑 갖고 있는 터입니다. 조금 더 과장해서 말한다면 자랑스러움과 기대감을 넘어 대학생이 된 시인 자신은 물론 가족까지 구원해줄 아주 고귀한 존재로까지 생각되었습니다. 대처와 대학은 그런 장밋빛 청사진을 안겨주는 대상이었습니다. 그러므로 가뭄이 든다는 것은 그런 청사진을 현실로 만드는 데 치명적인 일이었습니다.

이런 믿음을 갖고 〈아버지의 편지〉 속에 나오는 아버지도, 또 어머니도 아들을 대처의 대학에 입학시킨 것같이 읽습니다. 그런 아들에게, 아버지는 고된 낮일을 마치고 나방이 날아드는 등불 아래서 졸업반을 맞이한 아들에게 편지를 써보낸 것입니다. 그는 편지를 쓰는 동안 아들을 대학에 입학시키고 졸업반이 되기까지의 이런저런 추억을 떠올리고 있습니다. 그러면서 간혹 아들의 미래와 자신들의 미래까지도 그려보곤 합니다. 아버지가 아들의 대학 시절과 관련된 추억 가운데서 가장 먼저 떠올린 것은 앞서 말한 가뭄과, 그 가뭄 속에서도 스물한 살 청춘이었던 아들의 그 유난히 쩌렁쩌렁한 웃음소리를 들으며 기뻐하던 일, 더욱이 "날마다 대학에서 열심히 공부하고 / 스물 한 살 젊음을 위해 꿈꾸는 법을 배운다"고 편지하던 때의 표현하기 어려운 기쁨의 시간들이었습니다. 스물한 살! 그야말로 상상만 해도 가슴이 벅차오르는 시절입니다. 물론 이 나이에는 모든 것이 미완의 장으로 남아 있기에 은근한 불안의 그림자가 삶의 밑자리로 어른거립니다. 그러나 그것을 못 본 척할 만큼, 아니 그것을 이겨낼 것 같은 패기 때문에, 이 시절의 젊은이들은 '꿈꾸는 법'을 잊지 않고, 그 꿈의 높이를 높여가기 위해 안간힘을 씁니다. 20대를 통과해본 사람들은 대부분 다 이런 체험을 하셨을 것입니다. 다시 말씀드리건대 꿈꾸는 법을 막 배우기 시작하는 그 20대의 초반에, 우리의 웃음소리는 얼마나 쩌렁쩌렁하고 우리의 꿈 높이는 얼마나 무모하리만큼 높고 순결합니까? 인생에서 최고의 이상주의자로 얼굴이 상기되는 시기, 그 시기가 바로 20대 초반임을 누가 부정할 수 있겠습니까?

윤승천의 시 〈아버지의 편지〉 속에 나오는 아버지는 대처로 나간 이런 아들의 꿈꾸는 법과 웃음소리를 듣고 황홀해합니다. 그가 젊음의 시간을 대신 맞이한 듯 말입니다. 그 황홀한 기쁨과 젊음이 가져다 주는 벅찬 감정 때문에 격앙될 대로 격앙된 아버지는 그것을 힘으로 삼아 "기꺼워 미친 듯 헐떡이며 우물을" 파며 가뭄을 극복하려고 합니다. 아들의 꿈꾸는 법과 쩌렁쩌렁한 아들의 웃음소리가 고단한 노동과 가뭄까지도 넘어서게 만드는 일은 신비에 가깝습니다.

그러나 현실적으로 가뭄은 더욱 계속되었고, 그 가뭄을 이겨내기는 참으로 힘든 일이었음을 아버지는 고백합니다. 하지만 아버지는 그것을 아들에게 알릴 수가 없습니다. 이유는 간단합니다. 아버지는 스물한 살 젊은 아들이 꿈꾸는 모습과 그의 구김 없는 웃음소리를 지독히도 아끼고 사랑한 까닭입니다. 아버지는 이런 자신의 심정을 제17행에서 20행까지를 통하여 다음과 같이 적고 있습니다.

행여 니 하늘 같은 꿈에 금이라도 갈까봐
니 사랑의 푸름을 누가 업신여기기라도 할까봐
몰래 애비는 땀방울까지 쥐어짜면서
니한테 돈을 보내 주곤 했었지

여기서 보듯이 아버지는 그의 아들이 가진 하늘 같은 꿈에 금이라도 갈까 봐 염려했던 것이고, 자신의 가난으로 인해 아들이 누군가로부터 업신여김을 받을까 봐 걱정했던 것입니다. 그는 아들의 꿈과 아들의 자존심을 고스란히 지켜주고 싶었던 것입니다. 그것은 어쩌면 가난한 아버지의 꿈과 자존심을 지키려는 안간힘이었는지도 모릅니다.

대학을 '우골탑牛骨塔'이라고 부른 시절이 있었습니다. 집집마다 소를 팔아서 아들딸 공부시킨 대학은 소뼈로 쌓아올려진, 말 그대로 '우골탑'이나 마찬가지였다는 비유이지요. 누가 대학을 '상아탑象牙塔'이라고 불렀습니까? 이 말은 매우 사치스러운 말인지도 모릅니다. 이쯤에서 저는 이 땅의 수많은 아들딸의 대학 공부를 위하여 얼마나 많은 착한 소들이 그 큰 두 눈을 껌벅이며 영문도 모른 채 집을 떠났을 것이며, 날마다 논밭일을 감당하며 저녁마다 신음소리를 냈을까, 하는 생각을 해봅니다.

저는 이쯤에서 또 한 가지 생각을 해봅니다. 제아무리 가난한 가정이라 하더라도, 스물한 살 젊음을 위해 꿈꾸는 법을 배운다고 아들이 편지를 할 때마다 그 아들의 꿈을 이해하고 기쁨으로 헐떡이는 아버지를 둔 사람, 행여 아들의 하늘 같은 그 꿈에 금이라도 가고 그 아들이 가난 때문에 누군가에게 업신여김이라도 당할까 봐 땀방울까지 쥐어짜며 아들을 아끼는, 그런 아버지를 둔 사람이라면 참으로 행복한 사람이 아닐까, 하는 생각 말입니다.

  위 시의 중간쯤에 이르면 그렇게 뒷바라지한 아들은 이제 졸업반이 되었습니다. 졸업반이 된 아들을 보면서 대처와 대학과 아들에 기대를 걸었던 아버지와 어머니는 우선 기쁩니다. 졸업을 하게 되면 학비가 더 들지 않아도 될 것이요, 대학생인 아들만 믿고 살아온 자신들도 이제 허리 좀 펴고 살 날이 오지 않겠느냐는 것입니다. 어디 그뿐인가요. 아들 덕에 농사짓지 않고도 살 수가 있겠다는 것입니다. 이렇게 될 수만 있다면 얼마나 좋겠습니까? 그러나 대처와 대학과 아들이 모든 문제 해결의 구원자가 될 수 없다는 데서부터 문제가 발생합니다. 대처에서 대학을 졸업했다는 것은, 대학의 숫자가 기하급수적으로 늘어난 1980년대로 오면서 자신의 미래는 물론 가족의 미래까지 구원할 만한 일이 되기 어려워져가고 있었기 때문입니다. 부모의 기대와 달리 대학을 나온 아들이 겨우 대처에서 취직을 하였다 하더라도 대처란 가혹한 곳이어서 자수성가하며 가정을 이뤄야 할 시골 출신의 가난한 아들은, 제 한 몸 돌보기조차 호락호락하지가 않았음을 우리는 알고 있습니다. 이런 사실이 시골 마을에도 조금씩 알려지기 시작했는지, 아버지가 보낸 편지 속에도 다음과 같은 말이 들어 있습니다.

    시방은 대학을 나와도 옛날과는 다르다고 하더라만

  그러나 아버지는 이것을 믿고 싶어하지 않습니다. 그는 아직도 대처와 대학과 아들이 자신이 품었던 희망을 저버리지 않을 것이라 믿고 있으며, 그렇게 믿고 싶어하기 때문입니다. 그래서 아버지는 이런 말들을 이웃들의 시샘으로 돌려버립니다. 시골 동네에서 대학에 간 젊은이는 1980년대 전반까지만 해도 아주 드물었지요. 자식을 대학에 보낸 부모나, 대학에 간 젊은이는 모두 마을 사람들의 관심을 받았지요. 대처와 대학은 그만큼 이 시대에 힘이 세었습니다. 그런 시대 앞에서 대처와 대학에 자식을 내보내지 못한 사람이나 그곳에 가지 못한 젊은이는 열등감으로 허덕여야 했습니다.

그럼에도 불구하고 대학 졸업반의 아들을 둔 아버지는 지난 4년간을 떠올리며 '눈물'을 흘립니다. 이 눈물은 기쁨의 눈물이자, 자기 연민의 눈물일 것입니다. 내가 남들이 하기 어려운 아들의 대학 뒷바라지를 무사히 마쳤다는 기쁨과, 4년 동안 아들의 뒷바라지를 위해 겪었던 어려움의 시간들을 생각할 때 나오는 자기 연민의 눈물 말입니다. 그러나 아버지는 눈물을 추스르며 아들에게 다시 당부합니다. 졸업할 무렵이면 이런저런 일로 돈이 더 많이 든다고 하는데, 농사지은 고추와 마늘 등을 팔아서 돈을 부쳐줄 터이니, 아무 걱정 말고, 다른 학생들에게 업신여김 당하지 말고, 건강한 몸으로 졸업 날까지 학창생활을 네가 꿈꾸었던 대로 마무리지으라고…….

윤승천의 시 〈아버지의 편지〉는 이와 같은 내용을 담으면서 "환절기에 특히 감기 조심하고/ 부디 몸성히 잘 있거라"로 끝납니다. 그런데 이런 사적인 사연만으로 이 시를 이해해서는 조금 곤란합니다. 그래서 앞서 말한 것과 같이 문명사의 변화 과정이라는 측면에서 보편적인 해석을 하며 이 시를 좀더 감상하겠습니다.

인류 문명사는 크게 네 단계를 거쳐왔습니다. 그것은 원시수렵 및

채취시대, 농경 및 축산시대, 산업화시대, 그리고 최근 들어 나타난 정보화시대입니다. 이 문명사의 변화 양상에 따라 권력은 계속하여 이동하였습니다. 사람들은 당연히 권력이 산출되는 곳을 찾아가고, 그곳을 가치 있는 곳으로 여기게 마련입니다. 농경사회를 넘어 산업화시대로 오면서 권력은 농경지와 농작물에서 나오지 않고 도시와 공장에서 나오게 되었으며, 농부의 근육질이 가진 힘을 지식인의 머리가 대신하기 시작했습니다. 산업화시대가 시작된 때를 도시와 물건과 시장 그리고 돈이 중심이 된 근대의 시발점으로 본다면, 이 근대는 그 어느 때보다도 지식과 지식인이 대접을 받은 시기입니다. 20세기에 들어와 세계 각국에 근대와 지식 혹은 지식인을 상징하는 대학이 도시를 중심으로 생기기 시작하였고, 그러한 대학을 졸업한 사람은 근대의 지식을 익힌 지식인으로서 특별한 권력을 획득하고 사회로부터 대접을 받았습니다.

그런데 현재 나이가 50세 전후쯤 되거나 그 이상이 되는 이 땅의 많은 사람들은 농경사회적 삶을 살고 있는 사이에 자신도 모르게 산업사회가 다가왔고, 이어서 정보화사회를 맞이한 사람들입니다. 생각하면 현기증이 날 정도로 다양한 사회가 그들의 일생을 스쳐 갔습니다. 그런데 본래 농경사회에서 살았었던만큼 그들은 농경사회적 사유방식을 가지고 자식을 낳았습니다. 자식이 곧 노동력이던 사고방식을 그들은 가졌기에 겁 없이(?) 자식을 낳았습니다. 제가 먹을 것을 제 자신이 타고 나온다는 사고방식으로 아이를 낳은 사람들이 많았습니다. 그런데 이게 웬일입니까? 이런 농경사회적 사고방식으로 낳은 자식들을 산업사회 혹은 근대사회에 맞는 인물로 교육시켜야 하는 변화가 몰아쳐왔습니다. 곧 산업사회와 근대사회가 닥쳐온 것입니다. 그리하여 서당이나 초등학교만 졸업해도 농사짓는 데 아무 문제가 없다고 생각하며 낳은 자식들을 대처에 나가거나 대처로 내보내서 대학까지 공부시켜야만 인간 구실을 제대로 할 수 있게 되는 시대를 살아야 했습니다. 그렇다고 농경사회에 이미 익숙해질 대로 익숙해진 부모들 자신이 산업사회 혹은 근대사회에 적합한 인물이 되어 쌀이 아닌 돈을 벌어들이는 것도 결코 쉬운 일이 아니었습니다. 그들은 여전히 농경사회 속에서 농사를 지으며 살았습니다. 그리고 자식들만을 산업사회와 근대사회에 적합한 인물로 키우기 위해 가능한 한 더 높은 단계의 학교까지 졸업시키고자 하였습니다. 그러다가 서서히 이농 현상이 나타나기도 하였습니다. 하지만 농사를 짓던 사람들이 이농을 하여 도회지로 나간다 하더라도 그들은 대부분 도시 빈민으로 살아갔습니다. 어느 날 갑자기 산업사회와 근대사회가 요구하는 기술과 지식을 획득할 수는 없는 일이니까요. 이런 가운데 산업사회와 근대사회는 도시와 대학이라는 교육기관을 만들어놓고 그곳이 성공으로 가는 지름길이라고 속삭였습니다. 사람들은 일제히 농경사회적 사유방식에서 등을 돌리고 새롭게 도래한 사회에 맞추어 살아가려고 몸부림쳤습니다. 그 결과물로 나타난 한 가지 모습이 도시에서 자식들을 고등교육까지 마치게 하는 것이었습니다.

그런데 문제는 돈입니다. 대학교수직을 그만두고 저 변산반도에서 농사를 지으며 『잡초는 없다』라는 책을 쓴 윤구병 씨는 제 후손들을 공부시키는 데 돈 주고(그것도 아주 많은 돈을 주고) 공부시키는 것은 이 시대의 인간밖에 없다고 지적하며 새로운 교육공동체를 꿈꾼다고 말했습니다. 실제로 그렇습니다. 어느 한 생물종이 제 후손들을 가르쳐서 역사를 잘 이어가게 하려고 하는 데 돈 주고 하는 경우는 인간밖에 없을 것입니다. 그러나 자본주의적인 근대사회는 모든 것을 돈으로 말하고자 했습니다. 그러므로 당연히 돈이 없는 사람은 자식을 대학에 보낼 수가 없습니다. 이 과정에서 이미 권력으로서의 중심 기능을 상실한 쌀을 시장에서 돈으로 바꿔야 하는 농경사회 속의 농부들은 더 엄청난 고통을 감수해야 했습니다. 산업사회적 인간 혹은 근대적 인간을 만들어내는 곳(대학)이 저기에 보이는데 그곳을 못 본 척하며 돌아서기란 힘든 일이었습니다. 그러나 돈이 없으면 돌아설 수밖에 없었습니다.

윤승천의 시 〈아버지의 편지〉에 등장하는 아버지와 어머니는 이런 문명사적 변화 과정 속에 끼인 희생자라고 볼 수 있습니다. 문명사의 변화란 냉혹한 것이라서 그에 적응하지 못하는 자를 구석으로 밀어버리고 맙니다. 사람들은 그것을 본능적으로 혹은 의식적으로 잘 알고 있기에 새로운 문명사의 패턴에 적응하려고 안간힘을 씁니다. 자신이 적응하지 못하면 자식을 통해서라도 적응하려고 안간힘을 씁니다.

이미 산업사회적 인간 혹은 자본주의적 근대사회의 인간으로 성장하여 아동학을 하는 분들이 아이를 낳는 일과 관련해서 들려주는 충고의 제1조 제1항은 다음과 같습니다 : '사랑한다고 아이를 무작정 낳아서는 안 된다. 제가 먹을 것을 제가 갖고 태어난다는 믿음으로 아이를 낳는다는 것은 처음부터 있을 수 없는 일이다. 아이를 낳으려거든 반드시 당신의 평생소득을 계산해보고 자식에게 들어갈 총비용을 점검한 후에 낳아라.'

좀 비정한 말 같습니까? 그래도 할 수 없습니다. 이것이 현실이니까요. 또 다른 문명사회가 도래하게 된다면 어떤 상황이 벌어질지 알 수 없습니다마는, 현재로서 한 가지 분명한 것은 한 사람이 자립하는 데 약 30년 가까운 시간의 후원이 부모이든, 그 누구에 의해서든 간에 이루어져야 한다는 사실입니다. 인간의 유아기는 그렇다면 30여 년이 되는 것인가요? 열다섯 살만 돼도 부모의 농사일을 거들어줄 수 있었던 농경사회와 비교해볼 때, 지금 우리가 살고 있는 사회는 참으로 긴 기간 동안 자식을 아이처럼 길러야 하는 시대입니다. 윤승천의 시 〈아버지의 편지〉는 바로 이런 문제들을 생생한 실감으로 느끼도록 만드는 힘을 갖고 있습니다.

임영조
〈고도孤島를 위하여〉

한 십년 나를 씻어 말리고 싶다!

1945년 충남 보령에서 태어났으며, 1971년《중앙일보》신춘문예를 통해 등단하였다. 시집으로『바람이 남긴 은어』『갈대는 배후가 없다』『지도에 없는 섬 하나를 안다』등이 있다.

孤島를 위하여

임영조

면벽 100일!
이제 알겠다, 내가 벽임을
들어올 문 없으니
나갈 문도 없는 벽
기대지 마라!
누구나 돌아서면 등이 벽이니

나도 그 섬에 가고 싶다
마음속 집도 절도 버리고
쥐도 새도 모르게 귀양 떠나듯
그 섬에 닿고 싶다

간 사람이 없으니
올 사람도 없는 섬
뜬구름 밀고 가는 바람이
혹시나 제 이름 부를까 싶어
가슴 늘 두근대는 절해고도絶海孤島여!

나도 그 섬에 가고 싶다
가서 동서남북 십리허에
해골 표지 그려진 금표비禁標碑 꽂고
한 십년 나를 씻어 말리고 싶다

옷 벗고 마음 벗고
다시 한 십년
볕으로 소금으로 절이고 나면
나도 사람 냄새 싹 가신 등신等神
눈으로 말하고
귀로 웃는 달마達磨가 될까?

그 뒤 어느 해일 높은 밤
슬쩍 체위體位 바꾸듯 그 섬 내쫓고
내가 대신 엎드려 용서를 빌고 나면
나도 세상과 먼 절벽 섬 될까?
한평생 모로 서서
웃음 참 묘하게 짓는 마애불磨崖佛 같은.

임영조 시인의 호는 '이소耳笑'입니다. 그리고 그가 시를 쓰는 집의 이름은 '이소당耳笑堂'입니다. '耳笑'라니요? 그러면 귀가 웃는다는 말씀입니까? 아니면 웃고 있는 귀란 말씀입니까? 그렇게 해석할 수밖에 없을 것 같습니다.

그렇다면 '耳笑堂'은 또 무슨 뜻입니까? 방금 '耳笑'를 해석한 바에 따르자면, '耳笑堂'이란 귀가 웃고 있는 집이라고 해석하거나, 웃고 있는 귀의 집이라고 해석하는 것이 자연스러울 것 같습니다.

임영조 시인의 이 호는 미당 서정주 시인이 지어줬다고 합니다. 저는 미당 서정주 시인이 무슨 뜻을 담아 이와 같은 호를 임영조 시인에게 지어줬는지 알 수가 없습니다. 그러나 다만 한 가지 생각나는 것이 있다면 미당 서정주 시인의 소설 가운데 「석사 장이소의 산책」이 있다는 것입니다.

저는 임영조 시인의 호인 '이소'를 보며 그것을 지어준 사람이나 사용하고 있는 사람의 속뜻과 상관없이 저 나름대로 다음과 같은 생각을 해봅니다. 인간의 이목구비 가운데 신체적으로 가장 무표정한 것이 귀인데 그 귀까지 웃을 수 있는 경지라면 그야말로 우리의 얼굴 전체가 웃음의 표정을 하고 있는 것이 아닐까? 또 한 가지가 있습니다. 인간의 귀는 줄곧 열려 있는 것이라서 세상의 온갖 소리들을 좋든 싫든 끝도 없이 들어야 하는데 그런 귀가 세상의 소리들을 품어 안고 웃을 수 있는 경지라면 그것은 우리의 영혼 전체가 웃음의 표정을 짓고 있는 것이 아닐까?

  귀가 웃는 표정을 한번 보고 싶습니다. 웃고 있는 귀를 한번 상상해보고 싶습니다. 그렇게 살고자 하는 시인의 집, 그것이 임영조 시인이 시를 쓰는 '이소당'의 속뜻일 것입니다.

  지금은 호를 짓는 사람이 많지 않습니다. 그만큼 우리의 삶이 산문적으로 변했습니다. 또한 요즘은 우리들이 일하는 집이나 방의 이름을 짓는 사람도 많지 않습니다. 그만큼 우리의 삶이 건조해졌습니다. 정말로 이 시대를 살아가는 우리들의 삶 속엔 시적인 여유와 멋이 스며들 시간이 없습니다. 안타까운 일입니다.

  저는 이럴 때 궁여지책으로 우리 시단의 몇몇 시인들의 호나 그들이 시 쓰는 집에 붙였던 이름을 떠올려봅니다. 서정주 시인의 호인 '미당未堂', 김춘수 시인의 호인 '대여大餘', 정한모 시인의 호인 '일모一茅', 박두진 시인의 호인 '혜산兮山', 정진규 시인의 호인 '경산絅山' 등등, 그리고 서정주 시인의 시 쓰는 집인 '봉산산방蓬蒜山房', 구상 시인의 시 쓰는 집인 '관수재觀水齋', 조병화 시인의 시 쓰는 집인 '편운재片雲齋' 등등 말입니다. 그렇게 하고 있노라면 사람과 집 주변으로 그 이름들로부터 퍼져 나오는 어떤 기운이 느껴집니다. 그 기운을 느끼는 시간은 매우 감미롭습니다.

'이소당'의 주인 '이소' 임영조 시인의 시 가운데서 여러분들과 함께 이 자리에서 읽어보고 싶은 작품은 그의 1995년도 소월시문학상 수상작이기도 했던 〈고도孤島를 위하여〉입니다. 이 작품은 임영조 시인이 그간의 시 쓰기를 통하여 추구해온 세계를 가장 압축해서 간직하고 있는 작품입니다.

면벽 100일!
이제 알겠다, 내가 벽임을
들어올 문 없으니
나갈 문도 없는 벽
기대지 마라!
누구나 돌아서면 등이 벽이니

나도 그 섬에 가고 싶다
마음속 집도 절도 버리고
쥐도 새도 모르게 귀양 떠나듯
그 섬에 닿고 싶다

간 사람이 없으니
올 사람도 없는 섬
뜬구름 밀고 가는 바람이
혹시나 제 이름 부를까 싶어
가슴 늘 두근대는 절해고도絶海孤島여!

나도 그 섬에 가고 싶다
가서 동서남북 십리허에
해골 표지 그려진 금표비禁標碑 꽂고
한 십년 나를 씻어 말리고 싶다

옷 벗고 마음 벗고
다시 한 십년
볕으로 소금으로 절이고 나면
나도 사람 냄새 싹 가신 등신等神
눈으로 말하고
귀로 웃는 달마達磨가 될까?

그 뒤 어느 해일 높은 밤
슬쩍 체위體位 바꾸듯 그 섬 내쫓고
내가 대신 엎드려 용서를 빌고 나면
나도 세상과 먼 절벽 섬 될까?
한평생 모로 서서
웃음 참 묘하게 짓는 마애불磨崖佛 같은.

─〈孤島를 위하여〉 전문

저는 이 시를 읽고 나니 유치환 시인의 시 〈바위〉가 먼저 떠오릅니다. 유치환 시인은 그의 시 〈바위〉에서 "내 죽으면 한 개 바위가 되리라"라고 말했습니다. 여기서 바위란 무엇을 뜻합니까? 바위란 생명 이전의, 아니 생명 너머의 무기물을 말합니다. 그러니까 그는 생명으로서 감당해야 할 모든 희로애락을 넘어 아예 무기물이 되고 싶다고 말한 것입니다.

유치환 시인은 이런 자신의 심정을 좀더 자세하게 다음과 같이 표현했습니다 : "아예 애련에 물들지 않고 / 喜怒에 움직이지 않고 / 비와 바람에 / 깎이는 대로 / 억 년 비정의 緘默에 / 안으로 안으로만 채찍질하여 / 드디어 생명도 망각하고 / 흐르는 구름 / 머언 遠雷 / 꿈꾸어도 노래하지 않고 / 두 쪽으로 깨뜨려져도 / 소리하지 않는 바위가 되리라." 한 번 더 말씀드리자면 유치환 시인은 애련, 희로, 생명, 노래, 소리 등과 같은 것으로 표상된 인간적 기미의 일체를 넘어서거나 잊어버리고 무기물인 '바위'가 되겠다고 한 것입니다. 사실 인간이 생명으로서 감당해야 할 몫과 짐은 얼마나 버거운가요? 이 점에 동의한다면 그 모든 것을 망각할 수 있는, 어쩌면 망각했다는 그 사실조차도 망각한 채 바위처럼 되고 싶다는 유치환의 심정에 충분히 공감할 수가 있겠지요.

유치환 시인이 바위가 되고 싶다고 하였다면 임영조 시인은 '고도 孤島'가 되고 싶다고 하였습니다. 위의 시에도 나와 있듯이 그가 먼저 소망한 것은 '고도'에 가고 싶다는 것이었습니다. 그러나 그는 여기서 만족하지 못하고 아예 '고도'가 되고 싶다고 한 것입니다. 임영조 시인은 왜 이런 소망을 가졌을까요? 한마디로 말하자면 그것은 임영조 시인에게 이 세속사회에서 한 인간으로 감당해야 할 욕망의 무게가 너무나도 크게 느껴졌기 때문입니다. 욕망은 우리에게 즐거움을 주기도 합니다. 그러나 그 욕망이 부질없다는 것을 느낄 때, 아니 그 욕망의 밑바닥이 끝이 없다는 것을 알았을 때, 아니 그 욕망의 실체가 부끄럽기 그지없다는 것을 알았을 때, 우리는 인간으로서 지니고 있는 우리 몸 속의 욕망을 바라보며 얼마나 고통스러워합니까?

인간의 몸 속은 얼마나 질펀거리던가요? 그 속은 한순간이라도 방심하면 얼마나 엄청난 어둠들이 자욱하게 깔리는 세계이던가요? 인간이 육신을 가졌다는 것, 그리고 인간이 마음을 가졌다는 것, 그것 자체가 인간들을 욕망의 포로가 되게 하는 근본 원인이지요.

인간들은 그들의 이런 인간적 조건과 현실을 벗어나보고자 여러 가지 방법을 동원해봅니다. 그 중의 하나가 임영조 시인의 시에 나오는 '면벽'이란 불교적 수행 방식입니다. 도대체 벽을 쳐다보고 어쩌겠다는 것인가요? 저의 이런 물음이 너무나도 어리석은가요? 그렇습니다. '면벽'이란 불교적 수행 방식은 아주 심원한 뜻을 갖고 있으니까요. 일체의 잡스러운 것을 멀리하는 것, 가장 단순한 것 앞에서 마음을 집중시키는 것, 벽을 마침내 문으로 만들고자 하는 것, 이것이 면벽이라는 수행 방식의 속뜻일 터이니까요.

임영조 시인은 첫 연 첫 행에서 다음과 같이 외치듯 말했습니다.

면벽 100일!

100일간 벽만을 쳐다보고 수행을 했다는 것입니다. 그런데 어찌 된 일입니까? 임영조 시인은 "면벽 100일!"의 결과로서 벽이야말로 외부에 있는 것이 아니라 그 자신이 벽이라는 것을 깨닫고 말았습니다. 물론 이런 깨달음이 추상적인 것이라면 그것은 많은 불교 서적에서 얼마든지 읽을 수 있는 것이라고 할 수 있습니다. 그런데 이것이 구체적인 것이라면 그것은 임영조 시인의 내적 체험과 통찰 속에서 육화되어 생생하게 솟아난 것이라고 해야 할 것입니다. 임영조 시인은 이처럼 그 자신이, 더 나아가 우리 자신이 벽이라고 생각했습니다. 그것은 '들어올 문'도 '나갈 문'도 없이 꽉 막힌 존재, 그것이 바로 그 자신이자 우리 자신이라고 보았기 때문입니다. 벽은 문이 없습니다. 문이 없는 모든 존재는 벽입니다. 우리들의 몸 속에는 수많은 구멍들이 뚫려 있지만 우리는 그것을 닫아버리고 살기 일쑤입니다. 우리들의 마음속에는 더 많은 구멍들이 뚫려 있지만 역시 우리는 그것을 더 굳게 닫아버리고 살기 일쑤입니다. 몸을 열지 않는 한, 마음을 열지 않는 한, 영혼을 열지 않는 한, 우리는 벽과 마찬가지의 존재입니다. 임영조 시인은 그래서 또 이렇게 말했습니다. "기대지 마라!/ 누구나 돌아서면 등이 벽이니"라고 말입니다. 임영조 시인의 말처럼 '돌아선다'는 것이 문제입니다. 몸을 닫고 돌아서면, 마음을 닫고 돌아서면, 영혼을 닫고 돌아서면, 우리는 벽과 같은 존재가 되고 말기 때문입니다.

그러면 어떻게 해야 이렇게 단단하고 어두운 벽을 문으로 만들 수 있을까요? '면벽 100일' 만에 깨우친 것이 바로 나 혹은 우리 자신이 벽이라는 그 사실이었다면 이 단계에서 그 다음 단계로 넘어가는 방법에는 어떤 것이 있을까요? 사실 나 혹은 우리 자신이 벽이라는 것을 깨우친 것만 해도 대단한 것이지요. 이 시의 제1연을 읽는 재미는 이 깨우침을 우리 스스로의 것으로 체화하며 그것에 공감하는 데 있습니다.

임영조 시인은 그 다음 단계로 넘어가기 위한 방법으로 "그 섬에 가고 싶다"고 하였습니다. 그런데 그 섬에 갈 때는 조건이 있습니다. 우선 마음속의 모든 것을 버리고 떠나는 것입니다. 그리고 다음으로는 쥐도 새도 모르게 귀양 떠나듯 소리 없이 떠나는 것입니다. 그렇게 하여 그는 "그 섬에 닿고 싶다"고 하였습니다. 버리고 떠나기, 그리고 소리 없이 떠나기, 이것이 그 섬에 닿고 싶은 사람이 해야 할 일이었습니다.

임영조 시인은 이런 내용의 제2연에 이어 제3연에서 그가 떠나고 싶어하는 섬의 모습을 묘사하고 있습니다. 그가 떠나고 싶어하는 섬은 아무 데나 있는 아무런 섬이 아니라 "절해고도絶海孤島"여야 합니다. 그가 인간으로서 그의 몸 속에 들어 있는 속기를 줄이거나 넘어설 수 있는 곳, 이미 벽이 돼서 굳어버린 그 자신의 몸에 작은 문이라도 하나쯤 내어볼 수 있는 곳, 그런 곳은 아무래도 절해고도여야 제격이라고 생각했던 모양입니다.

절해고도! 그곳에 간 사람도 올 사람도 없습니다. 그야말로 아무도 없습니다. 그곳에 있는 것이라면 뜬구름을 밀고 가는 바람 정도입니다. 오직 바람만이 오고 가는 절해고도, 그곳에서 임영조 시인은 그 자신의 벽 같은 몸 속에 문을 내고 싶었던 것입니다.

여러분들도 이럴 때가 있습니까? 여러분들의 몸 속이 너무나도 어두컴컴하여, 여러분들의 욕망이 너무나도 흉한 모습을 하고 있어서, 여러분들의 영혼이 너무나도 혼탁하게 내려앉아 있어서, 여러분들도 그 몸과 마음과 영혼을 구원하기 위하여 저 절해고도를 꿈꾸어본 적이 있습니까?

임영조 시인은 그런 곳에 도달하여 정말로 그 자신 이외에는 아무도 들어올 수 없도록 "해골 표지 그려진 금표비禁標碑 꽂고", "한 십년 나를 씻어 말리고 싶다"고 하였습니다. 임영조 시인의 이 말은 엄청난 흡인력을 갖고 있습니다. 아마도 욕망의 공화국 또는 소음의 공화국이라고 말해도 지나치지 않은 이 시대 속에서, 우리들은 너나 할 것 없이 한번쯤 이런 심정 속에 빠져보았을 것이기 때문입니다. 이런 소망은 소망 그 자체만으로도 힘이 있습니다. 비록 절해고도를 찾아가지 않는다 하더라도, 그리고 그곳에서 한 십 년 몸을 내놓고 우리 자신을 속속들이 씻어 말리는 기간을 갖지 않는다 하더라도, 이미 그것은 그 소망만으로도 우리들이 절해고도를 찾아간 듯하고, 그 속에서 우리가 우리의 몸을 깨끗하게 씻어낸 느낌을 가질 수 있게 하기 때문입니다.

그런데 임영조 시인은 여기서 그치지 않습니다. 제4연에서 그는 분명 절해고도를 찾아가 "한 십년 나를 씻어 말리고 싶다"고 했습니다. 그렇지만 그것으로 그는 만족하지 못합니다. 씻어 말리는 행위, 그것도 인간의 속기를 줄이게 하는 일임에 분명하지만 이것만으로 그의 질척거리는 속기를 다 털어버릴 수 없다고 생각한 모양입니다. 속기를 넘어서려고 어떤 사람들은 출가를 합니다. 그렇다면 임영조 시인이 절해고도를 찾아가고자 한 것도 이런 출가의 한 형태를 닮았다고 볼 수 있을까요? 그럴 수 있을 것입니다.

제5연을 봅시다. 임영조 시인은 이 제5연에서 제4연에서보다 더 엄격하게 자기 수행을 하고자 합니다. 고도에서 한 십 년 씻어 말리고 그치는 것이 아니라, 다시 또 다른 십 년 동안 "볕으로 소금으로" 자신을 절이기까지 하고자 합니다. 씻어 말리는 행위에서는 그래도 자신의 몸이 외형을 그대로 유지합니다. 그러나 절이는 행위에서는 몸의 외형이 아주 다른 모습으로 줄어듭니다. 여러분들은 물로 말갛게 씻어 말린 인간의 몸을 상상해보십시오. 그리고 나서 다시 햇볕과 소금으로 푹 절여진 인간의 몸을 상상해보십시오. 어디 몸뿐이겠습니까? 인간이라는 존재 전체를 그렇게 씻어 말리고, 푹 절여놓은 상태를 상상해보십시오.

　제가 아는 한 재미동포 시인은 여행을 무척이나 좋아했습니다. 그 시인이 가장 좋아하는 여행지는 죽음의 계곡이라고 불리는 저 미국 서부의 '데스 밸리Death Valley'였습니다. 그는 그곳을 셀 수도 없이 다녀왔습니다. 그가 그곳을 찾아가는 이유는 사막 한가운데 있는 소금밭을 찾아가기 위해서입니다. 그는 어느 날 그 소금밭에 다녀온 후 제게 짤막한 엽서를 보냈습니다. 그 내용인즉 데스 밸리의 소금밭에 가서 한 며칠간 몸을 푹 절이고 돌아와야만 이 세상에서 자신의 영혼을 곱게 지킬 수 있다는 것이었습니다.

　소금에, 아니 햇볕에 자신을 푹 절인다는 것은 무슨 뜻입니까? 그것이 소금이든 햇볕이든 우리가 이들에 우리의 몸을 절이고 나면 우리의 몸 속에 숨어 있던 모든 욕망과 욕정의 벌레들이 사라지는 신비를 맛볼 수 있지 않습니까? 절인 음식은 오래 두어도 상하지 않습니다. 마찬가지로 절인 몸과 마음과 영혼은 오래 두어도 싱싱합니다. 임영조 시인은 이와 같이 그의 몸을 다시 한 십 년 볕으로, 소금으로 푹 절이고 싶어합니다.

　그는 이렇게 하고 나면 "사람 냄새 싹 가신 등신等神"이 될 수 있을지 모르겠다고 생각해봅니다. 또한 그는 이렇게 하고 나면 "눈으로 말하고 / 귀로 웃는 달마達磨가 될" 수 있을지 모르겠다고 생각해봅니다. 사람 냄새가 가셨을 때 우리는 구름 한 점 없는 푸른 하늘처럼 투명해질 수 있습니다. 그렇게 되었을 때 우리는 따뜻한 품으로 씨앗들을 품어 안는 대지처럼 푸근해질 수 있습니다. 그렇게 되었을 때 우리는 거침없이 오고 가는 바람처럼 자유로워질 수 있습니다. 그렇게 되었을 때 우리는 흐르는 강물처럼 부드러워질 수 있습니다. 그렇게 되었을 때 우리는 파도에 아랑곳하지 않는 바다 속처럼 한없이 고요해질 수 있습니다.

"눈으로 말하고/귀로 웃는 달마達磨"의 경지는 어떤 것일까요? 임영조 시인은 그의 몸과 마음과 영혼을 절임으로써 달마의 경지를 닮고 싶어했습니다. 앞에서 말씀드린 내용만으로도 대강 짐작하시겠지만 임영조 시인은 달마를 닮음으로써 득도의 경지, 아니면 초인의 경지를 그의 삶 속에 끌어들이고 싶었던 것입니다. 입으로 말하지 않고 눈으로 말할 수 있다면 우리는 의성어가 아닌 의태어만으로 세상을 건너갈 수 있을 것입니다. 역시 입으로 웃지 않고 귀로 웃을 수 있다면 우리는 소리 없는 표정만으로 세상을 넘어갈 수 있을 것입니다. 그러고 보니 임영조 시인의 호가 '이소'인 것은 달마의 얼굴을 염두에 두고 만들어진 것 같군요. 귀는 물론 우리의 얼굴 전체가 달마의 그것을 닮을 수 있다면 우리의 표정 속에서 은은한 빛이 스며 나오겠지요. 그리고 그 빛으로 어둔 세상이 조금 환하게 밝아지겠지요.

임영조 시인은 마지막 제6연에서 그 자신을 한 단계 더 높은 수행의 경지로 이끌어올립니다. 그것은 고도를 수행의 매개로 삼는 것이 아니라 그 자신이 아예 절해고도가 되겠다는 의지를 가다듬고 있기 때문입니다. 해일이 높게 치는 밤, 아무도 몰래 슬쩍 그가 머물렀던 고도를 내쫓고 그가 그 자리에 절해고도로 남아보고 싶다는 것입니다. 시인 자신이 절해고도가 되었을 때, 그는 누구를 닮고자 애쓰는 단계를 넘어섭니다. 절해고도가 되었다는 것은 이미 그 자체로서 온전한 의미의 초월적 세계가 된 것이나 마찬가지이기 때문입니다.

절해고도는 유치환의 바위처럼 무기물의 세계입니다. 그 세계에선 아무런 감정적 흔들림이 없습니다. 그냥 절해고도로서, 또 바위로서 존재할 뿐입니다. 우리가 사는 우주를 신계, 인간계, 동물계, 식물계, 광물계로 나눈다면 광물계야말로 가장 점잖고 넉넉하고 고요한 세계입니다. 절해고도와 바위는 광물계에 속합니다. 그런 점에서 절해고도와 바위가 되고 싶다는 두 시인은 아주 높은 단계에 올라가 있는 것입니다. 이것은 포기하는 일이 아니라 성취하는 일입니다.

그런데 절해고도를 꿈꾸는 임영조 시인은 제6연의 맨 마지막 행에서 '마애불磨崖佛'을 이끌어들입니다. 절해고도가 되고 싶은 그가 그렇게 되고 싶은 절해고도의 표정이 마애불의 그것과 같기를 원하는 것 같습니다.

여러분들은 익산의 마애불이 웃고 있는 그 형언할 수 없이 편안하고 넉넉한 웃음을 보았는가요? 임영조 시인은 그가 되고 싶어한 절해고도에서 고독한 피난자의 얼굴이나 긴장한 도피자의 얼굴을 경계합니다. 대신 그는 절해고도인 섬 전체가 마애불 같은 표정이기를 바랍니다. 이렇게 되고 보면 절해고도는 외롭지도, 위험하지도, 날카롭지도 않습니다. 그것은 홀로 있되 그 자체로 충만한 내면을 갖고 있는 잘 익은 생명처럼 아름답습니다. 그런데 이렇게 쓰고 보니 아름답다는 말에 너무 사람 냄새가 스며 있는 것 같군요. 그렇다면 어떻게 바꾸어 말하는 게 좋을까요? 저도 잘 생각나질 않는군요. 여러분들 나름대로 한번 바꾸어 말씀해보십시오.

이 글을 마치면서 임영조 시인의 시 〈고도를 위하여〉에서 아주 인상적인 몇 구절을 여기에 옮겨보겠습니다. 그 구절들을 중심으로 시가 빛을 발하기 때문입니다.

*이제야 알겠다, 내가 벽임을

*간 사람이 없으니/ 올 사람도 없는 섬

*한 십년 나를 씻어 말리고 싶다

*다시 한 십년/ 볕으로 소금으로 절이고 나면

*사람 냄새 싹 가신 등신等神

*나도 세상과 먼 절벽 섬 될까?

인간이 인간 냄새를 말끔히 씻어낼 수는 없습니다. 그러나 노력만 한다면 인간 냄새가 가신 세계를 그리워하며 아주 조금이라도 그 인간 냄새를 우리의 몸으로부터 덜어낼 수는 있을 것입니다. 인간 냄새는 얼마나 강력합니까? 인간들은 그 강력한 인간 냄새로 지구를 지배하지 않았습니까? 그리고 이 엄청난 문명세계를 건설하지 않았습니까?

저는 이쯤에서 한 가지 여러분들께 권유해봅니다. 그리고 저 자신에게도 권유해봅니다. 우리의 몸에서 인간 냄새가 너무 강하게 나거들랑, 임영조 시인이 그렇게 했듯이 세상과 조금 거리를 둔 자리에서 단 며칠만이라도 "볕으로 소금으로" 우리의 몸을 절여보자고 말입니다. 그러면 우리의 몸에서 한결 순한 향기가 흘러나올 것입니다.

이선영
〈인생〉

도망갈 자신만의 오솔길이 없어서
낭패감을 느낀 적이 있나요?

1964년 서울에서 태어났으며, 1990년 《현대시학》을 통해 등단하였다. 시집으로 『오, 가엾은 비눗갑들』 『글자 속에 나를 구겨넣는다』 『평범에 바치다』 등이 있다.

인생

이선영

　내 인생이 남들과 같지 않다고 생각됐던 때의, 외딴길로 밀려나 있다는 낭패감
　그러나 내 인생도 남들과 다르지 않다는 안도감을 느끼게 되었을 때
　이윽고 그 남다르지 않은 인생들이 남다르지 않게 어우러져가는 큰길에 줄지어 서서
　이 늘비함을 따라 가야 할 뿐 슬며시 도망나갈 외딴길이 없다는 낭패감

이라는 시인이 있습니다. 대중적으로 널리 알
　이선영 려졌다고 볼 수는 없는 시인입니다. 그러나 아
주 착실하게, 그리고 진지하게 시를 쓰는 시인입니다. 저는 이선영
시인의 시집을 펼치면 저에게 시집을 증정할 때 책의 속표지에 해준
이선영 시인의 멋진 사인이 떠오릅니다. 누구나 멋진 사인 하나쯤은
갖고 싶은 일이니 이 점은 충분히 이해할 수 있겠지요.

　그러나 뭐니뭐니 해도 이선영의 시를 생각하면 그가 이 시대의 인
간을 "오 가엾은 비눗갑들"이라고 비유적으로 부른 점이 떠오릅니
다. 그의 첫 시집은 바로 방금 제가 이선영의 시를 생각하면 떠오른
다고 말한 '오 가엾은 비눗갑들'이라는 제목을 갖고 있습니다.

　여러분들은 여러분들이 '가엾은 비눗갑' 같다고 느껴본 적이 있으
십니까? 비누 알맹이가 빠진 비눗갑이 무엇을 의미하는지 궁금하십
니까? 물론 그것은 여러분 나름대로 느끼고 생각해야 합니다. 그러
나 제가 제 느낌과 생각에 기대어 말한다면, 그것은 생기가 사라진,
본질이 빠져나간, 어디서나 흔히 만날 수 있는, 아무도 돌보지 않는,

그런 존재를 의미한다고 보입니다. 조금 확대해서 말한다면, 이선영은 이 시대의 일상성 속에 무자각적으로 매몰되어 껍질만 남은, 껍질이 자기 자신인 것으로 착각하고 사는 인간들을 가리켜 '가엾은 비눗갑들'이라고 표현한 것이라 할 수 있습니다.

이런 이선영의 두번째 시집 제목은 '글자 속에 나를 구겨넣는다' 입니다. 여러분들은 글자 혹은 언어에 대하여 어떤 생각을 해본 적이 있습니까? 물론 있으리라 믿습니다. 매일매일 글자를 쓰거나 읽고, 말을 하거나 들으니까요. 그렇더라도 이에 대한 제 생각을 조금 이야기하고자 해요. 저는 글자 혹은 언어야말로 인간을 구속하는 것이면서 동시에 인간을 해방시키는 존재라고 봅니다. 그것은 모순된 표현이라고 지적하는 소리가 들립니다. 겉으로만 본다면 이것은 분명 모순된 표현입니다. 그러나 안을 찬찬히 들여다보면 저의 이 표현이 모순된 표현만은 아니라는 점이 이해될 겁니다. 그러니 좀더 부연해서 설명을 곁들여야 하겠군요. 인간은 글자와 언어를 만들어서 그것의 구속을 받습니다. 글자와 언어의 영역 속을 벗어나기가 힘듭니다. 그러나 다른 한편 인간은 글자와 언어가 있기 때문에 자신을 표현하고 열어놓습니다. 글자와 언어가 아니라면 우리들 각자는 우리들의 내면을 제대로 표현하거나 열어놓기가 어렵습니다. 이런 점에서 글자와 언어는 인간에게 부담스러운 존재이자 은혜스러운 존재입니다.

그런데 이선영은 이런 글자 속에 자신을 구겨넣는다고 말했습니다. 눈치 빠른 사람들이라면 저의 말을 이쯤 듣고 이선영의 말이 뜻하는 바를 짐작했을 겁니다. 그렇지만 우리의 대화를 명료하게 하기 위하여 이 말의 의미를 여기에다 밝혀보겠습니다. 요컨대 이선영의 시 쓰기는 글자 속에 자신을 구겨넣음으로써 글자에 의하여 스스로를 구속시키는 일이지만, 동시에 그렇게 함으로써 자신을 해방시키고 열어가는 일입니다.

이선영에 대한 다른 이야기가 조금 길어졌습니다. 그렇지만 이선영이 대중적으로 널리 알려진 시인이 아니기 때문에 그의 시세계의 윤곽을 조금 말해보았습니다. 이런 이선영의 두번째 시집 『글자 속에 나를 구겨넣는다』에는 〈인생〉이라는 시가 실려 있습니다. 제목만 봐서는 너무 거창하고, 또 진부한 것처럼 느껴지기도 합니다. 그러나 이 거창하고 진부한 문제, 곧 '인생이 무엇이냐' 하는 문제는 우리가 자의식을 갖기 시작하는 날로부터 죽는 날까지 안고 사는 문제이기에 섣불리 대할 수가 없습니다. 그럼 그가 인생에 대하여 들려주는 말에 귀를 기울여볼까요.

내 인생이 남들과 같지 않다고 생각됐던 때의, 외딴길로 밀려나 있다는 낭패감
그러나 내 인생도 남들과 다르지 않다는 안도감을 느끼게 되었을 때
이윽고 그 남다르지 않은 인생들이 남다르지 않게 어우러져가는 큰길에 줄지어 서서
이 늘비함을 따라 가야 할 뿐 슬며시 도망나갈 외딴길이 없다는 낭패감
—〈인생〉 전문

여러분들도 다 잘 아시겠지만 인생을 사는 데는 정해진 길이 없습니다. 정해진 것이 있다면 그것은 누구나 탄생해서 얼마간의 시간이 지난 후에 죽음을 맞이한다는 사실뿐입니다. 이처럼 인생을 사는 데는 정해진 길이 없기 때문에 자기 자신이 혹은 우리 자신이 길을 만

들어 나아갈 수밖에 없습니다. 그러므로 길은 존재한다기보다 만들어지는 것입니다. 만들어짐으로써 길은 비로소 존재하는 것입니다.

그럼에도 불구하고 사람들은 참으로 비슷비슷한 인생의 길을 갑니다. 사람들은 부모의 정기를 받고 어머니의 뱃속에서 태어난 이후 그 부모의 보호 속에서 자라다가 적당한 나이가 되면 유치원에 가고, 초등학교에 가고, 중학교에 가고, 고등학교에 가고, 대학에 가고, 짝을 찾아 결혼을 합니다. 그후 이들은 사랑의 산물로 그의 부모들처럼 아이를 낳고, 그 아이는 다시 부모가 걸어온 길과 유사한 길을 걸어갑니다. 그러면 부모들의 삶은 아이를 낳은 것으로 끝날까요. 물론 아니지요. 부모들은 직장을 잡아 돈을 모으고 그 돈으로 집을 장만하고 아이들을 교육시키며, 적당한 나이가 되면 그들이 낳은 자녀들의 결혼식에 참여합니다. 그리고 마침내 그들은 할머니와 할아버지가 되는 것입니다. 할머니와 할아버지가 된다는 것은 인생의 황혼기에 접어들었다는 의미가 되지요. 그들의 머리는 하얗게 셀 것이고, 그들의 피부는 쭈글쭈글해질 것이며, 그들의 기억력은 희미해질 것입니다. 그들은 다가오는 죽음의 시간과 화해하거나 타협하며 인생의 끝날을 기다릴 것입니다.

이선영의 시 〈인생〉을 읽은 여러분들은 제가 왜 이런 말을 앞에서 했는지 이해하실 줄로 압니다. 이선영 시인이 이 시에서 인생의 길에 관한 문제를 말하고 있기 때문입니다.

앞에서 제가 말한 것처럼 인간들의 생을 생각하면, 인간들의 생이란 참으로 비슷한 길 위에 있습니다. 그래서 어마어마하게 넓은 길에 이 지구상의 모든 인간들이 모여 다 같이 죽음의 시간이라는 그 한 곳을 바라보며 함께 걸어가는 것 같기도 합니다. 이번에는 다시

한 번 이런 상상을 해봅시다. 현재 지구상에 살고 있는 60억의 인구가 함께 걸어가는 그 어마어마한 대로와 그 속의 비슷한 군상들을 말입니다. 이전에도 사람들이 걸어갔고 이후에도 걸어갈 그 엄청나게 큰 길과 그 속의 비슷한 군상들을 또한 상상해봅시다. 어쨌든 인생의 길은 아주 비슷하고 그들은 누구나 다 가고 있는 큰길 위를 걷고 있는 듯합니다.

이때 우리는 안도감을 느낍니다. 누구나 다 가고 있는 유사한 길을 함께 걷고 있기 때문입니다. 비록 이것이 '군중심리'의 한 현상이라 하더라도, 이로부터 안도감이 찾아온다는 것을 부정할 수는 없습니다. 그러나 이때 우리는 동시에 당황합니다. 그것은 나는 나만의 길을 갖고 싶다는 소망이 있기 때문입니다. 내 인생이 남들과 같기를 바라면서도, 다른 한편으로는 남들과 다르기를 바라기 때문입니다.

제 이야기를 좀 할까요. 저는 본래 청개구리 기질이 강합니다. 남들이 다 하는 것을 하지 않으려는 본성이 무척이나 강합니다. 그래서 손해를 볼 때도 많습니다. 그렇지만 이것이 잘 고쳐지지 않습니다. 그랬더니 어느 날 저의 은사 한 분이 제게 충고를 하셨습니다. 그 은사님의 충고는 '남들이 다 몰려가는 길에 진리가 있으니 그곳을 따라가라'는 것이었어요. 이 말을 듣는 순간 저는 정말 그럴지도 모른다고 생각하며 제 자신의 삶을 다시 되돌아보았습니다. 그런 후 그렇게 해보려고 노력(?)했습니다. 하지만 그게 잘 되지 않았습니다. 저는 제 자신의 마음속을 깊이깊이 들여다보았습니다. 왜 나는 남이 다 하는 것을 부정하거나 무시하며 내가 가려는 길만을 고집하는 것일까 하고 말입니다. 그때 저는 제 나름의 작은 답을 하나 얻어냈습니다. 제가 찾아낸 답은 '나는 나일 뿐, 내가 그 누구일 수 없다'는, 다시 간단하게 말한다면 '나는 나다'라는 자의식이 아주 강하게 저를 사로잡고 있다는 것이었습니다. '나는 나다', 그러니 '나는 너희들일 수 없다' 혹은 '나는 나다' 그러니 '나는 나임을 지키고 싶다'는 소망이 있었던 것입니다. 그렇다고 해서 제가 인간들이 다 함께 걸어가는 대로를 완전히 무시하며 살 수는 없습니다. 그리고 그렇게 살지도 않습니다. 하지만 중요한 것은 제 인생 속에 '나만의 길'을 지키고 싶고, 만들고 싶은 소망이 아주 강하게 들어 있다는 것입니다.

저는 지금 남들과 함께 가는 대로가 있는가 하면 남들과 다르게 하는 '나만의 길'도 있다는 점을 말씀드리고 있는 것입니다. 이것은 '나는 너임과 동시에 나는 너일 수 없다'는 인간의 이원성 혹은 모순성에 기초를 두고 있습니다. 우리는 이 중에서 나만의 길, 즉 나만의 오솔길을 갈 때 외롭지만 자족감을 느낄 수 있습니다. 내 속에서 진정 원하는 소리에 부응할 수 있습니다. 내가 누구인지 관조할 수 있습니다. 내가 나임을 주장할 수 있습니다. 나의 숨은 모습을 만날 수 있습니다.

이선영은 위 시 〈인생〉에서 대로를 따라 함께 걸어갈 때의 안도감과 낭패감을, 그런가 하면 나만의 오솔길을 홀로 걸어갈 때의 자족감과 낭패감을 동시에 말하고 있습니다. 앞에서도 말했듯이 이런 양면성을 함께 갖고 사는 존재가 바로 인간입니다. 인간들의 영원한 딜레마는 이 양면성 사이의 조화를 어떻게 추구하고 이룰 것인가 하는 점입니다.

저는 여러분들께 이선영의 시에 기대어 다음과 같은 말을 하고 싶습니다 : '나는 나다' 그러나 동시에 '나는 너다', '나는 너다' 그러나 동시에 '나는 나다'라고 말입니다. 조금 어렵다고요. 그러면 풀어서 말씀드리지요. 큰길과 오솔길을 함께 갖거나 추구하고 사는 것이 인간일 수밖에 없다는 것입니다. 물론 큰길로만 걸어가도 아무런 자의식이 없다면 괜찮습니다. 덤덤한 사람은 행복하니까요. 또한 오솔길로만 걸어가도 아무런 낭패감이 느껴지지 않는다면 괜찮습니다. 외로움을 견딜 수 있는 사람이라면 오솔길이 대로로 보일 테니까요. 저는 이 가운데서 자신만의 오솔길로 걸어가면서 자족감과 자부심을 느끼는 사람에게 무한한 존경의 마음을 갖고 있습니다. 오솔길을 대로로 만들고 느낄 수 있는 사람이야말로 '도道'를 깨우친 자나 마찬가지이니까요. '도'란 길이 아닙니까?

 그러나 보통 사람들은 대로와 오솔길 사이에서 갈등을 느낍니다. 이것은 보통 사람들의 운명일지도 모릅니다. 남들과 같아지고 싶은 마음은 그 이면에 남들과 달라지고 싶은 마음을 품고 있습니다. 비유하자면 이 둘은 빛과 그림자 같은 사이입니다.

 인생의 길은 어디에도 있으나 어디에도 없는 것 같습니다. 인생의 길은 어디에도 없는 것 같으나 어디에도 있는 것 같습니다. 하지만 대로를 가는 것만으로 만족할 수 없다면 자신만의 오솔길 하나쯤 고요하게 간직하십시오. 그곳에서 진정한 자아를 만날 수 있으니까요. 오솔길만으로 만족할 수 없다면 대로가 있음을 인정하십시오. 그곳에서 인간들이 만드는 대세의 힘을 느낄 수 있을 터이니까요. 하지만 대로를 가는 것만으로 만족할 수 있다면 그것도 좋습니다. 세속에 길이 있으니까요. 그리고 오솔길을 가는 것만으로 만족할 수 있다면 그것도 좋습니다. 오솔길 속에 보석이 숨어 있고 오솔길도 그대에게는 대로나 마찬가지이니까요.

 세계가 하나의 기준으로 표준화되는 시대입니다. 그것을 가리켜

'글로벌 스탠더드'의 시대라고 합니다. 여기서 말하는 '글로벌 스탠더드'는, 선뜻 허락하고 싶지는 않지만, 미국식 기준이라고 하지요. 어쨌든 세계가 하나로 표준화되어가고 있습니다. 그래서 세계인들은 서서히 이제 하나의 대로로 모여듭니다. 물리적으로 보더라도 세상은 온통 드넓은 고속도로뿐입니다. 오솔길이 없습니다. 나만의 길을 산책할 수 없습니다. 큰길에서만이 안도감과 편안함을 얻을 수 있습니다. 그러나 그곳에서는 자아를 상실하기 쉽습니다. 그러면 답이 조금 보입니다. 그렇습니다. 자기만의 오솔길을 하나쯤은 마련해야 이 엄청난 대로의 시대를 견딜 수 있지 않을까요. 오솔길이 소중한 때입니다. 그것이 물리적인 오솔길이든 마음의 오솔길이든 인생의 오솔길이든, 오솔길이 필요한 때입니다. 여러분들의 삶 속에 혼자 고요히 산책할 수 있는 오솔길 하나쯤 공들여 만들어보는 것은 어떻겠습니까. 이선영의 시 〈인생〉을 읽으면서 이런 생각을 해봅니다.

박남철
〈독자놈들 길들이기〉

*시를 잘 감상하는
좋은 독자가 되고 싶습니까?*

1953년 경북 포항에서 태어났으며, 1979년《문학과지성》을 통해 등단하였다. 시집으로
『지상의 인간』『반시대적 고찰』『자본에 살어리랏다』등이 있다.

독자놈들 길들이기

내 詩에 대하여 의아해하는 구시대의 독자놈들에게 – 차렷, 열중쉬엇, 차렷,

이 좆만한 놈들이……
차렷, 열중쉬엇, 차렷, 열중쉬엇, 정신차렷, 차렷, ○○, 차렷, 헤쳐모엿!

이 좆만한 놈들이……
헤쳐모엿,

(야 이 좆만한 놈들아, 느네들 정말 그 따위로들밖에 정신 못 차리겠어, 엉?)

차렷, 열중쉬엇, 차렷, 열중쉬엇, 차렷……

박남철

박남철 시인은 우리 시단의 기인입니다. 그는 숱한 화제를 시단에 뿌리고 다닙니다. 저보고 20세기 우리 시단에서 기인을 꼽아보라면, 저는 연작시 〈오감도〉를 발표하다 독자들로부터 저게 무슨 미친 수작이냐고 항의를 받아 그만 도중하차할 수밖에 없었던 1930년대의 시인 이상, 명함에 '대한민국 김관식'이라고 주소와 이름을 적어 갖고 다녔다는 1950년대의 시인 김관식, 아내에게 하루 1500원씩 용돈을 받아 그것으로 막걸리 값과 담배 값을 충당하고 가끔씩 남긴 돈을 모아 아내의 생일에 선물을 하였다는 천진무구한 시인 천상병, 고은태라는 본인 이름의 뒷부분이 부담스러워 그만 꼬리를 잘라버리고 고은이라는 두 글자만 남겼다는 시인 고은, 그리고 진이정 시인의 장례식에 갔다 늦게 돌아오는 바람에 시험장에 가던 전철에서 잠이 들어 그만 박사과정 입학을 못했다는 박남철을 들 수 있을 것 같습니다.

 기이한 행동은 제스처일 수도 있습니다. 어차피 인간들이란 제스처로 자신을 치장하고, 그런 제스처의 힘으로 살아가는 부분도 있으니까, 이것을 나무랄 수만은 없겠지요. 그러나 잘 살펴보면 기이한 행동이 제스처가 아니라 그의 진지한 삶 그 자체의 한 부분일 때도 있습니다. 이런 것들은 본인이 보기에는 전혀 기이한 행동이라고 생각되지 않지요. 저는 제가 방금 들어본 우리 시단의 기인 같은 시인들에게 그들의 행동은 결코 제스처가 아니었다고 생각합니다.

박남철 시인은 삶과 행동 양면에서 기인다운 모습을 보여주었습니다. 저는 여기서 '기인다운'이라는 표현을 '실험적인'이라는 표현으로 바꾸겠습니다. 이렇게 표현을 바꾸고 보면, 박남철 시인을 묘사하는 말이 좀더 문학적인 테두리 안으로 들어올 것이라 보기 때문입니다. 그런데 저는 박남철 시인의 삶이 얼마나 실험적인가 하는 점은 일일이 제가 다 보거나 직접 들은 것이 아니기 때문에 여기서 말하기 어렵습니다. 그러나 그의 시가 실험적이라는 점에 대해서는 아주 객관적인 자료를 통하여 자신 있게 말할 수 있습니다.

박남철 시인의 첫 시집은 1984년에 발간된 『지상의 인간』입니다. 지금으로부터 16년 전, 박남철의 시집 『지상의 인간』 속에 나타난 실험성은 독자들에게 큰 충격을 주기에 부족함이 없었습니다. 그때만 해도 우리 사회는 매우 경직된 사회였습니다. 학생들은 일제히 똑같은 교복을 입고, 전화기는 다이얼 식의 검은 전화기 일색이었으며, 대학은 점수대로 선택된 소수에게만 열려 있었습니다. 한마디로 사람들의 의식이 단정하나 경직돼 있었습니다. 비유한다면 기계주의적 사유가 성행했다고 할 수 있을까요? 시 역시 문화적, 사회적 현상의 일종으로 그 형식이나 내용이 유연성을 갖지 못했습니다. 사람들의 머릿속에 암암리에 시적인 것의 규범이 들어 있었습니다.

이런 우리 시단에, 형식과 내용 양 측면에서 엄청난 실험을 시도한 박남철의 시집 『지상의 인간』이 나왔습니다. 당시의 독자들은 이미 황지우나 이성복 같은 시인에게서, 특히 황지우 시인에게서 실험적인 작품을 만났습니다만, 박남철의 실험성은 황지우의 그것을 넘어섰습니다. 박남철은 위태롭게 보일 정도로 실험의 앞자리를 개척해 나아갔습니다.

해체니, 파괴니, 실험이니 하는 말들이 당시의 우리 시단에서 관심거리가 되었습니다. 이때 박남철 시인은 당연히 그 선두에 섰습니다. 지금은 워낙 그와 같은 논의가 오랜 시간 이루어진 후라, 웬만한 실험성을 보인다 해서 놀라지도 않고, 시를 쓰는 사람뿐만 아니라 읽는 사람조차 아주 유연한 태도를 갖게 되었습니다. 이것은 분명 우리 시단이 발전했다는 증거입니다.

박남철 시인의 실험은 아주 오랫동안 지속되었습니다. 등단 이후 지금까지 그는 계속하여 실험적인 태도를 견지해왔습니다. 지금까지 그가 출간한 시집 전부에서 그는 새로운 실험을 이어갔습니다. 이와 같은 그의 시집으로는 첫 시집 『지상의 인간』(1984) 이외에 『반시대적 고찰』(1988), 『용의 모습으로』(1990), 『러시아집 패설』(1991), 『자본에 살어리랏다』(1998) 등이 있습니다. 그는 이 시집들을 통하여 그동안 우리 시단에서 만나볼 수 없었던, 참으로 다채로운 형태의 시들을 창출해냈습니다. 그것을 여기서 말로 다 설명하기가 곤란하군요.

한 가지 아주 흥미로운 예를 든다면, 그는 『용의 모습으로』라는 시집을 '비평시집'이라고 이름 붙인 후, 이 시집 속에 수록된 작품들을 새로운 방식으로 구성했습니다. 그가 구성한 새로운 방식이란, 본인이 읽은 감동적인 타 시인의 작품 한 편을 옮겨놓고, 그것에 대한 평론가들의 평론 중 역시 인상 깊은 부분을 아래에 옮겨놓고, 다음으로 그의 소견 한두 마디를 짧게 붙이는 것입니다. 그런데 참으로 흥미로운 것은, 이렇게 구성된 시가 서로 어울려 감동을 자아낸다는 것입니다. 저는 박남철의 이런 실험정신을 높이 평가합니다.

박남철 시인은 자신의 이런 실험 행위를 제대로 수용하지 못하는 독자들에게 답답한 느낌을 가졌나 봅니다. 원래 앞자리에서 실험정신을 불태워가는 사람들이란, 어느 시대이건 외롭게 마련입니다. 보통 사람들은 말 그대로 보통 사람들이기 때문에 지극히 상식적인 것을 좋아할 뿐, 실험정신 속에 깃들인 깊은 의미를 애써 이해하려고 들지 않습니다. 이상이 1930년대에 〈오감도〉를 이태준이 문화부장으로 있던 《조선중앙일보》에 연재하다가 도중하차당한 것도 다 이런 독자들의 보수성 때문이지요. 그렇다고 해서 독자들을 무시할 수도 없습니다. 모든 시작詩作 행위는 누군가와 대화를 나누고 싶다는 강렬한 소망 때문에 생겨난 것이니까요.

박남철 시인은 자신의 실험성을 이해하지 못하는 독자들을 향하여 그다운 실험정신을 동원하여 한 편의 시를 썼습니다. 그 시가 바로 〈독자놈들 길들이기〉입니다. 이 시는 그의 첫 시집 『지상의 인간』 속에 들어 있습니다.

내 詩에 대하여 의아해하는 구시대의 독자놈들에게 - 차렷, 열중쉬엇, 차렷,

이 좆만한 놈들이……
차렷, 열중쉬엇, 차렷, 열중쉬엇, 정신차렷, 차렷, ㅇㅇ, 차렷, 헤쳐모엿!

이 좆만한 놈들이……
헤쳐모엿,

(야 이 좆만한 놈들아, 느네들 정말 그 따위로들밖에 정신 못 차리겠어, 엉?)

차렷, 열중쉬엇, 차렷, 열중쉬엇, 차렷……

이게 박남철 시인의 시 〈독자놈들 길들이기〉의 전문입니다. 황당하다고 생각하셨을지 모르겠습니다. 충격을 받았을지 모르겠습니다. 기분 나쁘다며 고개를 돌렸을지도 모르겠습니다. 그래도 할 수 없습니다. 박남철은 독자들이 시인과 함께 성장하지 않는 한, 우리 시의 진정한 발전은 이루어질 수 없다고 생각하며 이 시를 썼을 테니까요.

흥분됐던 마음을 가라앉히고 시인의 입장을 이해해주려는 마음으로 〈독자놈들 길들이기〉라는 시를 감상해봅시다. 그러면 의외로 커다란 소득을 얻을 수도 있을 것입니다.

박남철 시인의 시 〈독자놈들 길들이기〉에서 먼저 주목할 것은 그의 자신만만한, 그리고 당당한 태도입니다. 우리 시대가 상업적인 소비사회로 변해가면서 시인들이 독자의 비위나 맞추려고 비굴한 자세를 취하는 일이 점점 많아졌습니다. 독자들의 말초신경이나 자극해서 소위 베스트셀러의 반열에 들어보려고 하는 사람들이 늘어났습니다. 물론 시인은 독자를 존중해야 마땅합니다. 그것은 독자에 대한 예의입니다. 그렇다고 해서 이것이 독자에 대한 아부나 아첨 혹은 독자와의 야합이어서는 곤란합니다. 시인은 분명한 자신의 목소리와 입장을 견지하며 독자들과 진심으로 대화해야 합니다. 이렇게 볼 때, 박남철 시인이 독자에게 보여준 자신만만하고 당당한 태도는 호감을 주기에 충분합니다. 그는 자신이 "구시대의 독자"라고 지칭한 사람들을 교정시키고 싶은 것입니다. 그리고 그들과 함께 시의 바다로 나아가고 싶은 것입니다. 박남철 시인의 이런 자신만만하고 당당한 태도는 독자들을 "독자놈들"이라고 표현했다 해도 그것이 욕설이나 하대가 아니라 친근감의 표시라는 느낌을 줍니다.

다음으로 박남철 시인의 시 〈독자놈들 길들이기〉에서 주목할 만한 것은 그가 독자들을 길들이는 방식입니다. 여러분들도 시를 읽으면서 느끼셨겠지만, 박남철 시인은 아주 독특한 방식으로 독자들을 길들입니다. 그가 사용한 독특한 방식이란, 군대식 훈련 방법을 말합니다. 그는 욕설까지 섞어가며 개성보다는 획일성을 중시하는 군대식 훈련법을 원용했습니다. 지난 1970년대와 1980년대를 거쳐온 사람이라면 알겠지만, 그 시대는 민간인들에게도 군대식 정신이 요구되던 때였습니다. 대통령도 사관학교 출신이었고, 그들이 정권을 얻는 방법도 무사적이었으며, 그들이 국민을 다스리는 방식도 명령 하달식이었습니다. 그 시대의 지배층은 '열린 국민'을 '닫힌 국민'으로 만들고자 했습니다. 이런 가운데서 민주주의와 민주정신을 소망하는 사람들은 불만을 터뜨렸고, 그들은 민주사회가 하루 빨리 다가오기를 기원하며 다양한 방식으로 저항했습니다. 군인과 군인정신은 나라를 수호하는 데만 쓰이기를 바랐습니다. 여러분들은 제가 말한 민주사회의 정신을 무엇이라고 생각하십니까? 너무 질문이 넓고 또 추상적인가요? 그래도 민주사회의 정신 중 가장 본질적인 것이 무엇인가를 잘 따져보면, 답이 나올 것이라 생각합니다. 성미 급한 제가 먼저 이에 대한 답을 말하자면, 민주사회의 본질이 되는 정신이란 자유와 다양성 그리고 대화의 정신이라고 봅니다. 그런데 지난 시절, 우리 사회에서 이 정신은 제대로 꽃피지 못했습니다. 박남철이 독자들을 길들이겠다고 말하면서 사용한 군대식 훈련법은 일차적으로 이런 시대상을 꼬집은 것이라 볼 수 있습니다. 그러니까 그는 군대식 훈련법을 사용하여 군대식 사회상을 비판한 것입니다. 하지만 박남철의 관심은 여기에 그친 것이 아닙니다. 그는 시대를 비판하면서 동시에, 시라고 하면 〈진달래꽃〉이나 〈님의 침묵〉 같은 시만 떠올리는 독자, 시에는 온통 사랑시나 고운 서정시만 있는 줄 아는 독자, 시라고 하는 것은 적당히 행 구분이나 하면 되는 줄 아는 독자, 시를 쓰거나 읽는 일이 바쁜 세상의 여가 활동에 지나지 않는다고 생각하는 독자, 시에서 소년소녀 적의 낭만과 이상과 꿈 그리고 감상만을 기대하는 독자, 시 감상의 안목이 저 1920년대적 감성에서 그쳐버린 독자, 이런 독자들을 겨냥한 것입니다. 그가 말하는 바 "구시대의 독자"에 해당되는 이런 수준의 독자들을 그는 어떻게 해서든지 개안시키려고 합니다. 그들을 '닫힌 독자'에서 '열린 독자'로 만들려고 합니다. 이런 점에서 당시의 지배층과 박남철 시인은 다 같이 군대식 훈련법을 사용했지만, 서로 추구하는 바는 정반대였습니다. 전자는 훈련을 통하여 다소곳하고 순진한 시민을 만들어내기를 원했지만, 후자는 자기 표현적이고 개방적인 독자를 만들어내기를 원했습니다.

셋째로 박남철 시인의 시 〈독자놈들 길들이기〉에서 주목할 만한 것은 기존의 보수적인 시 문법을 파괴하고 박남철다운 형식 실험을 감행하였다는 점입니다. 아마도 박남철 시인의 이 시를 읽은 독자 중에는, '이것도 시가 될 수 있느냐'며 불만을 터뜨린 사람도 있을 겁니다. 극단적으로 말한다면, 시의 개념 정의를 한다는 건 불가능합니다. 1917년 4월 10일, 뉴욕 그랜드 센트럴 갤러리에서 열린 앙데팡당전에서, 프랑스 미술가 뒤샹이 남자 변소에서 양변기를 떼어다놓고 '샘물'이란 제목을 붙여 미술품이라고 우겼던 것처럼, 어떤 형식의 시도 가능하니까요. 실제로 시가 무엇이냐는 질문 앞에서 우리는 시인이 시라고 주장하면 그게 시라는 대답밖에 내놓을 수가 없습니다. 이 세상에 인간이 만든 문화 양식 중 고정된 양식은 하나도 없으니까요. 이렇게 볼 때, 박남철 시인의 시 〈독자놈들 길들이기〉는 나무랄 데 없는 시입니다. 다만 그는 기존의 전통적인 시작 문법을 와해시키려고 했을 뿐입니다. 기존의 것을 와해시키지 않고 어떻게 새로운 세계가 창조되겠습니까? 창조만이 능사는 아니나, 변덕스럽고 호기심 많은 인간들은 새로운 세계를 계속하여 창조해 나아갑니다. 이런 점에서 박남철은 과격한 창조자입니다.

넷째로 박남철 시인의 시 〈독자놈들 길들이기〉에서 주목할 만한 것은 진정 좋은 독자가 된다는 것은 어떤 것인가에 대하여 진지한 고민을 하게 만든다는 점입니다. 얼마 전까지만 해도 독자들은 아주 조용했습니다. 그들은 시인을 교사와 같은 존재로, 자신들을 학생과 같은 존재로 마음속에 설정하였습니다. 시인들의 시는 교과서에 실리기도 하였습니다. 교과서가 가진 권위를 생각한다면, 시인이란 보통 사람 이상의 존재였습니다. 시인들에게 붙은 권위는, 만약 권위를 즐기고자 하는 시인이 있다면, 꽤 즐거운 것이었습니다. 그러나 이제 시대는 달라졌습니다. 포스트모더니즘시대니, 해체주의시대니, 탈근대의 시대니 하는 말들을 들으셨을 것입니다. 이런 말들이 의미하는 것의 핵심은 시인과 독자로 상정되는 인간과 인간 사이가 이제는 수직적 서열 관계가 아니라 수평적 대화 관계를 형성하게 되었고, 그 가운데서 안과 바깥 혹은 위와 아래로 구분되는 가치 차별적 이분법은 와해되었다는 것입니다. 누구도 중심일 수 없는 시대, 다시 말하자면 대화적 수평사회가 온 것입니다. 이런 관점에서 독자중심비평이라는 말이 나왔습니다. 독자는 수동적인 수혜자나 일방적인 소비자가 아니라, 시인에게 말을 들려주는 능동적 참여자이자 재구성적 생산자라는 것입니다. 그러므로 이런 관점에서 '쓰는 것은 곧 읽는 것이다' 혹은 '읽는 것은 곧 쓰는 것이다'라는 명제가 등장했습니다. 독자들이 시를 읽는다는 것은 곧 그 나름의 감상문을 창조하는 행위라고, 이 명제는 가리킵니다. 이렇게 되기 위해서는, 시인의 자세도 바뀌어야 하지만 독자의 자세나 능력도 달라져야 합니다. 박남철 시인은 그의 시를 읽는 독자가 이런 좋은 독자가 되기를 바라는 것입니다. 그와 진정 대화를 나눌 수 있고, 상호간의 일에 서로 생산적으로 참여할 수 있는 독자를 원하고 있는 것입니다.

저는 이 땅의 최근 시에 독자들이 좀더 많은 관심을 가졌으면 하는 마음입니다. 많은 독자들이 다른 분야에서는 그렇지 않은 것 같은데, 시 분야에서만은 시에 대한 기대나 안목이 1920년대 정도에서 멈춰버린 듯한 느낌을 받을 때가 많습니다. 조금 양보한다 해도 윤동주가 활동하던 1940년대 정도에서 멈춰버린 듯한 느낌입니다. 해방 후, 우리 사회는 문화적으로, 정치적으로, 경제적으로 어마어마한 변화를 겪었습니다. 부잣집에나 어쩌다 있던 전화기를 전 국민이 손에 들고 다니는 시대가 되었습니다. 〈신라의 달밤〉을 라디오로 청취하던 시대에서 '서태지와 아이들'의 랩송을 초대형 컬러 텔레비전으로 감상하는 시대가 되었습니다. 유랑극단의 신파극을 장거리에서

관람하던 시대에서 집집마다 비디오 장치를 해놓고 안방에 앉아 영화 감상을 하는 시대로 변했습니다. 쪽을 찌던 아낙네들의 칠흑 같은 머리가 온통 색색으로 염색하며 개성을 뽐내는 새로운 시대로 들어왔습니다. 그 사이 우리 시도 이들만큼의 변화와 발전을 계속해왔습니다. 시라고 하는 것 역시 사회적 문화 현상의 한 부분을 차지하는 것이기 때문에, 사회의 변화에 따라 어마어마한 변천을 이루어온 것이죠. 그러므로 좋은 독자가 되기를 원하는 분들은, '서태지와 아이들'의 노래를 좋아하려고 노력하는 것처럼, 달라진 우리 시대의 시를 읽고 그것을 좋아하려고 애써야 할 것입니다. 아마도 박남철 시인이 〈독자놈들 길들이기〉와 같은 시를 쓴 것은, 가수는 'H.O.T' 식의 노래를 부르는데, 청중은 모두 〈신라의 달밤〉과 같은 정서에 고착된 경우처럼, 독자들과 크나큰 거리감을 느꼈고 그것을 메우고 싶었기 때문일 것입니다.

  박남철 시인이 또다시 독자놈들을 길들이겠다고 나서지 않게 하려면, 빨리 좋은 독자의 자격을 갖추어야 할 것입니다. 좋은 독자가 된다면 그만큼 시 감상의 폭이 넓어지고 그 깊이도 더해지겠지요. 시란 인간의 승화된 욕망을 표현하는 양식이기 때문에, 여러분들이 좋은 독자가 되어 다양한 형태의 시와 친해진다면, 여러분들의 영혼은 한결 고양될 것이라고 생각합니다. 고양된 영혼을 생각한다는 것은 참으로 가슴 설레는 일입니다.

장석주
〈시골로 내려오다〉

수졸재에 다녀왔습니다

1954년 충남 논산에서 태어났으며, 1975년《월간문학》을 통해 등단하였다. 시집으로『붕붕거리는 추억의 한때』『크고 헐렁헐렁한 바지』『간장 달이는 냄새가 진동하는 저녁』『물은 천 개의 눈동자를 가졌다』등이 있다.

시골로 내려오다

장석주

당신의 정부는 더 이상 내 정부가 아니다 나는 당신을 버렸다 내게 이래라저래라 명령하지 말아라! 이제부터 당신의 경전은 더 이상 유효하지 않다 내가 지켜야 할 계율은 내가 만든다 당신을 떠나면서 점집에 갔더니 구설수를 조심하라고 한다 구설수란 누구에게나 붙는 국민연금이거나 지방세 같은 것이다

당신을 버렸지만 길까지 버릴 수는 없었다 무릇 길들이란 땅 위에 세운 당신과 나의 유적이다 타클라마칸 사막에서는 하루에도 몇 번씩 길이 바뀐다 길 없는 길 위에 서서 새 길을 꿈꾼다

끼니때가 되면 쌀을 씻어 안치고 밥물이 끓는 동안엔 슬하의 것들을 돌보아야 일과는 매우 신성한 것이다 밥때가 되면 밥을 먹고 잘 때가 되면 눈을 붙인다 고립은 그것을 능동적으로 받아들인 자에겐 고립이 아니다 심심한 큰 개가 희디흰 햇빛 속에서 저보다 몸집이 작은 강아지의 목덜미를 물고 마구 흔들어댄다 어디에서나 힘없는 것이 속수무책으로 당하게 되어 있다

노란 수박꽃 밑에 엄지손톱만큼 작은 수박이 매달렸다 지금 이 순간에 부화하지 않는 것들은 끝내 부화하지 못한다 올 봄에 심은 나무 중에 석류나무가 가장 늦게 잎을 피워낸다 저수지 바닥이 다 드러나도록 비가 없다 벌써 용솔 묘목의 반이 벌겋게 잎이 말라죽었다 물의 문하에 들어선 자에게 이보다 더 큰 실망은 없다 나는 절망함으로써 절망을 채찍질하며 절망을 건너갈 것이다 너무 크게 상심하지 않기로 한다

이 순간을 살지 못하는 당신에겐 삶이 없다 이 순간에도 당신은 당신이 알지 못하는 곳으로 흘러가고 있다 내 전생은 라마승이었으니 마흔 너머부터는 라마승의 삶의 길을 갈 수밖에 없다 큰 불편을 냉큼 받아들였더니 마음의 작은 불편들이 입을 다문다 시골에 오니 비로소 희망이 있었다

장석주 시인이 출판인으로 성공하여 분홍색이 감도는 예쁜 건물을 역삼동에 짓고 활발하게 출판사를 운영하던 때였습니다. 정확하게 기억해낼 수는 없습니다만, 저는 그때 무슨 원고와 관련된 일로 그의 출판사를 찾아간 일이 있습니다. 차분하면서도 화사한, 그러면서도 세련된 출판사 사옥과 출판사 내부의 분위기는 그곳을 드나드는 사람들에게 기분 좋은 느낌을 갖도록 하기에 충분했습니다.

  장석주 시인을 만나기 위하여 2층에 마련된 그의 방을 찾았습니다. 저는 그의 방문 앞에서 순간 발걸음을 멈추고 잠시 서 있지 않을 수가 없었습니다. 그것은 갑자기 제 눈을 사로잡은 그 방의 이름 때문이었습니다. 장석주 시인은 자신이 머무는 방문 앞에 '완전주의자의 방'이라고 아주 예술적인 디자인으로 표찰을 만들어 달아놓고 있었습니다.

  저는 이것을 보는 순간 현학적인 그의 포즈가 느껴지는 것 같아 입가에 피식 웃음기를 흘리면서도, 곧바로 그의 제2시집이 『완전주의자의 꿈』이라는 사실과 그의 첫 평론집이 『한 완전주의자의 책읽기』라는 사실을 떠올리며 그가 시와 삶 속에서 한 점 허술한 구석이 없는 완전성을 지향하고 있다는 것에 매력을 느꼈습니다. 방문을 열고 들어가보니, '완전주의자의 방'답게, 그의 방 안은 손댈 곳 없는 예술품처럼 참으로 완벽했습니다. 잘 정돈된 책과 서류들, 군데군데 놓인 그림들, 잔잔히 흐르는 음악 소리, 그리고 흐트러짐 없는 장석주 시인의 단아한 풍모가 조화를 이루고 있었습니다. 이 모습은 아주 오랫동안 제 머릿속에서 사라지지 않았습니다.

그러던 장석주 시인에게 마광수 교수의 소위 '즐거운 사라' 사건이 덮쳐왔고, 그는 이 일로 인하여 그가 공들여 닦아온 출판인으로서의 길을 접어야 했습니다. 저는 누구보다도 그가 오랫동안 열정을 다해 키워왔고 닦아왔던 청하 출판사가 사라지는 것을 바라보며 마음이 아팠습니다. 개인적인 말씀을 드리자면, 저의 첫 평론집 『존재의 전환을 위하여』를 출간한 곳이 바로 장석주 시인이 운영한 청하 출판사였습니다.

청하 출판사가 이렇게 문을 닫고 꽤 많은 시간이 흐른 후의 어느 날, 저는 장석주 시인이 서울을 떠나 저 안성의 한 시골 마을로 내려간 것을 그가 발표한 시를 보고 알았습니다. 그의 시적 변화 과정을 지속적으로 살펴온 저의 눈에는 그의 시가 시골 마을로 내려가 달라진 삶으로 인하여 새로운 세계로 나아가고 있다는 것이 보였습니다. 저는 그가 영위하는 새로운 삶도 궁금했고, 그가 펼쳐 보일 새로운 시세계도 궁금했습니다.

그러던 어느 날이었습니다. 장석주 시인으로부터 한 권의 시집이 우송되어 왔습니다. 겉봉투의 발신인란에는 '경기도 안성시 금광면 오홍리 393 수졸재'라고 적혀 있었습니다. 저는 급한 마음에 아무렇게나 겉봉투를 뜯어내고 그 속의 시집을 꺼내 단숨에 작품을 다 읽어버렸습니다. 그가 보낸 시집 『물은 천 개의 눈동자를 가졌다』 속의 작품을 이렇게 단숨에 읽어버린 날, 저는 무척이나 즐거웠습니다. 그곳에는 '완전주의자의 방'을 지향하던 이전의 장석주 시인과 다른, 새로운 장석주 시인이 들어 있기 때문이었습니다. 부연해서 말씀드리자면 일체의 인위적 냄새가 사라지고 맨몸이 자연스럽게 드러난 한 시인이 그 속에 들어 있기 때문이었습니다.

저는 이전에 보았던 '완전주의자의 방'을 떠올리며 달라진 '수졸재守拙齋'에 한번 가보고 싶었습니다. 서울을 떠나 '시골로 내려간' 한 영혼을 훔쳐보고 싶었습니다. '완전주의자의 방'을 넘어서 '수졸재'를 만들어낸 한 시인의 겸허한 삶을 만나보고 싶었습니다.

봄기운이 감도는 날이었습니다. 저는 그의 '수졸재'를 찾아갔습니다. 산과 물과 사람이 '수졸'의 마음을 유지하며 살아가는 그의 집 풍경은 더 이상 '완전주의자의 방'이라고 표찰을 달지 않아도, 더 이상 액자나 그림으로 장식을 하지 않아도, 더 이상 음악적 선율을 빌지 않아도, 그 자체로 조화롭고 완전해 보였습니다. 그것은 모든 존재들이 몸에서 힘을 빼고 가장 자연스러운 모습으로 놓여 있었기 때문입니다. 그는 거기서 슬하에 강아지를, 새를, 들풀을 두고 외롭지만 평화로운 삶을 살고 있었습니다.

'수졸재' 시편이라고 부를 만한 장석주 시인의 최근 시집 『물은 천 개의 눈동자를 가졌다』 속에서 저의 마음을 가장 강하게 잡아끈 작품은 〈시골로 내려오다〉였습니다. 이 시를 읽으며 저는 그가 '수졸재'에서 살아가는 지금의 내적인 세계는 물론 외적인 세계까지도 한 꺼번에 그려볼 수가 있었습니다. 그리고 그가 도시를 버리고 시골을 선택함으로써, 달리 말하면 올라감을 버리고 내려옴을 선택함으로써, 이 시대의 세속인들이 상실한 채 살아가는 세계를 어떻게 얻고 찾아냈는가를 볼 수가 있었습니다.

좀 긴 작품이지만 전문을 인용해보겠습니다.

당신의 정부는 더 이상 내 정부가 아니다 나는 당신을 버렸다 내게 이래라저래라 명령하지 말아라! 이제부터 당신의 경전은 더 이상 유효하지 않다 내가 지켜야 할 계율은 내가 만든다 당신을 떠나면서 점집에 갔더니 구설수를 조심하라고 한다 구설수란 누구에게나 붙는 국민연금이거나 지방세 같은 것이다

당신을 버렸지만 길까지 버릴 수는 없었다 무릇 길들이란 땅 위에 세운 당신과 나의 유적이다 타클라마칸 사막에서는 하루에도 몇 번씩 길이 바뀐다 길 없는 길 위에 서서 새 길을 꿈꾼다

끼니때가 되면 쌀을 씻어 안치고 밥물이 끓는 동안엔 슬하의 것들을 돌보아야 일과는 매우 신성한 것이다 밥때가 되면 밥을 먹고 잘 때가 되면 눈을 붙인다 고립은 그것을 능동적으로 받아들인 자에겐 고립이 아니다 심심한 큰 개가 희디흰 햇빛 속에서 저보다 몸집이 작은 강아지의 목덜미를 물고 마구 흔들어댄다 어디에서나 힘없는 것이 속수무책으로 당하게 되어 있다

노란 수박꽃 밑에 엄지손톱만큼 작은 수박이 매달렸다 지금 이 순간에 부화하지 않는 것들은 끝내 부화하지 못한다 올 봄에 심은 나무 중에 석류나무가 가장 늦게 잎을 피워낸다 저수지 바닥이 다 드러나도록 비가 없다 벌써 용솔 묘목의 반이 벌겋게 잎이 말라죽었다 물의 문하에 들어선 자에게 이보다 더 큰 실망은 없다 나는 절망함으로써 절망을 채찍질하며 절망을 건너갈 것이다 너무 크게 상심하지 않기로 한다

이 순간을 살지 못하는 당신에겐 삶이 없다 이 순간에도 당신은 당신이 알지 못하는 곳으로 흘러가고 있다 내 전생은 라마승이었으니 마흔 너머부터는 라마승의 삶의 길을 갈 수밖에 없다 큰 불편을 냉큼 받아들였더니 마음의 작은 불편들이 입을 다문다 시골에 오니 비로소 희망이 있었다

시가 길어서 한참 인용했습니다. 그러나 여러분들이 이 시를 읽으면서 지루함을 느끼지는 않았으리라 생각합니다. 그것은 각 연마다에서, 그리고 각 구절마다에서, 위 시를 쓴 장석주 시인이 예사롭지 않은 세계를 열어 보이며 우리에게 충격을 주고 있기 때문입니다. 우리는 그 충격에 빨려들며 시인이 만들어놓은 언어들과 동무하다 보면 어느새 마지막 부분에 이르게 되고 맙니다.

위에 인용한 장석주 시인의 시 〈시골로 내려오다〉를 보면 우선 그 제목 속에 들어 있는 '시골'이라는 말과 '내려오다'라는 말에 눈길이 머물게 됩니다. 그런데 말입니다. 왜 우리는 이 두 가지 말에 눈길을 잡히게 되는 것이란 말입니까? 여러분들도 잘 아실 것이라 생각합니다만, 그것은 이 두 가지 말이 이 시대에 낯선 용어가, 아니 신선한 용어가 되었기 때문입니다. 이들이 낯설고 신선한 까닭은 각각 두

가지 이유에서입니다. 그 하나는 '시골'과 '내려오다'라는 이 두 가지 말이야말로 20세기가, 아니 근대가, 아니 지금 우리가 살고 있는 이 시대가 버려야 할 후진적 유산으로 여기며 내팽개쳤던 것이기 때문입니다. 그러면 다른 한 가지 이유는 무엇인가요? 그 다른 한 가지 이유는 이렇게 내팽개쳐진 '시골'과 '내려오다'라는 두 가지 말 속에 20세기를, 근대를, 지금 이 시대를 넘어설 수 있는 비밀이 들어 있기 때문입니다. 남들이 모두 '도시'로 '올라가는' 이 시대에, 장석주 시인은 그들의 흐름에 역류하며 '시골'로 '내려온' 것입니다.

시골로 내려온 장석주 시인은 그가 시골로 밀려난 것이 아니라 시골을 선택한 것이라고 말하기 위하여 〈시골로 내려오다〉의 첫 연을 다 바칩니다. 그 첫 연을 다시금 조용히 읽어보면 '나는 패배자가 아니라 승리자다/ 나는 버려진 자가 아니라 버리고 온 자다/ 나는 노예가 아니라 주인이다/ 나는 길들여진 자가 아니라 창조하는 자다'라는 소리가 울려나옵니다.

그렇습니다. 장석주 시인은 〈시골로 내려오다〉의 첫 연에서 위와 같은 소리를 강한 어조로 전하고 있습니다.

당신의 정부는 더 이상 내 정부가 아니다 나는 당신을 버렸다 내게 이래라저래라 명령하지 말아라! 이제부터 당신의 경전은 더 이상 유효하지 않다 내가 지켜야 할 계율은 내가 만든다 당신을 떠나면서 점집에 갔더니 구설수를 조심하라고 한다 구설수란 누구에게나 붙는 국민연금이거나 지방세 같은 것이다

저는 방금 장석주 시인의 시 〈시골로 내려오다〉의 첫 연을 인용했

습니다. 그 첫 연의 첫 문장에는 위에서 볼 수 있듯이 "당신의 정부는 더 이상 내 정부가 아니다"라는 외침이 들어 있습니다. 이게 무슨 소리입니까? 저는 이 외침을 들으며 전방위 문학가이자 연극연출가인 이윤택 시인의 평론집 『우리에겐 또 다른 정부가 있다』를 떠올립니다. 이윤택 시인은 여기서 문학인들에겐, 더 나아가 예술인들에겐 국가를 유지시키는 세속적 정부와 다른, 그들만의 정부가 있다고 주장하였습니다. 그렇습니다. 문학인들에겐, 더 나아가 예술인들에겐, 국가를 유지시키는 세속적 정부 너머의, 그것을 초월하는 그들만의 또 다른 정부가 있습니다. 문학인들은, 그리고 예술인들은 그들이 설립한 이 정부에서 그들만의 문법을 창조하고 유지하며 그들만의 삶을 살아갑니다. 세속적인 정부의 숨막히는 문법을 벗어날 때, 그 해방감은 얼마나 큰 것입니까. 이런 점에서 장석주 시인이 "당신의 정부는 더 이상 내 정부가 아니다"라고 외친 것은 그 어떤 존재도 그를 억압할 수 없는 자신만의 고유한 세계를 스스로 만들고 지키고 향유할 것이라는 해방과 자유에의 의지를 표출한 것입니다. '나는 나다'라는 이 외침, '나는 세계의 중심이다'라는 이 주장, '나는 해방된 존재이다'라는 이 선언이야말로 한 인간이 그 스스로를 최고의 상태로 올려놓으려는 자아 존중감의 극치에서 나오는 것입니다.

이렇게 장석주 시인은 그만의 정부를, 그만의 경전을, 그만의 계율을 만들고 '수졸재'에 머뭅니다. 그에게 '수졸재'는 어떤 외침도 허용되지 않는 자유와 해방의 독자적인 공간입니다. 그 속에서 그는 그만의 방식으로 살아갑니다. 이런 사실을 장석주 시인은 〈시골로 내려오다〉의 제2연에서 다음과 같이 말했습니다.

당신을 버렸지만 길까지 버릴 수는 없었다 무릇 길들이란 땅 위에 세운 당신과 나의 유적이다 타클라마칸 사막에서는 하루에도 몇 번씩 길이 바뀐다 길 없는 길 위에 서서 새 길을 꿈꾼다

방금 인용한 제2연에서 우리의 눈길을 잡아끄는 대목은 "길 없는 길 위에 서서 새 길을 꿈꾼다"는 뒷부분에 있습니다. 세속의 정부가 그를 버리기 전에 그가 먼저 세속의 정부를 버리고 떠난 자리에서 새 길 찾기에 몰두한 것입니다. 그런데 그는 이 길이라고 하는 것의 속성을 너무나도 잘 압니다. 그가 알고 있는 길이라는 것의 속성은 타클라마칸 사막 위에서의 길과 같이 순간적이고 가변적입니다. 그러니 이미 정해진 길이나 영원 불변한 길은 이 세상에 존재하지 않습니다. 그러면 우리는 어떻게 해야 할까요? 장석주 시인이 제2연에서 들려준 내용에 귀를 기울여보면 그것은 "길 없는 길 위에 서서" 끊임없이 새 길을 꿈꾸며 길을 창조하는 것입니다. '수졸재'에서, 장석주 시인은 길 만들기에 골몰하고 있습니다. 그는 이미 만들어진 어떤 길에도 의지하지 않은 채 그만이 갈 수 있는 길을 계속하여 만들어내고 있는 것입니다.

〈시골로 내려오다〉의 제3연으로 가면 수졸재에서 그만의 길을 창조하며 살아가는 시인의 모습이 조금 구체적으로 그려져 있습니다. 우선 그는 "끼니때가 되면 쌀을 씻어 안치고 밥물이 끓는 동안엔 슬하의 것들을 돌"봅니다. 이것을 가리켜 그는 "매우 신성한 것"이라고 생각합니다. 그렇습니다. 그것은 매우 신성한 일입니다. 한 그릇의 따스한 밥을 손수 만들고, 그것을 만들며 슬하의 것들도 함께 돌보는 일, 그것은 신성할 뿐만 아니라 아름답고 눈물겨운 일입니다. 다음으

로 그는 "밥때가 되면 밥을 먹고 잘 때가 되면 눈을 붙"입니다. 그러니까 그는 문화인이기 이전에 하나의 생물로서 자연과 우주의 흐름에 그의 삶을 일치시키며 살아가고 있는 것입니다. "밥때가 되면 밥을 먹고 잘 때가 되면 눈을 붙"이는 것만큼 자연스럽고 무해한 일이 또 어디에 있겠습니까? 그러나 이런 평화와 안식 속에서도 그는 가끔 '고립감'을 느끼는가 봅니다. 하지만 그는 이 고립감을 슬기롭게 넘어섭니다. 그는 깊은 사색의 끝에서 "고립은 그것을 능동적으로 받아들인 자에겐 고립이 아니다"라는 경구를 만들어 내면화시키고 있습니다. 이것 역시 동감할 수 있는 말입니다. 그의 '수졸재'는 '시골'로 '내려온' 자가 만든 외딴 집이지만, 그는 이 속에서 고립감을 넘어 충일감을 느끼고 있기 때문입니다. 시인의 관심은 이제 그가 키우는 슬하의 큰 개와 강아지로 옮겨갑니다. 이 개들을 바라보며 그는 세속사의 끈질긴 원리를 깨닫습니다. 그것은 바로 "어디에서나 힘없는 것이 속수무책으로 당하게 되어 있다"는 것입니다. 이것은 참으로 지긋지긋한 짐승의 냄새입니다. 오랫동안 생명을 가진 모든 것들은 이 원리에 길들여져왔습니다. 장석주 시인은 그만의 정부에서 이런 세계의 폭력성을 거두어내고 싶어합니다. 그러면서도 그는 자신의 힘으로 어찌할 수 없는 이런 세계의 폭력성을 보며 안타까움과 연민의 마음을 함께 갖는 것 같습니다.

 이미 요지가 되는 것을 먼저 말해버렸지만 여러분들이 글을 읽는데 단절감이 느껴지지 않도록 하기 위해 〈시골로 내려오다〉 제3연을 인용해봅니다.

  끼니때가 되면 쌀을 씻어 안치고 밥물이 끓는 동안엔 슬하의 것들을 돌보아야 일과는 매우 신성한 것이다 밥때가 되면 밥을 먹고 잘 때가 되면 눈을 붙인다 고립은 그것을 능동적으로 받아들인 자에겐 고립이 아니다 심심한 큰 개가 희디흰 햇빛 속에서 저보다 몸집이 작은 강아지의 목덜미를 물고 마구 흔들어댄다 어디에서나 힘없는 것이 속수무책으로 당하게 되어 있다

이제 제3연을 지나 제4연으로 가보겠습니다. 제4연 역시 '수졸재'에서 장석주 시인이 살아가는 구체적인 풍경이 그려져 있는 곳입니다. 그는 그가 보살피고 바라보는 '수졸재'의 식구들에게 무한한 애정을 느끼며 그로부터 삶과 존재의 밑바닥에 숨어 있는 비밀을 읽어내곤 합니다. 제4연을 단독으로 옮겨보겠습니다.

노란 수박꽃 밑에 엄지손톱만큼 작은 수박이 매달렸다 지금 이 순간에 부화하지 않는 것들은 끝내 부화하지 못한다 올 봄에 심은 나무 중에 석류나무가 가장 늦게 잎을 피워낸다 저수지 바닥이 다 드러나도록 비가 없다 벌써 용솔 묘목의 반이 벌겋게 잎이 말라죽었다 물의 문하에 들어선 자에게 이보다 더 큰 실망은 없다 나는 절망함으로써 절망을 채찍질하며 절망을 건너갈 것이다 너무 크게 상심하지 않기로 한다

노란 수박꽃, 그 수박꽃 밑에 달린 작은 수박, 올봄에 심은 석류나무, 용솔 묘목, 저수지… 이 모든 것들은 다 장석주 시인의 '수졸재'에서 함께 사는 그의 식솔들입니다. 그는 이들을 애지중지 바라보고 사랑합니다. 그래서 그의 눈에는 "노란 수박꽃 밑에" 달린 "엄지손톱만큼 작은 수박"이 보입니다. 그뿐 아닙니다. 그의 눈에는 "석류나무

가 가장 늦게 잎을 피워낸"것도 들어옵니다. 또 그뿐이 아닙니다. 그의 눈에는 "용솔 묘목의 반이 벌겋게 잎이 말라죽"은 것도 보입니다. 그러나 그에겐 이런 것들을 바라보는 것이 곧 세계의 비밀을 깨닫고 그 자신이 어떻게 살아나가야 할 것인가를 다짐하며 자성하는 계기가 됩니다. 이를테면 그는 "노란 수박꽃 밑에 엄지손톱만만큼 작은 수박이 매달"린 것을 보며 "지금 이 순간에 부화하지 않는 것들은 끝내 부화하지 못한다"는 비밀을 읽어냅니다. 저는 이 말에서 부화의 절박성이랄까, 부화를 위한 치열성이랄까, 부화의 순간성이랄까, 하는 것을 느낍니다. 또다시 예를 들면 그는 "용솔 묘목의 반이 벌겋게 잎이 말라죽"은 것을 봅니다. 이것은 그에게 실망감과 그 실망감보다 깊은 절망감을 안겨줍니다. "용솔 묘목의 반이 벌겋게 잎이 말라죽"었다는 것은 시골로 내려온 자에게 너무나도 큰 자괴감을 불러일으키는 일이기 때문입니다. 그러나 그는 이런 부정적 감정을 잘 다스리고 발효시킵니다. 그런 시간과 노력이 있었기에 그의 입에서 마침내 "크게 상심하지 않기로 한다"는 자위의 말이 나옵니다. 절망감과 자괴감 속에서 이런 말을 찾아내기까지는 얼마나 많은 시간이 걸릴까요? 저는 이런 그의 말을 무책임한 가벼움의 소산이라 보지 않고, 희망을 잃지 않으려는 그의 신중함에서 나온 것이라고 생각합니다.

 꽤 긴 작품이지만 어쩌다 보니 이제 마지막 연을 함께 읽어볼 시간이 되었군요. 한 작품의 마지막 연을 대하면 등산을 마치고 하산이 가까워온 사람처럼 일을 다 마쳐간다는 안도감과 이제 그 일을 더 할 수 없다는 아쉬움이 함께 몰려옵니다. 장석주 시인의 시 〈시골로 내려오다〉의 마지막 연 앞에 선 지금의 제 심정도 이와 같습니다.

이 순간을 살지 못하는 당신에겐 삶이 없다 이 순간에도 당신은 당신이 알지 못하는 곳으로 흘러가고 있다 내 전생은 라마승이었으니 마흔 너머부터는 라마승의 삶의 길을 갈 수밖에 없다 큰 불편을 냉큼 받아들였더니 마음의 작은 불편들이 입을 다문다 시골에 오니 비로소 희망이 있었다

위에 인용한 마지막 연을 보니 '수졸재'로 내려오기까지, 아니 '수졸재'에 내려와서도 그는 앓이를 한 것 같습니다. 과연 어떻게 살아야 하는 것일까? 이런 질문을 앞에 놓고 그는 긴 고통의 시간을 보냈던 것 같습니다. 이런 고통의 시간 끝에 그가 깨달은 것은 무엇입니까? 위에 인용한 제5연을 보니 "이 순간을 살지 못하는 당신에겐 삶이 없다"는 말과, "이 순간에도 당신은 당신이 알지 못하는 곳으로 흘러가고 있다"는 말 속에 그가 깨달은 바가 들어 있습니다. 그는 한 순간도 패배하고 싶지 않을 만큼 자신의 인생을 사랑한 것입니다. 그는 어떻게 해서라도 그만의 정부를 보기 좋게 수립한 승리자가 되고 싶을 만큼 자기를 아꼈던 것입니다. 그뿐이 아닙니다. 그는 어떻게 해서라도 '희망'을 놓치지 않은 희망의 주인공이 되고 싶을 만큼 자기를 채찍질했던 것입니다.

장석주 시인은 수많은 앓이의 시간 끝에 자신을 라마승과 같은 존재로까지 동일시함으로써 그를 억압하는 모든 것들을 훌훌 털어냈습니다. 그는 말하기를 "큰 불편을 냉큼 받아들였더니 마음의 작은 불편들이 입을 다문다"고 했습니다. 이것은 자신을 라마승과 동일시한 데서 얻은 크나큰 소득입니다.

이렇게 하여 이제 웬만한 불편은 불편으로 느껴지지 않는 단계에,

그런가 하면 웬만한 고통은 고통으로 느껴지지 않는 단계에 장석주 시인은 자신을 올려놓았습니다. '수졸재'에 들어선 그만의 정부는 이런 단계를 거치면서 더욱 공고해질 것입니다. 그런 가운데 그는 보다 자유롭고 해방된 존재가 될 것입니다. 누구도 흔들거나 침범할 수 없는 그의 '수졸재' 속에서 장석주 시인의 영혼이 익어갈 것입니다. 영혼이 익어간다는 것은 얼마나 아름다운 일입니까? 그의 영혼이 익어갈수록 그의 시 또한 깊이 익어갈 것이라 생각합니다.

박용하
〈남태평양〉

사람에게 존경심을 갖는 저녁입니다

1963년 강원도 사천에서 태어났으며, 1989년 《문예중앙》을 통해 등단하였다. 시집으로 『나무들은 폭포처럼 타오른다』『바다로 가는 서른세번째 길』『영혼의 북쪽』 등이 있다.

남태평양

박용하

사람에게 존경심을 갖는 저녁이다
……

마더 테레사의
주름 높은
황혼의 얼굴을 보면
거기엔 어떤 미풍도 남아 있어 보이지 않지만,

그러나
거기엔 어떤 無限이 흐르고 있다

인종을 넘어간……
종교를 넘어간……
국가를 넘어간……
나를 넘어간……
사람에게만 존재하는 어떤 훈풍이 흐르고 있다

무한을 보여줄 수 있는 인류가 있다니!
훈풍을 보여줄 수 있는 죽음이 있다니!

마음을 무릎에 붙이고
아주 오랜만에
사람을 존경하는,

있을 수 없는 저녁이다

박용하의 제3시집 『영혼의 북쪽』을 읽던 날 저녁, 저는 이 시집 속에 들어 있는 한 편의 시 앞에서 오랜 시간 동안 눈길을 떼지 못하고 앉아 있었습니다. 그것은, 시를 쓰던 첫날부터 이 땅의 인간들을 향해 당신들이야말로 한 그루의 나무만도 못한 존재라며 지구에서 빨리 떠나라고 마구 호통을 치던 박용하가, 이 한 편의 작품 속에서만은 인간에 대한 존경심을 표시한 채 머리를 숙이고 있기 때문이었습니다. 도대체 무엇이 그로 하여금 이렇게 다소곳이 인간을 향하여 머리를 숙이게 한 것일까요? 이 궁금증은 그가 쓴 한 편의 작품을 보면 금방 풀립니다.

사람에게 존경심을 갖는 저녁이다

……

마더 테레사의

주름 높은
황혼의 얼굴을 보면
거기엔 어떤 미풍도 남아 있어 보이지 않지만,

그러나
거기엔 어떤 無限이 흐르고 있다

인종을 넘어간……
종교를 넘어간……
국가를 넘어간……
나를 넘어간……
사람에게만 존재하는 어떤 훈풍이 흐르고 있다

무한을 보여줄 수 있는 인류가 있다니!
훈풍을 보여줄 수 있는 죽음이 있다니!

마음을 무릎에 붙이고
아주 오랜만에
사람을 존경하는,

있을 수 없는 저녁이다

―〈남태평양〉 전문

어떠십니까? 금방 궁금증이 해결되지 않으셨습니까? 박용하가

"사람을 존경하는" "있을 수 없는 저녁" 시간을 맞이한 것은 바로 저 유명한 이 시대의 성녀, 마더 테레사의 생애를 기억해내었기 때문입니다. 마더 테레사에 대한 설명은 이곳에서 전혀 필요하지 않을 것입니다. 조금 거칠게 말하자면 그의 생애를 모르는 사람은 이 시대에 한 사람도 없을 것이라 여겨지기 때문입니다.

그래도 글의 진행을 위하여 몇 가지만 덧붙여보기로 합니다. 그는 알바니아에서 태어난, 카톨릭 종파의 수녀입니다. 그러나 그는 카톨릭 교계를 넘어, 저 인도에 있는, '죽음을 기다리는 사람들'의 집에서 죽음 앞에 비참하게 놓인 뭇 인간들을 돌보며 살다가 그의 생애를 마친 사람입니다. 그의 이런 생애는 자아를, 가족을, 국가를, 종교를, 그리고 또 무엇을, 그것이 인간들의 인간적인 삶을 가로막는 것이라면 그것이 무엇이든지 간에 과감히 뛰어넘고자 한, 한 인간의 '헌신적이고도 용감한 삶' 그 자체였습니다. 한 인간이 뭇 사람들의 평화를 위해 자아의 이기적 욕망을 버릴 수 있는 극한이 어느 지점인지를 그는 몸으로 직접 실천하여 보여준 것입니다. 이런 마더 테레사의 일생을, 그렇게 살다가 곱게 맞이한 그의 죽음을 보면서, 박용하는 위의 시를 쓴 것 같습니다.

어떻습니까? 여러분들은 진정 "사람에게 존경심을 갖는 저녁" 시간을 가져본 적이 있습니까? 사람에게 존경심을 갖는 시간이 오게 되면 마음이 어떻게 되던가요? 불행하게도 여태껏 그런 시간이 없었다고요? 어쩌면 그러실지도 모르겠습니다. 인간이란 참으로 존경하기가 어려운 난해한(?) 동물이니까요.

그러나, 그럼에도 불구하고, 아주 어렵게, 진정, 한 인간을, 아니 더 많은 인간을 존경하게 되는 시간이 오면, 우리의 내면은 정말로 큰 변화를 겪지 않습니까? 그런 시간을 맞이하게 되면, 우리의 거칠었던 숨소리는 차분해지고, 우리의 메말랐던 마음은 촉촉이 젖어들고, 우리의 충혈됐던 두 눈은 부드러워지고, 우리의 차가웠던 몸에는 온기가 감돌고, 우리의 들떴던 심장은 가라앉고, 우리의 막혔던 숨구멍은 열리지 않습니까? 우리는 이럴 때 정말로 다시 태어나는 것 같은 전율을 체험합니다. 우리는 이럴 때 한 사람의 인간으로 태어난 것 앞에 모처럼 감사의 마음을 갖고 속으로 떨게 됩니다.

박용하와 그의 시에 대한 이야기를 조금 한 후에, 다시 앞의 인용 시를 놓고 방금 함께 나눈 이야기를 더 이어갈까 합니다. 그것은 박용하와 그의 시가 가진 개성적인 면모를 듣고 났을 때, 박용하의 앞 인용 시에 대한 감상도 더 깊어지고 넓어질 수가 있기 때문입니다.

박용하는 강원도 토박이입니다. 그는 강원도 사천에서 태어나 대학을 다닐 때까지 강원도에서 살았습니다. 강원도는 그의 원체험을 형성한 곳입니다. 저는 이렇게 강원도가 원체험을 형성한 박용하에게서 강원도의 이미지를 슬며시 읽어냅니다. 강원도의 이미지라고 써놓으니 조금 어색하고 막연한 느낌이 들기도 하는군요. 하지만 이런 어려움을 무릅쓰고라도 저는 그에게서 읽은 강원도의 이미지를 말하지 않을 수 없습니다. 그것은 강원도가 그를 키웠다고 말할 만큼 박용하의 정신세계는 강원도의 이미지와 떼어놓고 말할 수가 없기 때문입니다. 저는 박용하에게서 강원도의 기세 좋은 산세를 읽어냅니다. 저는 박용하에게서 사람보다 먼저 눈에 들어오는 나무들의 분출력과 강인함을 읽어냅니다. 저는 박용하에게서 문명의 오지인 강원도 땅의 순결성과 순정성을 읽어냅니다.

이게 무슨 소리냐고 조금 의아해하실 분이 있을지 모르겠습니다.

조금 더 설명을 덧붙여야 할 것 같습니다. 박용하의 시를 보면, 그는 기세 좋은 북방의 사나이처럼 소리칩니다. 그의 목소리는 단호하고 강합니다. 그는 이 땅의 인간과 자연과 지구를 홀로라도 끝까지 지키려는 전위병처럼 싸움터의 맨 앞자리에 서서 목놓아(?) 외칩니다. 그의 이런 목소리는 단호할 뿐만 아니라 간절합니다. 다들 약은 자가 되어 성대를 아끼고 몸을 아끼며 에너지를 적절히 배분하고 있는 이 시대에, 박용하는 순정한 터프 가이처럼 자신의 성대가 망가지는 줄도 모르고, 자신의 몸이 신음하는 줄도 모르고, 일선에 나서서 날마다 온몸으로 외쳐대는 시인입니다. 그는 이 땅의 인간들이 살아온 모습과 살아가는 모습을 보면서 다음과 같이 다그치는 것입니다. 도대체 인간인 당신들은 어쩔 셈이냐고? 도대체 인간인 당신들은 지구를 이끌어갈 능력이 있기나 한 것이냐고? 도대체 인간인 당신들은 가망성이 있는 존재이냐고? 박용하가 이 땅의 인간들을 향해 토해내는 안타까움의 말들은 얼마나 강력하고 간절한지 그의 몸을 상하게 할 정도입니다. 그리고 듣는 이의 마음을 조마조마하게 할 정도입니다.

순정성과 순결성이 없다면 누가 이렇게 하겠습니까? 기세 좋은 산맥의 강직함과 그 속에서 살고 있는 나무들의 생명력을 내장시키지 않은 자가 어찌 이렇게 외쳐댈 수 있겠습니까? 저는 이런 점에서 그야말로 강원도의 시인이라고, 그에게서 강원도의 이미지가 포착된다고 말한 것입니다.

박용하는 인간 대신 나무를 믿는 시인입니다. 여기서 나무란 나무이면서 동시에 자연의 다른 이름이라고 생각할 수 있을 겁니다. 그의 시를 읽다 보면 그는 '나무교도'처럼 보입니다. 나무 앞에서, 아니 자연 앞에서, 그는 조용히 무릎을 꿇고 겸허한 표정을 보이며 고개를 숙

입니다. 나무가 아니면 그는 이 땅에서 살아갈 수 없었을지도 모른다
는 생각이 들 만큼 그에게 나무는 절대적입니다. 그래서 그의 첫 시집
제목은 '나무들은 폭포처럼 타오른다'입니다. 그는 이 시집 속의 한
작품, 〈절망에서-숨쉼의 나무로〉에서 감히 이렇게도 말합니다.

말하건대 난 여자 없인 살아도
나무, 나-아我-무無 없인 못 산다
단 하루는 둘째로 치고 거짓말 보태
찰나도 못 건너간다
이리 휩쓸리고 저리 휩쓸리고
중심이라곤 없는
집단으로 쥐약을 처먹은 이놈의 세상에
나무는 예나 이제나
저기 황량한 야野-심心에
그냥 그렇게 서 있다

―〈절망에서-숨쉼의 나무로〉 부분

더 이상 제 말이 없어도 박용하의 '나무교도'다운 측면을 충분히
짐작하시리라 믿고 있습니다. 요즘은 우리 시단에 '나무교도'가 하
도 많아서 그 진위를 가리기가 쉽지 않고, 또 그 수가 많아진 관계로
희소성도 아주 줄어든 편이지만, 누가 뭐래도, 제아무리 '나무교도'
가 많이 생겨서 교계가 혼탁해졌다 하더라도, 박용하는 원조 격의,
아니 대부 격의 '나무교도'로서 그 품격을 달리합니다.
그러면 이제 우리가 저 앞에서 인용한 박용하의 작품 〈남태평양〉

을 함께 감상해보기로 합시다. 우리는 앞에서 마더 테레사의 이야기를 하다가 잠시 다른 길을 거쳐왔습니다.

박용하는 〈남태평양〉에서 마더 테레사의 생애와 죽음의 세계를 보고 "마음을 무릎에 붙이고 / 아주 오랜만에 / 사람을 존경하는" "있을 수 없는 저녁"을 맞이했다고 숙연해진 마음으로 자신의 심정을 고백하고 있습니다.

지금 이 땅에 살고 있는 인간의 수가 60억인데 어찌하여 이렇게 "있을 수 없는 저녁" 시간을 이토록 드물게 맞이해야만 하는 것일까요? 그뿐입니까? 인간사가 전개된 이래 지금까지 이 땅에 발붙였던 인간의 수가 얼마나 엄청난데, 이렇게 "있을 수 없는 저녁" 시간이 그로 하여금 시를 쓰게 만들 만큼 특별한 시간으로 찾아와야만 하는 것일까요?

그러나 저는 저뿐만 아니라 여러분들도 박용하의 이런 심정에 충분히 공감하시리라 생각하고 있습니다. 인간 본래의 그 난해한 혹은 난처한(?) 본성은 말할 것도 없거니와, 박용하가 지적하듯 "색과 근육의 공화국"인 이 시대 속에서 진정 인간이 존경받을 만한 인간의 모습으로 살아가기가 얼마나 힘이 듭니까? 너나 할 것 없이 우리는 모두 타락한 존재들입니다. 우리의 내면은 검고, 우리의 표정은 번들거리고, 우리의 걸음걸이는 탐욕스럽습니다. 이런 인간들을 보며 우리는 자정自淨의 시간을 갖기가 어렵습니다. 영혼을 말갛게 헹구어내기가 어렵습니다. 그래서 사람들은 산을 찾아갑니다, 바다를 찾아갑니다, 사막을 찾아갑니다, 절을 찾아갑니다, 교회를 찾아갑니다. 그것도 저것도 아니라면 하늘을 바라봅니다, 지평선을 우러릅니다, 푸르른 들녘을 바라봅니다. 어떻게든 우리의 영혼은 헹구어지기를 소망하니까요.

　박용하가 마더 테레사 앞에서 "마음을 무릎에 붙이고 / 아주 오랜 만에 / 사람을 존경하는" "있을 수 없는 저녁" 시간을 맞이한 것은 바로 마더 테레사가 그의 영혼을 말갛게 헹구어낼 수 있게 해준 한 인간이었기 때문입니다. 마더 테레사는 박용하에게 산이었습니다, 바다였습니다, 사막이었습니다, 절이었습니다, 교회였습니다, 하늘이었습니다, 지평선이었습니다, 푸른 들녘이었습니다. 그는 마더 테레사 앞에서 "색과 근육"으로 무장된 자아의 이기적인 방어벽이 무력하게 넘어지는 소리를 들었던 것입니다. 그야말로 내가 없는 '나무〔我無〕'의 상태가 되었던 것입니다.

　박용하는 〈남태평양〉의 첫 행이자 첫 연에서 다음과 같이 적었습니다.

　　사람에게 존경심을 갖는 저녁이다

　그러고 나서 그는 다음 연의 말을 이어가지 못했습니다. 너무나도 감격스러운 시간이었기 때문이었을 거라고 짐작합니다. 그래서 그는 말없음표만 찍어놨습니다.

　　……

　사실 존경심 앞에서 무슨 말이 더 필요하겠습니까? 말을 잊게 하는 것, 말을 필요로 하지 않게 하는 것, 그것이 존경심이고 그 존경심의 원천인 감동 아니겠습니까?

그렇지만 박용하는 마음을 가다듬고 몇 마디 말을 이어갑니다. 말 없음표만으로 끝낼 수 없는 말들을 그는 조용히 열어놓고 있습니다. 그것은 다음과 같습니다.

마더 테레사의
주름 높은
황혼의 얼굴을 보면
거기엔 어떤 미풍도 남아 있어 보이지 않지만,

그러나
거기엔 어떤 無限이 흐르고 있다

여러분들은 '무한無限'의 표정에 대하여 생각해본 적이 있으십니까? 그 무한의 표정 속에 자신을 넣어보지 않은 자가, 그리고 그 무한의 세계를 그리워해보지 않은 자가, 어떻게 겸허한 마음의 자리를 알 수 있겠습니까? 그뿐일까요? 어떻게 그러한 자가 무심함 속에서 찾아오는 고요함의 참된 의미를 알 수가 있겠습니까? 무한과 마주하는 시간을 갖고 난 자만이 성숙한 어른의 세계로 넘어갈 수 있다고 말하면 지나친 것일까요?

박용하는 이러한 무한의 표정을 마더 테레사에게서 본 것입니다. 구체적으로 그는 마더 테레사의 주름 많은 "황혼의 얼굴"을 보면서 "어떤 미풍"도 그곳엔 없었지만 "어떤 無限"이 거기서 흐르고 있다는 말을 한 것입니다. 그러면 박용하가 방금 말한 "어떤 미풍"이란 무엇을 의미하는 표현일까요? 그것은 생물학적인 차원의 생명력을 말하는 것이겠지요. 박용하가 이 시를 쓸 무렵의 마더 테레사는 한 인간으로서 생물학적인 수명을 다할 지경에 와 있었던 것 같습니다. 그러나 그는 "어떤 미풍"보다 더 값진 "어떤 無限"을 그에게서 발견하였습니다. 박용하가 마더 테레사에게서 발견한 이 "어떤 無限"은 유한의 세계가 아닌 영원의 세계입니다. 그런데 그 영원의 세계는 이기성을 띤 세계가 아니라 자아 초월과 자아 해체의 세계임을 기억해야 합니다. 이런 무한 혹은 영원의 세계 앞에서 우리의 몸과 마음은 욕망의 바벨탑을 쌓지 않고 물처럼 부드럽게 흐릅니다.

박용하는 이어서 조금 더 말합니다. 그것은 역시 마더 테레사에 관한 것입니다.

인종을 넘어간⋯⋯
종교를 넘어간⋯⋯
국가를 넘어간⋯⋯
나를 넘어간⋯⋯
사람에게만 존재하는 어떤 훈풍이 흐르고 있다

위 인용 부분에서 관심을 끄는 표현은 "넘어간"과 "어떤 훈풍"입니다. 그러니까 '넘어간 사람', 그가 바로 마더 테레사입니다. 그리고 그렇게 넘어간 사람에게서만 맛볼 수 있는 "어떤 훈풍"을 가진 사람, 그가 바로 마더 테레사입니다. 그렇다면 도대체 무엇을 넘어간다는 말입니까? 박용하는 위 인용 부분에서 인종, 종교, 국가, 나 등을 열거하였습니다. 그렇습니다. 이들만큼 인간들의 세계에서 이기적인 실체도 없으니까요. 그러므로 이들을 넘어선 사람이라면 다른 그 무엇을 넘어서기란 아주 쉬운 일이겠지요. 다시 한 번 더 질문을 던져봅니다. 그렇다면 도대체 "어떤 훈풍"이란 무엇입니까? 말할 것도 없이 훈풍이란 따스한 기운입니다. 이 따스한 기운은 생명을 낳고 그 생명을 살리는 원천입니다. 따스한 훈풍이 흐르는 자 앞에서 우리가 어떻게 무너지지 않고 칼날을 세울 수가 있겠습니까? 그러니까 따스한 훈풍은 타인을 무장 해제시키는 원천입니다. 마더 테레사의 늙은 얼굴과 작은 체구 앞에서 박용하가 무너진 것은 바로 이 따스한 훈풍의 힘 때문입니다.

박용하는 이렇게 무너진 자신을 보면서, 놀란 듯이, 경탄조로, 느낌표를 찍으며, 다음과 같이 격한 어조로 말하고 있습니다.

무한을 보여줄 수 있는 인류가 있다니!
훈풍을 보여줄 수 있는 죽음이 있다니!

무한을 보여줄 수 있는 삶은 진실로 성공한 삶입니다. 훈풍을 보여줄 수 있는 죽음은 진실로 아름다운 죽음입니다. 무한을 보여주는 삶은 그것이 비록 한 개인의 삶일지라도 무한과 같은 넓이를 갖고 있습니다. 훈풍을 보여주는 죽음은 그것이 비록 한 인간의 생물학적인 해체로 이어지는 것일지라도 영원한 살림의 일에 동참하는 신비를 숨기고 있습니다. 박용하에게, 아니 우리 모두에게 박용하가 찾아내서 보여준 그 '무한'과 '훈풍'의 얼굴은 박용하뿐만 아니라 우리 모두로 하여금 오랫만에 '인간에 대한 예의'를 갖추게 합니다. 그리고 인간으로서의 품격을 한 단계 끌어올린 세계로 들어가게 합니다.

박용하는 그가 마더 테레사에게서, 다시 말하면 "어떤 無限"과 "어떤 훈풍" 앞에서 느낀 존경심을 또한 다음과 같은 인상적인 표현으로 전해주고 있습니다.

> 마음을 무릎에 붙이고
> 아주 오랜만에
> 사람을 존경하는,
>
> 있을 수 없는 저녁이다

그는 자신의 가장 낮은 자세를 가리켜 "마음을 무릎에 붙"였다고 말했습니다. 육체의 무릎을 꿇듯이, 그는 마음의 무릎을 꿇은 것입니다. 마음의 무릎을 꿇었다는 것은 한 대상을 온전한 존재로 가슴속에 받아들이고 그를 존중한다는 뜻입니다(저는 여기서 '온전한 존재'란 말을 강조하고자 합니다). 이런 시간이 찾아온 그날 저녁은 박용하의 삶에서 아주 특별한 날입니다. 그는 있을 수 없는 일이 있게 된 것 같다고 그날 저녁의 그 일을 아주 놀라운 사건으로 생각합니다. 인간이 인간을 존경하는 일이 이토록 놀라운 사건이라니, 참으로 착잡한 마음 그지없습니다.

그러나 어찌하겠습니까? 이것이 사실임을 부정하기가 어려우니 말입니다. 그렇다고 더 이상 무슨 말을 하겠습니까? 우리는 실제로 자기 자신조차도 스스로 존경하지 않는 경우가 허다하니 말입니다.

그렇더라도 또 어찌하겠습니까? 우리가 인간으로 살아가기를 포기할 수 없는 한, 인간 속에서 "마음을 무릎에 붙이고" 존경할 만한 대상이 나오기를 기대할 수밖에 없으니 말입니다. 그리고 우리 자신이 먼저 스스로 존경할 만한 대상으로 거듭나자고 초등학교 학생 같은 반성문과 결의문을 쓰는 수밖에 다른 도리가 없으니 말입니다. 이것은 매우 우매한 짓 같으나, 그래도 인간을 믿고 싶은 희망이 있는 사람들이라면, 이보다 더 좋은 방법을 찾아낼 수가 없을 것입니다.

이갑수
〈신神은 망했다〉

인간들은
두 손을 어떻게 써야 할지 모릅니다

1959년에 태어났으며, 1980년 《세계의 문학》을 통해 등단했다. 시집으로 『신은 망했다』
『현대적』 등이 있다.

神은 망했다

神은 시골을 만들었고
인간은 도회를 건설했다

神은 망했다

이갑수

지금으로부터 10여 년 전, 민음사에서 주관하는 '오늘의 작가상' 제15회 수상자로 이갑수 시인이 선정되었습니다. 오늘의 작가상은 우리 문단에서 상당히 권위를 가진 상이기 때문에 그 상을 탄 사람에게 많은 사람들이 관심을 갖습니다. 지금까지 오늘의 작가상을 수상한 사람으로 박영한, 이문열, 김광규, 최승호 등을 들 수 있습니다. 여러분들이 보더라도 문단에서 꽤나 쟁쟁한 사람들임을 금방 알 수 있을 것입니다. 저 역시 이갑수가 오늘의 작가상 수상자로 결정되었다는 소식을 듣고 그의 활동을 주의 깊게 지켜봤습니다. 특히 그가 서울대학에서 생물학을 전공하였다는 점 때문에 그에 대한 관심이 더욱 컸습니다. 생물학을 전공했으면 그 분야로 나아갈 일이지 왜 시를 쓰겠다고 이쪽 세계로 넘어왔는지 그게 궁금하였던 것입니다. 생물학이 자연과학의 세계에 속하는 것으로서 아주 구체적이고 과학적인 접근 방법을 요구한다면, 시라고 하는 것은 예술 내지는 인문 영역에 속하는 것으로서 생물학에 비해 추상적이고 초과학적인 성격을 띠고 있기 때문이었습니다.

정확히 말해, 1991년 7월, 그는 오늘의 작가상 수상작이자 첫 시집인 『신神은 망했다』를 선보였습니다. 그때 이 제목은 아주 충격적이었습니다. 이 시집은 대뜸 그 제목을 통해 사람들이 전지全知, 전능全能, 전선全善하다고 믿는 신을 향하여 망했다고 극단적인 진단을 내놓았으니, 도대체 그게 무슨 말인가 하는 의구심을 갖게 하기에 충분했습니다.

그런데 그의 시집 첫 장을 열자 바로 시집과 같은 제목의 시인 〈신은 망했다〉가 실려 있었습니다. 그 시를 여기서 여러분들과 함께 감상하고자 합니다. 전문이라야 총 3행에 불과한 짧은 시입니다. 그러나 이갑수가 이 시집에서 말하고자 하는 내용의 핵심은 물론 그가 가진 자연관과 문명관 그리고 인간관을 압축시켜 담아놓은 시로서 큰 관심을 받아 부족함이 없는 시입니다.

神은 시골을 만들었고
인간은 도회를 건설했다

神은 망했다

―〈神은 망했다〉 전문

이 시를 읽으신 여러분들의 소감은 어떠십니까? 너무 짧다는 생각이 드십니까? 아니면 신은 절대 망할 리가 없으니까 억지에 불과하다는 생각이라고 여겨지십니까? 그러나 이갑수의 시집을 사서 첫 장을 넘기다 이 시를 마주친 날, 제가 받은 충격은 매우 큰 것이었습니다. 그 이유는 첫째로, 단지 3행에 지나지 않은 말로 그가 시대의 예언자처럼 우리 시대가 안고 있는 가장 큰 문제를 예리하게 지적했다는 것 때문이었습니다. 둘째로, 재치가 번득인다는 점 때문이었습니다. 그는 아주 심각하고 큰 문제를 요령 있게 전달하는 능력을 갖고 있었습니다. 시인은 과학자가 아닙니다만 과학자가 따라올 수 없는 뛰어난 직관력을 갖고 있는 경우가 많습니다. 이러한 시인의 언어 속에는 예언자적 통찰력이라고 부를 만한 어떤 힘이 들어 있습니다. 또한 시인은 언어학자는 아닙니다마는 언어학자 이상으로 언어를 잘 다룹니다. 시인들은 그들의 언어 앞에 사람들을 붙들어놓습니다. 이갑수가 그의 시 〈신은 망했다〉 속에서 보여준 예언자적 통찰력과 재치 있는 언어 감각은 높이 살 만합니다.

　이갑수의 시 〈신은 망했다〉를 읽으면서 우리는 먼저 다음과 같은 점을 생각해볼 필요가 있습니다. 도대체 인간이란 이 우주상에서(혹은 지구상에서) 어떤 존재인가 하는 점에 대해서 말입니다. 사람들은 인간을 아주 다양한 말로 색다르게 규정합니다. 그들은 인간을 가리켜 '생각하는 존재'이니, '만드는 존재'이니, '종교적 존재'이니, '경제적 존재'이니 하는 등의 여러 가지 그럴듯한 말을 합니다. 다 그 나름대로 일리가 있는 말입니다. 저는 이 가운데서 이갑수의 시 〈신은 망했다〉를 설명하기 위하여 인간을 '만드는 존재'로 규정짓는 데 동의하고자 합니다.

　인간이 네 발 달린 짐승처럼 기어다녔을 때, 인간은 만들 수가 없었습니다. 그들은 오직 기어다니며 먹잇감을 구하고 종족을 번식시키는 일에만 열중할 수 있을 뿐이었습니다. 그러던 인간이 어느 날 두 발로 걷는 소위 직립인간이 되었습니다. 이것은 인간사에 있어 어마어마한 대사건입니다. 이때부터 인간들은 자유로워진, 그러나 어디에 쓸지 알 수 없는 두 손을 갖게 된 것입니다. 인간들은 이러한 손을 갖고 무엇인가를 만들어대기 시작하였습니다. 그들은 도끼를 만들고, 낫을 만들고, 그릇을 만들고, 옷을 만들고, 신발을 만들고, 집을 만들었습니다. 어디 그뿐입니까. 인간들은 오늘날까지 이루 다 헤아리기 어려울 정도로 많은 도구들을 만들었고, 지금 이 순간에도 만들고 있습니다. 명실공히 그들은 '만드는 존재 : 호모 파베르'가 된 것입니다.

이런 관점에서 본다면 인간사는 만드는 역사였습니다. 그들은 끊임없이 무엇인가를 만들어왔습니다. 만드는 일에 지칠 줄을 몰랐습니다. 이렇게 인간이 만든 도구들을 인공물이라고 한다면, 인간사는 인공물이 쌓여온 역사에 다름 아닙니다. 저는 이 글을 쓰면서 제 책상, 제 공부방 그리고 우리 집 안을 한번 둘러봅니다. 참으로 많은 도구, 곧 물건들이 곳곳에 놓여 있습니다. 이렇게 많은 도구들을 보고 새삼 놀라지 않을 수가 없습니다. 그래, 인간의 승리는 만드는 일에서 비롯되었어, 라고 혼자 중얼거립니다.

이갑수는 이러한 인간들이 만든 최대의 것으로 '도시'를 들었습니다. 아니, 인간들이 지금까지 만들어온 인공물들, 그것이 바로 도시를 형성했습니다. 그러니까 도시란, 한마디로 말해서 인간들에 의하여, 인간들을 위하여, 인간들이 만든 인공품입니다. 이것을 인간 공화국이라고 부를 수 있다면, 인간들의 공화국은 무척이나 대단합니다. 지도책을 펴놓고 한번 살펴보세요. 수많은 도시가 지도책 가득히 들어차 있지 않습니까? 그 많은 도시를 누가 만들었습니까? 말할 필요도 없이 '만드는 존재'로서의 능력을 가진 인간들이 만들었습니다.

그러면 신은 그동안 무엇을 했습니까? 이갑수의 시 〈신은 망했다〉

에 따르자면, 신은 본래 시골을 만들었습니다. 여기서 이갑수가 말한 시골은 자연의 다른 이름입니다. 따라서 신은 자연을 만들었다고 고쳐 말할 수 있습니다. 이렇게 됨으로써 명확한 대비 구도가 만들어졌습니다. 신이 자연을 만들었다면, 인간은 도시를 만든 것입니다. 전자를 무위無爲의 세계라면, 후자를 유위有爲의 세계라고 부를 수 있습니다.

그런데 왜 이갑수 시인은 "神은 망했다"고 말했을까요? 이갑수의 시 〈신은 망했다〉를 제대로 감상하려면 이 말을 이해해야 합니다. 짐작하건대 이갑수는 이렇게 말한 것 같습니다 : '신— 당신은 자연을 만들고 인간도 만들었습니다. 그런데 당신이 만든 인간이 당신과 경쟁이라도 하듯이 도시를 만들었습니다. 명실공히 인간은 만드는 존재가 되어 이 땅 위에 군림하게 되었습니다. 그러나 인간들은 도시를 만드는 과정에서 당신이 만든 자연을 너무나도 많이 파괴하였고, 그들이 만든 도시조차도 인간을 진정 행복하게 만들어주는 곳이라고 말하기 어렵습니다. 인간들은 지금도 바벨탑을 쌓아가듯, 도시를 확대시켜 나아갑니다. 그러나 그들이 도시를 확대시켜 나아가면 그럴수록 당신이 만든 자연은 파괴되고 도시 속의 인간들은 견딜 수 없다고 신음합니다. 그러니 도시를 만든 인간들은 실패한 것입니다. 마찬가지로 인간을 만든 신, 당신도 실패한 것입니다. 어쩌자고 당신은 인간을 만들었으며, 어쩌자고 인간들에게 만들 줄 아는 능력을 선사했습니까?'

인간들이 만든 도시란 어찌 보면 인간의 위대성을 반영하는 것 같지만, 그 밑바닥을 들춰보면 인간은 물론 다른 자연들까지 죽음의 길로 내모는 부정적 측면을 갖고 있습니다. 그러나 더 큰 문제는 직립

인간이 됨으로써 자유로워진, 그리고 무엇을 해야 할지 모르는 두 손이 지금도 도구를 만들고 있으며, 앞으로도 계속하여 그것을 만들어나갈 것이라는 점에 있습니다. 이런 점에서 인간이 직립인간으로 진화하여 손을 갖게 되었다는 사실과, 그 손을 사용하여 무엇인가를 만드는 존재가 되었다는 사실이야말로 인간에게 축복이며 동시에 불행입니다.

이갑수 시인은 도시를 만들었다고 으스대는 인간들에게 '인간들은 망했다'고 말하는 대신 '신은 망했다'고 간접적인 발언을 함으로써 그들의 현재와 미래가 얼마나 큰 위험성 앞에 노출돼 있는가를 경고합니다. 『녹색세계사』를 쓴 클라이브 폰팅의 말처럼, 생태학적 입장에서 인간사를 바라보면, 인간사는 진보의 역사라기보다 퇴보의 역사라고 말하는 게 옳습니다. 인간이 이 세상에서 살아가는 데 가장 중요한 것이 먹고 숨쉬는 일이며, 이 우주를 구성하는 가장 중요한 요소가 물·불·공기·흙인데, 지금 인간들은 공해로 인하여 먹고 숨쉬는 일에서 위기감을 느끼며, 물·불·공기·흙도 그들의 건강한 기능을 잃어가고 있으니까요. 이갑수 시인이 우리들을 향하여 "神은 망했다"는 말로써 '당신들은 망했다'고 경고하는 데는 이와 같은 인식이 숨어 있습니다.

뭐, 인간들이 이 지구상에서(혹은 우주상에서) 사라진다고 하여 큰일날 것은 없습니다. 너무 과격한 발언이라고 눈살을 찌푸릴 사람이 있을지 모르겠으나, 저는 이 말을 철회하고 싶은 생각이 없습니다. 이 지구상에서(혹은 우주상에서) 인간들이 사라질 때, 울부짖으며 한탄할 존재는 오직 인간 자신들밖에 없습니다. 어쩌면 인간 이외의 모든 존재들은 드디어 그 탐욕스럽고 위험스러운 인간들이 사라졌다고 대대적인 환영 행사를 벌일지도 모를 일입니다. 그만큼 인간들이 이 지구상에서(혹은 우주상에서) 만들어가는 인간사는 위험하고 난폭한 성격을 강하게 지니고 있습니다.

그러나 여러분은 물론이고 저 자신도 인간이며, 우리들은 이 땅에서 교육을 받고, 결혼을 하고, 아이를 낳으며 살고 싶기 때문에 우리들의 지구가(혹은 우주가) 건강하기를 바라고 또 그 속에서 만들어가는 인간사가 온전하기를 바랄 것입니다. 이런 지구와 인간사를 만드는 것이 전적으로 인간 자신에게 달려 있다는 것은 재론할 여지가 없습니다. 그만큼 인간들이 할 일은 많습니다. 직립인간이 됨으로써 자유롭게 된 두 손을 어떻게 사용하느냐 하는 문제가 남아 있는 것입니다.

이렇게 생각하고 여러분들의 몸에 달려 있는 두 손을 들여다보십시오. 그 손이 지금까지 해온 일을 떠올려보십시오. 그리고 그 손으로 앞으로 하고자 하는 일도 상상해보십시오. 어떤 생각이 드십니까? 손 둘 바를 모르겠다고요? 그렇습니다! 손 둘 바를 제대로 찾는 일이 그렇게 쉬운 일이 아닙니다.

이런 맥락에서 저는 아무것도 하지 않는 것이 가장 죄를 적게 짓는 일일지도 모른다는, 다소 낯선 생각도 해봅니다. 우리들이 무엇을 하게 되면, 그와 더불어 자연이 파괴되고 쓰레기가 양산되는 것이 보통이니까요. 그러나 인간들은 이갑수의 말처럼 도회를 건설하기 위하여 잠시도 가만히 있지를 않습니다. 그들은 아침부터 저녁까지 분주하게 뛰어다니며 무엇인가를 계속해서 합니다. 무엇인가를 하지 않는다는 것은 게으르다는 증거요, 게으름은 곧 죄악이라고 우리는 교육받아왔으니까요. 인간이 '만드는 존재'라는 사실과, 인간에게 두 손이 주어졌다는 것은 이처럼 어려운 문제를 내포하고 있습니다. 그렇다고 해서 두 손을 묶어놓을 수도 없는 일이니, 우리들이 두 손을 쓸 때면, 왜, 무엇을 위하여, 어떻게 두 손을 쓸 것인가 한번쯤 진지하게 생각해보는 일이 필요하겠지요. 인간들은 그렇게 진지한 존재가 못 된다고요. 그런 점도 물론 있습니다. 그러나 인간은 '생각하는 존재'라고 스스로를 규정짓고 구별짓지 않았습니까? 그것을 믿을 수밖에 더 있습니까? 누구도 이런 일과 관련하여 확실한 답을 내놓을 수는 없겠으나, 인간들의 이런 점에 희망을 걸어보는 것이 영 잘못되었다고만 할 수는 없을 것입니다.

홍윤숙
⟨마지막 공부 : 놀이 9⟩

지금, '마지막 공부'를 하고 있습니다

1925년 평안북도 정주에서 태어났으며, 1947년 《문예신보》를 통해 등단하였다. 시집으로 『경의선 보통열차』 『낙법놀이』 『마지막 공부』 등이 있다.

마지막 공부 :: 놀이 9

홍윤숙

이제 손놓고 헤어져야 한다
여기까지는
앞서거니 뒤서거니 아름다운 이름들
사랑 또는 미움으로 꽃밭도 일궜지만
여기서부턴
누구도 함께 갈 수 없는 나라
위리안치 아득한 적소의 변방이다
혼자서 가야 하는,
편지하지 마라
전화도 사절이다
나는 여기서 오래 전부터
아무도 모르는 마지막 공부에
골몰하고 있다
잊혀지고 작아지고 이윽고 부서져
사라지는 법
이 세상 마지막 공부에
땀 흘리고 있다

바늘 하나 떨어지는 소리에도
땅이 울리는
이 마을에 지금 살아 있는 건
삼복 염천에 불같이 울어대는 매미뿐이다
짧은 생애 목놓아 울고 있는
매미의 애끓는 곡성뿐이다.

홍윤숙 시인의 시 〈마지막 공부 : 놀이 9〉를 여러분들과 함께 감상하고자 하는 이 자리에서, 저는 먼저 최근 들어 『이윤기의 그리스 로마 신화』의 저자로 명성이 자자한, 소설가이자 번역가이고 또 수필가이기도 한 이윤기 씨의 수필집 『이윤기가 건너는 강』 속의 한 부분을 자연스럽게 떠올렸습니다. 이윤기 씨는 이 수필집의 한 부분에서 다음과 같이 인상적인 말을 풀어놓고 있기 때문입니다.

내게는 서른 살 무렵에 짠 내 인생의 계획표가 있다. 매우 정교한 시행세칙이 있지만 줄거리는, 공자 말씀 믿지 말고 쉰 살 되기까지 생업에 뜨겁게 매달리되 공부를 계속하고, 쉰 살부터 예순 살까지는 쓰기에 매달려 그동안 해온 보람이 뒤쪽으로 나지 않도록 할 것이며, 예순 살부터는 붓을 놓고 다시 공부에 들되, 공부로써 삶의 지극한 비밀을 꿰뚫어 죽음을 하찮게 여길 수 있게 하자는 것이다.

이윤기 씨는 1947년생입니다. 지금 우리 나이로 56세입니다. 그러니까 그가 말한 인생계획표에 의하면 그는, 현재, 그가 쉰 살까지 한편으로는 뜨겁게 생업에 매달리고 또 다른 한편으로는 열심히 공부해온 자신의 치열한 삶을 이제 '쓰기'라는 작업에 매달려 "그동안 해온 보람이 뒤쪽으로 나지 않도록" 하고 있는 시점에 있는 것입니다. 그런 시점에서 그는 수필집 『이윤기가 건너는 강』을 펴냈고, 또 베스트셀러의 앞자리를 오랫동안 차지하며 때 아닌 열풍으로 우리 독서계를 움직이고 있는 신화서 『이윤기의 그리스 로마 신화』를 쓴 것입니다. 그뿐이 아닙니다. 이윤기 씨는 『진홍글씨』와 『그리운 흔적』을 비롯한 여러 권의 소설집도 출간하였습니다.

　그런데 말입니다. 제가 이윤기 씨를 이 자리에서, 그것도 홍윤숙 시인의 시를 감상하고자 하는 이 글의 앞자리에서 이끌어들인 데는 이유가 있습니다. 그 이유란 첫째로 상당히 인상적인 그의 인생계획표를 여러분들과 함께 만나보고 싶기 때문이었으며, 둘째로는 그의 인상적인 인생계획표 가운데서도 그가 왜, 어떻게, '마지막 공부'를 하고자 하는지, 그 점이 너무나도 특별하게 눈길을 사로잡고 놓아주지 않기 때문이었습니다. 이 외에도 또 한 가지 이유가 더 있습니다. 그것은 이윤기 씨가 하고자 하는 '마지막 공부'가 홍윤숙 시인의 '마지막 공부'와 깊은 연관성을 갖고 있기 때문이었습니다.

　그러면 저의 눈길을 강하게 사로잡고 놓아주지 않으면서 홍윤숙 시인의 시 〈마지막 공부 : 놀이 9〉와 깊은 연관을 가진 이윤기 씨의 그 '마지막 공부'란 구체적으로 어떤 것을 두고 말하는 것일까요? 앞의 인용문을 찬찬히 읽은 사람이라면 굳이 다시금 그것을 여기서 제시하지 않는다 하더라도 그것이 무엇인지를 잘 알고 있을 것입니다.

그러나 그가 말하는 '마지막 공부'의 의미를 다시 한 번 더 실감 있게 만나보고 깊이 있게 되뇌어보기 위하여 여기 해당 부분을 또다시 옮겨보겠습니다.

* 예순 살부터는 붓을 놓고 다시 공부에 들되, 공부로써 삶의 지극한 비밀을 꿰뚫어 죽음을 하찮게 여길 수 있게 하자는 것이다.

어떠셨습니까? 이윤기 씨가 위의 인용문에서 전해주는 '마지막 공부'의 내용과 그 이유를 보고서 말입니다. 이윤기 씨는 나이 60세부터 일체 붓을 놓고 이른바 '마지막 공부'에 몰두함으로써 "삶의 지극한 비밀을 꿰뚫어 죽음을 하찮게 여길 수 있게 하"겠다고 하였습니다. 말하자면 나이 60세부터는 독서로써 죽음에 대한 공부를 하겠다는 것입니다. 이런 공부를 하겠다는 그의 계획은 참으로 대단한 숙고 끝에 세운 계획일 것입니다. 저는 그의 이런 계획 앞에서 그것은 참으로 대단한 계획이라고, 그것은 참으로 훌륭한 계획이라고, 그것은 참으로 사려 깊은 계획이라고, 그것은 참으로 야심 찬 계획이라고, 그것은 참으로 용기 있는 계획이라고 말하지 않을 수 없습니다. 그의 계획표에 의한 이러한 '마지막 공부'를 두고 앞에서와 같은 찬사(?)를 보낼 수 있는 것은 그것이 세속적 욕망을 확장시키기 위한 탐욕의 일환이 아니라, 하나의 생물이면서 동시에 다른 많은 생물들과 달리 생각하는 존재로 운명지워진 인간으로서 한 인간이 그 인간됨을 품위 있게 지키고자 노력하는 모습의 일종이기 때문입니다.

사실, 죽음이란 문제는 누구나 한번쯤 끌어안고 밤을 하얗게 지새우며 고민해야 하는 대상이 아닙니까? 젊은 시절에는 젊은 시절대로의 수준과 느낌 속에서, 또 나이 들어서는 그 시절대로의 수준과 느낌 속에서, 하룻밤이 아니라 평생을 두고 고민해야 할 대상이 아닙니까? 그러나 그렇다고 해서 문제가 명쾌하게 풀리지도 않는 아주 고약한 대상이 바로 죽음이라는 문제 아닙니까? 저의 이런 물음에 대하여 저는 여러분들도 동의하며 고개를 끄덕일 것이라 생각합니다.

그런데 이렇게 말하고 나니 제가 말한 내용이 너무 무거워서 몸에 조금 부담이 오는 것 같습니다. 그렇더라도 조금만 더 참고 이야기를 더 해보겠습니다. 그 '마지막 공부'란 정말로 어렵고 힘들고 난해한 공부인데도, 더욱이 명쾌한 답도 있을 수 없는 오리무중 속의 공부이기가 일쑤인데도, 그런 공부를 끝장을 볼 때까지 하겠다고 달려든다는 것은 매우 귀한 생의 자세가 아니겠습니까? 여러분들도 알다시피 이 공부를 제대로 하지 않고는 그 누구도 우리에게 찾아드는 죽음이란 존재 앞에서 자연스럽고 평화로운 표정을 지을 수가 없습니다.

이윤기 씨의 인생계획표와 관련된 이야기가 조금 길어지고 말았습니다. 그렇더라도 제가 여기서 홍윤숙 시인의 시 〈마지막 공부 : 놀이 9〉를 인용하는 순간, 여러분들은 금방 제가 왜 이윤기 씨의 수필집 『이윤기가 건너는 강』 속에 나오는 그의 인생계획표에 대해, 그 가운데서도 '마지막 공부'에 대해 꽤나 긴 이야기를 했는지 그것을 알 수 있을 것입니다.

이제 손놓고 헤어져야 한다
여기까지는
앞서거니 뒤서거니 아름다운 이름들
사랑 또는 미움으로 꽃밭도 일궜지만

여기서부턴
누구도 함께 갈 수 없는 나라
위리안치 아득한 적소의 변방이다
혼자서 가야 하는,
편지하지 마라
전화도 사절이다
나는 여기서 오래 전부터
아무도 모르는 마지막 공부에
골몰하고 있다
잊혀지고 작아지고 이윽고 부서져
사라지는 법
이 세상 마지막 공부에
땀 흘리고 있다

바늘 하나 떨어지는 소리에도
땅이 울리는
이 마을에 지금 살아 있는 건
삼복 염천에 불같이 울어대는 매미뿐이다
짧은 생애 목놓아 울고 있는
매미의 애끓는 곡성뿐이다.

—〈마지막 공부 : 놀이 9〉 전문

위 작품은 홍윤숙 시인의 시집 『낙법落法놀이』(1994) 속에 들어 있습니다. 이 시집이 출간되던 해, 홍윤숙 시인은 우리 나이로 70세였습니다. 그러니까 고희를 맞이한 때였습니다. 고희를 맞이한 그때에, 홍윤숙 시인은 위의 시에서 말한 바에 의하면 '마지막 공부'를 땀 흘리며 하고 있던 것이었습니다. 시집 제목을 빌려서 이런 정황을 달리 표현하자면 그는 '낙법놀이'를 하느라 열중하고 있던 것이었습니다.

여러분들은 '죽음을 생각하는 사람들의 모임'이라는 조금 독특한 모임에 대해서 들어본 적이 있습니까? 만약 이런 모임이 있다는 소리를 들어본 적이 있다면, 그 소리를 듣고 무슨 생각을 하셨습니까? 각 사람마다 서로 다른 생각들을 다양하게 하셨으리라 짐작합니다. 그런 가운데 저의 사적인 고백을 하자면 저는 이런 모임이 있다는 소리를 듣고는 다음과 같은 생각을 하였습니다. 그래, 인간이란 어차피 이 땅에 혼자 왔다가 혼자 우주 속으로 사라지는 고독한 존재이지⋯⋯ 그렇지만 인간이야말로 이 세상에서 개미라는 존재와 더불어 '협동'의 기술을 가장 잘 익혀 성공한 존재라고 동물학자들은 말하지 않던가⋯ 그러니 누구나 혼자 맞이할 것이 죽음이라는 사건이지만 이 죽음이란 난제를 풀기 위하여 인간들은 그들의 역사를 지탱해오는 데 위력을 발휘한 그 '협동'의 기술을 사용하고 있는 것이지⋯ 그것은 꽤 괜찮은 방식 같기도 하지⋯ 공포감도 여럿이서 대항하고 지혜를 모으면 약화되는 게 사실이니 말이야⋯⋯.

어쨌든 '죽음을 생각하는 사람들의 모임'을 만든 사람들은 죽음이란 문제를 앞에 놓고 공동 과제를 수행하는 연구자들처럼 그들의 모임을 만든 것입니다. 그들에게는 혼자서 죽음의 문제를 풀기 위하여 '마지막 공부'를 하는 것보다 여럿이 모여 '마지막 공부'를 하는 것이 훨씬 효과적이라고 생각된 것 같습니다.

저는 혼자서 '마지막 공부'를 하는 것과, 여럿이 '마지막 공부'를 하는 것 중, 어느 것이 실제로 더 효과적인 공부인지 알 수 없습니다. 다만 한 가지 분명하게 말씀드릴 수 있는 것은 사람에 따라 효과적인 공부의 방법이 모두 다 다를 것이라는 점뿐입니다. 그럼에도 불구하고 여기서 또 한 가지 말씀드리지 않을 수 없는 것은 '마지막 공부'를 어떤 방식으로 하든지 간에 죽음이란 그 사건 앞에는 우리 모두가 마침내 홀로 설 수밖에 없다는 것입니다.

죽음이란 문제를 다루니까 또다시 몸이 무거워져오는군요. 방법적으로라도 좀 가볍게 이 문제를 대하는 수는 없을까, 한번 생각해봐야겠습니다.

아, 그러니까 떠오르는 사람이 있습니다. 두둑한 배짱을 자랑하며 선생님이 내주시는 숙제를 단 한 번도 해오지 않고 학교를 드나들던 저 초등학교 시절의 덩치 좋고 기세 좋던 한 아이가 말입니다.

그 아이처럼, 에라 모르겠다, 하면서 죽음이라는 문제를 배짱 좋게 무시해버릴 수는 없을까요? 아니, 그 아이처럼 아예 인생 앞에 문젯거리니 숙제니 하는 것을 염두에 두지 않고 낙천적으로(?) 살아갈 수는 없는 것일까요? 어쩌면 저는 그 아이의 겉면만을 보고 이렇게 함부로 말을 이어가는지 모르겠습니다. 그러니 말을 좀 바꾸어야 할지 모르겠습니다. 가능하면 인생 앞에 닥쳐오는 문제 앞에서 기세 좋게 배짱을 부려보는 것은 어떻겠느냐고 말입니다.

사실 그렇습니다. 배짱이 두둑해서 웬만한 문제는 문젯거리로 여기지도 않을 수 있다면 그것만큼 좋은 일도 없습니다. 그것이야말로 매우 부러운 일에 속합니다. 그러나 배짱이라곤 없는 저는 태어난 이후 지금까지 제 앞에 숙제가 주어지면 그것을 물리칠 용기를 발휘하지 못한 채 그 숙제를 끌어안고 허덕이는 때가 대부분이었습니다.

저는 그런 제가 싫기도 하였습니다. 그렇다고 저 자신을 순식간에 개조시킬 수도 없는 노릇이었습니다. 그러고 보니 지금까지 제 인생은 숙제를 끌어안고 그것을 해결하려고 발버둥치는 시간들의 연속이었던 것 같기도 합니다. 안타까운 일입니다. 그런데 더욱더 안타까운 일은 그렇게 열심히 숙제를 끌어안고 허덕이는 것이 아주 훌륭한(?) 일인 것처럼 주관적인 착각을 하며 살아온 때가 많았다는 것입니다.

어쨌든 저는 배짱 좋은 친구들이 부러웠습니다. 뿐만 아니라 대충대충 숙제를 해오고도 마음 편하게 지내는 친구들도 부러울 때가 많았습니다. 그들은 숙제를 안고 씨름하는 저에 비하면 언제나 여유가 있어 보였고, 무슨 문제 앞에서든 아주 쉽게 통과하는 재주를 가진 것 같아 보였습니다.

소심한 저는, '던지는 공을 반드시 받을 필요는 없다'는, 그런 속담도 있는데, 그런 속담을 지식으로만 알고 있을 뿐 실천할 용기를 갖지 못했습니다. 인생에는 어떤 일도 '위급한 상황이 아니다'라는 말도 알고 있었지만, 역시 제게는 많은 것들이 '위급한 것'으로 다가와 허덕일 때가 더 많았습니다. 그뿐입니까? 인생에는 그 어떤 것도 그렇게 '심각한 것이 없다'는 충고를 들었으면서도 저에게는 사소한 것들까지 심각하게 보여서 머리가 무거울 때도 많았습니다.

저는 이윤기 씨의 인생계획표를 보며, 또 홍윤숙 시인의 위 인용시 속에 나오는 '마지막 공부'의 장면을 보며, 이 두 사람도 숙제 앞에서는 쩔쩔매는 소심한 모범생 그룹에 속한다는 것을 느끼지 않을 수가 없었습니다. 더 나아가, 어쩌면 이 두 사람은 다른 사람들이 내주지도 않는 숙제까지도 스스로 만들어내서 그것을 푸느라고 골몰하는 모범생 중에서도 모범생에 속하는, 그런 인물일지도 모른다는 생각이 들기도 하였습니다.

  늙는다는 것, 그런 후에 찾아오는 죽음이라는 것, 이것을 우리는 어떻게 받아들이고 해결해야만 할까요? 저도 답을 내어놓을 수 없습니다. 다만 희망 사항이 있다면 배짱 좋은 학생처럼 문제를 문제조차 되지 않는 것으로 제쳐놓고 싶다는 것입니다. 그러나 이것은 실제의 제 속마음은 아닙니다. 그래서 조금 어조와 내용상의 조절을 가하여 말씀드리자면 제 희망 사항은 인생을 너무 '위급한 상황'처럼, 그리고 '심각한 상황'처럼 받아들이는 것으로부터 벗어나고 싶다는 것입니다. 그러고 나면 여유가 생길 터이고, 죽음이라는 숙제도, 그것을 풀지 않고는 배길 수 없는 문제이지만 좀더 여유로운 마음으로 풀어나갈 수 있지 않을까, 하는 생각이 들기 때문입니다.

  아예 내친 김에 죽음이라는 이 문제를 조금 더 가볍게 넘어서는 방법을 한 가지 더 풀어놓아볼까요? 그것은 제가 리처드 칼슨의 저서 『우리는 사소한 것에 목숨을 건다』에서 힌트를 얻은 것인데, 지금으로부터 100년 정도만 지나면 우리 주변의 그 누구도 이 땅에 존재하지 않을 것이라고 좀 거시적인 사유를 해보자는 것입니다. 이렇게 생각해보고 나면, 죽음이란 숙제 앞에 우리는 홀로 직면할 수밖에 없는 것 같지만, 실은 약간의 시차가 있을 뿐 함께 직면하는 것이나 다름없다는 결론이 나오고 맙니다.

  그렇더라도 실존은 관념을 선행하는 것, 그러기에 우리 앞에 닥쳐오는 죽음이란 문제는 개개인을 크게 힘들게 만듭니다. 홍윤숙 시인이 그의 시 〈마지막 공부 : 놀이 9〉의 앞부분에서 다음과 같이 말한 것도 다 이런 점과 관계가 있는 것이겠지요.

이제 손놓고 헤어져야 한다
여기까지는
앞서거니 뒤서거니 아름다운 이름들
사랑 또는 미움으로 꽃밭도 일궜지만
여기서부턴
누구도 함께 갈 수 없는 나라
위리안치 아득한 적소의 변방이다
혼자서 가야 하는,

  방금 인용한 부분을 보면 홍윤숙 시인은 죽음이란 숙제 앞에서 난감해합니다. 어쩔 수 없이 죽음 앞에서는 헤어져야 하는 것이지만, 그는 이승에서의 이런저런 기억과 추억들을 잊지 못할 것 같은 예감으로 힘겨워합니다. 그러나 감성적으로는 이승에서의 기억과 추억에 매달려 있어도, 그는 누구나 늙음과 더불어 죽음이 가까이 다가오면 "이제 손놓고 헤어져야 한다"는 사실을 이성적인 차원에서 인식합니다. 그뿐이 아닙니다. 그는 이성의 힘으로, 죽음이라는 그 나라는 "혼자서 가야 하는" 나라라는 것을 인식합니다. 바로 여기서 우리는 감성과 이성 사이에 끼여 있는 한 인간의 영혼을 연민과 공감의 눈으로 바라보게 됩니다.
  그런데 앞의 인용 부분은 이런 해석과 감상만으로 끝나지 않습니다. 앞의 인용 부분을 잘 살펴보면 홍윤숙 시인은 죽음이라는 사건 속으로 들어가는 것뿐만 아니라 그것을 어떻게 맞이할 것인가를 고민하며 힘써야 할 '마지막 공부' 역시 궁극적으로는 '혼자서' 해야 하는 일이며 '누구도 함께 할 수 없는' 일임을 인식하고 있습니다. 이런 인식 속에서 홍윤숙 시인은 죽음이라는 숙제를 풀기 위하여 그가 머무는 세계를 "위리안치 아득한 적소의 변방"이라고 표현하였습니다.

위리안치圍籬安置란 무엇입니까? 그것은 중죄인이 배소配所에서 달아나지 못하도록 가시가 많은 탱자나무로 울타리를 만들고 그 안에 가두어두던 일을 뜻합니다. 그러니까 "위리안치 아득한 적소의 변방"이란 바깥으로 나갈 수 없는 유배지를 뜻합니다. 이런 곳을 홍윤숙 시인은 '마지막 공부'를 하기에 좋은 장소로, 아니 '마지막 공부'가 이루어지는 곳으로 생각하였습니다.

그는 첩첩산중의 사찰에 들어가 고시 공부를 하는 수험생처럼 이 "위리안치 아득한 적소의 변방"에서 뭔가 죽음과 관련된 해답을 얻고자 전력투구를 합니다. 그러므로 그는 아주 단호해집니다. 이승에서의 삶에 대한 미련을 완전히 버릴 수는 없으면서도, 그는 그것을 뛰어넘어보고자 이를 꽉 물고 '마지막 공부'에 대어듭니다. 이런 사실을 우리는 앞서 인용한 부분의 다음 부분에서 볼 수 있습니다.

편지하지 마라
전화도 사절이다
나는 여기서 오래 전부터
아무도 모르는 마지막 공부에
골몰하고 있다
잊혀지고 작아지고 이윽고 부서져
사라지는 법
이 세상 마지막 공부에
땀 흘리고 있다

그러고 보면 "위리안치 아득한 적소의 변방"은 홍윤숙 시인 스스로가 '마지막 공부'를 하기 위하여 선택한 곳으로 보입니다. 그는 이런 곳에 자신을 유폐시키고는, 세상 사람들을 향하여 "편지하지 마라" "전화도 사절이다"라고 외치며 외부 세계와의 내통을 거부합니다. 그것은 스스로를 더욱 강인하게 단련시키기 위한 방법입니다. 그런가 하면 그것은 '마지막 공부'에 골몰하기 위해 일체의 장애물을 아예 처음부터 차단하는 방법입니다. 그런 결과 홍윤숙 시인은 어떤 소득을 얻은 것일까요? 아니 그가 이렇게 '마지막 공부'를 위하여 땀 흘리고 있는 목적은 무엇일까요? 그 답은 위의 인용문 중간쯤에 나와 있습니다. 그것을 여기에 적어보면 "잊혀지고 작아지고 이윽고 부서져/사라지는 법"을 터득한(하는) 것입니다. 저는 홍윤숙 시인의 이런 모습을 보며 자아 초월, 자아 해체 등과 같은 말을 떠올립니다. 결국 모든 것으로부터 잊혀지고 그 무엇보다도 작아지고 마침내는 부서져서 자신을 우주 속에 무화시킨다는 것이야말로 그렇게도 지독하게 이기적인 자아를 넘어서는 일이기 때문입니다. 자아를 넘어서면 우리는 우주와 하나가 됩니다. 그 속에서 자아의 이기심과 공포감은 봄날에 눈 녹듯 녹아버립니다.

그러나 홍윤숙 시인은 이 단계로 가고자 최선의 자세로 땀 흘리며 노력할 뿐, 아직 그 단계로 가 있지 못합니다. 그는 그런 자신의 모습을 있는 그대로 고백합니다. 그것은 매우 인간적인 느낌을 갖게 합니다. '나는 초월했다'고, '나는 다 이루었다'고 말하는 것에 비하여, 그의 이런 모습은 범속한 우리들에게 더 큰 친근감과 공감을 갖게 합니다. 그러므로 여름 한낮에 울어대는 매미 소리가 홍윤숙 시인에겐 다음과 같이 들립니다.

바늘 하나 떨어지는 소리에도
땅이 울리는
이 마을에 지금 살아 있는 건
삼복 염천에 불같이 울어대는 매미뿐이다
짧은 생애 목놓아 울고 있는
매미의 애끊는 곡성뿐이다.

매미의 울음소리가 홍윤숙 시인에겐 '곡성'으로 들렸습니다. 그런가 하면 매미의 울음소리를 들으며 그는 금방 매미의 '짧은 생애'를 떠올리며 안타까움에 떨었습니다. 아마도 매미의 울음소리와 그 생애가 '마지막 공부'를 하고 있는 이 시인의 모습과 어느 부분 중첩되었던 것 같습니다.

매미의 울음소리를 '곡성'으로 듣는 한, 더욱이 매미의 짧은 생애 앞에 그토록 마음 아파하는 한, 홍윤숙 시인의 '마지막 공부'는 한동안 더 이어져야 그가 원하는 바 소기의 목적에 도달할 것입니다. 그러나 이런 점이 홍윤숙 시인의 〈마지막 공부 : 놀이 9〉에서 감동을 약화시키는 요인이 될 수는 없습니다. 오히려 앞에서도 말했듯이 우리는 그의 인간적인 고뇌와 갈등과 떨림 앞에서 더 큰 친근감과 공감을 느낍니다.

초월하는 것도 좋습니다. 그러나 초월의 문 앞에 서성이며 그것에 도달하지는 못한 채 마냥 그것을 꿈꾸며 갈등하고 번민하는 모습도 인상적입니다. 공부를 다 마쳤다고 호언장담하는 것도 좋습니다. 그러나 아직도 공부가 잘 되지 않아 걱정이라고 노심초사하는 것도 인간적이라서 정겹습니다. 공부 같은 것은 아예 하지 않겠다고 문제가 닥쳐오기 전에 그것을 따돌리는 것도 좋습니다. 그러나 문제를 끌어안고 스스로 지은 감옥에 기거하며 그 문제 때문에 신음하는 것도 우직한 인간을 보는 것 같아 정이 갑니다.

여러 가지 이야기를 많이 했습니다. 그러나 죽음은 죽음으로써만 해결하거나 넘어설 수 있는 이상한 숙제라고 말하지 않을 수 없습니다. 그렇지 않고서야 이 땅에 그렇게 많은 종교가 존재하는 것을 어떻게 설명할 수 있겠습니까? 그러기에 '마지막 공부'는 죽음을 맞이하는 순간까지 계속될 수밖에 없습니다. 그러나 '마지막 공부'를 하는 인간의 모습은 인간의 위엄을 지켜주는 것 같아 보기에 좋습니다. 결국 죽는 그 시간까지 '공부'를 해야만 인간다운 품위를 지킬 수 있는 것이 인간의 운명인가 봅니다.

그런데 말입니다. 홍윤숙 시인이 시집 제목을 '낙법놀이'라고 정했고, 또 그 시집 속의 각 시편에 부제로 '놀이'라는 말을 붙인 것에서도 볼 수 있듯이, 우리의 '마지막 공부'가 '놀이'와 같은 것이 될 수 있다면 얼마나 좋을까요. '공부'가 '놀이'가 될 수도 있다는 생각을 하면, 무겁고 부담스럽고 긴장되기만 했던 몸과 마음이 어느새 조금씩 풀리는 듯하지 않습니까? 저는 저와 여러분의 '마지막 공부'도 이런 놀이의 차원에서 이뤄질 수 있다면, 한결 그 문제를 쉽게 대면할 수 있지 않을까 하는 생각을 이 자리에서 슬쩍 해봅니다. 그렇더라도 이 글을 끝내려는 지금, 제게는 멀고 가까운 곳으로부터 '마지막 공부'에 몰두하는 사람들의 힘겨운 모습이 다가옵니다. '마지막 공부'를 하는 이 모든 이들에게 아낌없는 격려를 보내야겠습니다.

고진하
〈어머니의 총기聰氣〉

달려가는 세상, 돌아가는 어머니

1953년 강원도 영월에서 태어났으며, 1987년 《세계의 문학》을 통해 등단하였다. 시집으로 『프란체스코의 새들』 『우주배꼽』 『얼음수도원』 등이 있다.

어머니의 총기

고진하

영혼의 머리카락까지 하얗게 센 듯싶은
팔순의 어머니는

뜰의 잡풀을 뽑으시다가
마루의 먼지를 훔치시다가
손주와 함께 찬밥을 물에 말아 잡수시다가
먼산을 넋놓고 바라보시다가

무슨 노여움도 없이
고만 죽어야지, 죽어야지
습관처럼 말씀하시는 것을 듣는 것이
이젠 섭섭지 않다

치매에 걸린 세상은
죽음도 붕괴도 잊고 멈추지 못하는 기관차처럼
죽음의 속도로
어디론가 미친 듯이 달려가는데

마른풀처럼 시들며 기어이 돌아갈 때를 기억하시는
팔순 어머니의 총기聰氣!

고진하는 강원도 시골 마을의 한 작은 교회를 이끄는 목사입니다. 그는 목사이자 시인인 셈입니다.

저는 고진하의 이력을 만날 때마다 궁전보다 화려한 교회들도 많고 많은데, 하필이면 왜 강원도의 그 허름한 시골 마을로 숨어들어 작디작은 교회의 목사로 살아가는지 그에 대한 숨은 이야기를 조용히 듣고 싶어집니다. 산으로 겹겹이 둘러싸인 강원도, 이미 영리한 사람들은 다 떠나고 어쩔 수 없는 사람들만 남은 쓸쓸한 시골 마을, 그 속의 작은 교회, 그 교회를 이끄는 시인 목사, 그가 바로 고진하입니다.

고진하가 이런 시골 마을의 교회를 이끌면서 그곳에서 느낀 심정을 가장 감동적으로 표현한 시는 그의 첫 시집 『지금 남은 자들의 골짜기엔』 속의 한 작품 〈빈들〉입니다. 그는 이 작품에서 다음과 같이 말하고 있습니다.

늦가을 바람에

마른 수숫대만 서걱이는 빈들입니다

희망이 없는 빈들입니다

사람이 없는 빈들입니다

내일이 없는 빈들입니다

아니, 그런데

당신은 누구입니까

아무도 들려 하지 않는 빈들

빈들을 가득 채우고 있는 당신은

—〈빈들〉 전문

   그렇습니다. 그가 찾아간 시골 마을은 위의 인용 작품 〈빈들〉이 말해주듯이 "늦가을 바람에 // 마른 수숫대만 서걱이는 빈들"과 같은 곳입니다. 그곳은 세상의 눈으로 볼 때 '희망'도, '사람'도, '내일'도 없는 황량한 땅입니다. 그런데 "아무도 들려 하지 않는" 이런 '빈들'을 그는 자신이 사랑하는 신과 더불어 찾아들었습니다. 황량해진 '빈들'을 그는 신과 손잡고 '희망'의 들로, '사람'의 들로, '내일'의 들로,

"가득 채우고" 싶었던 것 같습니다.

고진하는 개신교계의 목사입니다. 이런 선입견을 갖고 보면 그의 시가 기독교의 범위를 벗어나지 못할 것 같은 생각이 듭니다. 그러나 실제로 고진하의 시는 이런 선입견을 무색하게 만들 만큼 열려 있습니다. 그는 좁은 의미의 기독교시를 쓰는 시인이 아니라 매우 폭넓은 종교적 탐색을 근원적으로 하고 있는 시인입니다. 그러므로 종교적 본성을 가진 인간이라면 누구나 고진하의 시를 읽고 그와 공감하는 대화를 나눌 수 있을 것입니다.

최근 고진하가 『얼음수도원』이라는 시집을 출간하였습니다. 첫 시집 『지금 남은 자들의 골짜기엔』에서부터 시작된 그의 종교적인 영혼 탐구가 이 시집에 이르러 무르익은 느낌을 줍니다. 그는 시집의 제목이자 작품의 제목이기도 한 〈얼음수도원〉에서 인간이 지닌 영혼의 가장 드높은 단계가 어떤 것인가를 알려주고 있습니다. 드높은 영혼은 매장되고, 값싼 쾌락만이 길거리를 뒤덮은 이 시대에 그의 이와 같은 고상한 모습이 조금 낯설게 느껴지기도 할 것입니다. 어떤 사람은, 고진하의 이런 모습을 보고 '웬 영혼이람?' 하면서 비웃는 표정을 보일지도 모르겠습니다. 하지만 인간의 몸 속 깊은 곳에 드높은 영혼을 갈구하는 소망이 자리해 있다면 그의 이런 모습이 영영 남의 것 같지만은 않을 것이라고 생각해보기도 합니다.

고진하의 시집 『얼음수도원』 속에 들어 있는 한 작품 〈어머니의 총기聰氣〉를 여러분들과 함께 감상하고자 합니다. 제목만 보면 조금 진부한 것 같기도 합니다만, 실제로 시작품을 만나보면 그런 생각이 사라질 것입니다.

영혼의 머리카락까지 하얗게 센 듯싶은
팔순의 어머니는

뜰의 잡풀을 뽑으시다가
마루의 먼지를 훔치시다가
손주와 함께 찬밥을 물에 말아 잡수시다가
먼산을 넋놓고 바라보시다가

무슨 노여움도 없이
고만 죽어야지, 죽어야지
습관처럼 말씀하시는 것을 듣는 것이
이젠 섭섭지 않다

치매에 걸린 세상은
죽음도 붕괴도 잊고 멈추지 못하는 기관차처럼
죽음의 속도로
어디론가 미친 듯이 달려가는데

마른풀처럼 시들며 기어이 돌아갈 때를 기억하시는
팔순 어머니의 총기聰氣!

—〈어머니의 총기〉 전문

　어머니, 그것도 연로한 어머니를 시의 소재로 삼는 것은 상당히 지루한 경우에 속합니다. 너무나도 많은 사람들이 이런 소재를 그동안 시 속에서 사용해왔기 때문입니다. 그러나 어머니, 그것도 연로한 어머니는 그 자체로 시적인 울림을 갖고 있습니다. 그만큼 어머니는 말할 것도 없고, 특별히 연로한 어머니는 인간사의 모든 아픔과 비의를 숨기고 있는 존재입니다.

그럼에도 불구하고 어머니나 연로한 어머니는 자주 사용된 시의 소재이기 때문에 이 소재를 다룰 때는 특별한 배려와 시각이 필요합니다. 그렇지 않으면 실제의 삶 속에서 어머니나 연로한 어머니가 주는 시적 울림보다도 오히려 그 울림의 측면에서 부족한 시를 만들어내기가 쉬운 까닭입니다.

앞에 인용된 고진하의 시는 그러면 어떻게 해서 이런 위험성을 잘 비켜나갈 수 있었던 것일까요? 이 점을 염두에 두면서 앞에 인용된 고진하의 시 〈어머니의 총기〉를 감상해보기로 합시다.

고진하의 위 시는 표면적으로 연로한 어머니를 등장시키고 있지만 사실은 '죽음'의 문제를 깊이 있게 다루고 있는 셈입니다. 모든 종교가 이 땅에 존재하는 까닭은 죽음을 맞이해야만 하는 인간의 유한성 때문이지요. 그러니까 모든 종교는 죽음의 문제를 해결하기 위하여 존재한다고 보아도 크게 틀리지 않을 것입니다. 인간의 실존 속에서 죽음보다 더 두려운 것은 죽음에 대한 공포입니다. 우리가 이처럼 죽음에 대한 공포 속에서 초조해하고 불안해하는 것은 실제로 그 누구도 죽어볼 수 없고, 또 그 죽음 이후를 명료하게 예측하거나 알아낼 수 없기 때문입니다. 죽음은 사실적인 한 사건일 뿐, 그것 이상의 어떤 것도 우리는 실증적으로 알 수 없는 세계입니다.

앞의 인용 시에 등장하는 어머니는 '팔순의 어머니'입니다. 회갑을 넘어, 칠순을 넘어, 팔순을 맞이한 어머니인 것입니다. 그 어머니에게서 고진하는 몇 가지 사실을 읽어냈습니다. 그 몇 가지란, 첫째, 팔순의 어머니는 육체로서의 머리카락뿐만 아니라 영혼의 머리카락까지 하얗게 세었다는 것입니다. 하얀 머리카락과 하얀 영혼은 청춘의 질퍽거리는 속기를 털어낸 표정입니다. 우리는 하얀 머리카락 앞에서, 그리고 하얗게 표백된 영혼 앞에서 헐떡이던 욕정이 가라앉는 신선한 체험을 합니다. 둘째, 팔순의 어머니는 "무슨 노여움도 없이" 죽음에 대해 언급하곤 한다는 것입니다. 노여움이 없는 순간은 고요합니다. 그것은 비어 있는 세계입니다. 그것은 '무념무상의 설원'과 같은 표정입니다. 우리는 이렇게 노여움조차 없는 말들 앞에서 말이라면 으레 안고 있는 이기적인 욕망의 용트림을 조금이라도 피해볼 수 있습니다. 노여움이 없는 말, 그것은 모든 무거움을 넘어선 가벼운 말입니다. 그것은 자정된 탈속의 언어입니다. 셋째, 팔순의 어머니는 "마른 풀처럼 시들며 기어이 돌아갈 때를 기억"하고 있다는 것입니다. 한 인간이 "마른 풀처럼 시"드는 것을 볼 때 우리는 대지를 향하여 가라앉던 몸이 하늘을 향하여 떠오르는 느낌을 받습니다. 마른 풀처럼 시드는 인간의 몸 앞에서 우리는 어떤 인간적 욕망도 더할 용기가 나지 않기 때문입니다. 그렇게 "마른 풀처럼 시"드는 가운데 "돌아갈 때를 기억"하는 한 인간을 볼 때, 우리는 탈속의 자유로움을 맛보는 데서 더 나아가 숙연해지기까지 합니다. 돌아갈 때를 알고 있다는 것은 인간의 유한성을 겸허히 수용하고 있다는 의미이기 때문입니다. 과연 어떻게 하면 노여움 없이 죽음에 대하여 말할 수 있는 단계가 될까요?

고진하는 "마른 풀처럼 시들며 기어이 돌아갈 때를 기억하시는" 팔순의 어머니를 보며, 그에게서 빛나는 "총기"를 보았습니다. 총명한 기운이란 뜻의 '총기'란 말을 참 오랜만에 들어봅니다. 총명한 기운은 맑은 영혼을 가진 사람에게만 깃들입니다. 영혼이 맑지 않다면 우리의 모든 판단과 행위는 언제나 우리의 끝없는 욕망에 지배받을 것입니다.

저는 앞의 인용 시에 나온 팔순의 노모를 보며 색色의 세계를 지나 공空의 세계로 가는 한 영혼을 만나는 듯합니다. 색의 세계는 인간사를 몰고 가는 원동력이지만 공의 세계는 우주사를 맞이하는 손길입니다. 마찬가지로 삶의 시간은 인간사로 뒤척이는 욕망의 시간이지만, 죽음의 시간은 우주사로 건너가는 출가의 시간입니다. 그러니까 저는 〈어머니의 총기〉 속에서 팔순의 노모를 통하여 출가의 시간을 미리 엿보고 있는 것입니다.

고진하의 시 〈어머니의 총기〉가 진부한 어머니 시편으로 끝나지 않은 것은 앞서 언급한 바와 같이 팔순의 노모를 통하여 '죽음'의 문제를 진지하게 탐구하였기 때문입니다. 그러나 이 외에도 또 한 가지 원인을 더 제시할 수 있습니다. 그것은 시 속의 어머니가 관념적인 상상의 존재가 아니라 아주 구체적인 생활 속의 한 존재라는 점입니다. 위 시 속의 어머니는 지금 이곳에서 시인과 함께 살고 있습니다. 그는 시인의 눈에 "뜰의 잡풀을 뽑으시"고, "마루의 먼지를 훔치시"고, "손주와 함께 찬밥을 물에 말아 잡수시"고, "먼산을 넋놓고 바라보시"고, "고만 죽어야지, 죽어야지 / 습관처럼 말씀하시"고, "영혼의 머리카락까지 하얗게 센 듯싶"고, "마른풀처럼 시들며 기어이 돌아갈 때를 기억하시"는 분입니다. 바로 곁에서, 시인은 어머니의 모습을 가감 없이 차분하게 잘 관찰함으로써 어머니의 실상을 실감 있게 전해주고 있습니다.

한 인간이 늙어간다는 것은 애처로운 일입니다. 그러나 고진하는 팔순이 된 늙은 어머니의 애처로운 모습을 색다른 세계로 변주시키는 재주를 보여주고 있습니다. 인간적인 측면에서 본다면 팔순의 연로한 어머니는 분명 애처롭게 보입니다. 그러나 인간적인 측면을 살짝 벗어난 입장에서 팔순의 연로한 어머니를 보면 그 어머니는 신의 모습을 닮아가고 있는 존재처럼 보이기도 합니다. 그는 하얀 영혼을 가진 자요, 서두를 것 없이 일상을 고요하게 오가는 자입니다. 이렇게 인간적 차원을 비껴 선 자리에서 팔순의 노모를 바라다볼 때, 우리는 색다른 인식과 감동을 경험할 수 있습니다.

〈어머니의 총기〉에서 또 한 가지 생각해야 할 점은 어머니의 삶과 대비되는 이 세상의 모습입니다. 고진하는 자신의 팔순 노모가 돌아갈 때를 기억할 만큼 총기를 갖고 있음에 비해, 욕망으로 들끓는 이 세상은 돌아갈 때를 알지 못하는 '치매' 환자의 모습을 보여준다고 생각합니다. 팔순의 노모가 욕망을 하얗게 표백시키고 돌아갈 날을 기억하는 것과 달리, 우리가 사는 이 세상은 앞만 보고 달리며 끝도 없는 질주 속에서 "죽음도 붕괴도 잊고 멈추지 못하는 기관차"의 모양을 하고 있기 때문입니다.

생물학자들은 말합니다. 생명을 가진 모든 것들의 유일한 꿈은 자기 복제와 자기 확장이라고 말입니다. 그런 사실을 반영이라도 하듯이 인간들의 자기 복제와 자기 확장을 위한 욕망은 놀랄 만큼 대단합니다. 인간들은 지금 이 순간에도 자기 복제와 자기 확장의 선두주자가 되기 위해 동분서주합니다. 그들은 시계를 차고 허둥댑니다. 그들은 불을 켜고 밤조차 몰아내며 야단입니다. 그들은 미래만이 있다고 소리지릅니다. 그들은 미래로 달려가야 한다고 다짐합니다. 미래는 그들이 일등 주자가 되어 도달하고 싶어하는 가슴 설레는 땅입니다.

'치매'에 걸리지 않고서는 인간들이 이렇게 맹목적인 열정 속에 살아가기가 힘듭니다. 자기 복제와 자기 확장 이외의 다른 모든 것에 대해서 이 시대의 인간들은 철저하게 '치매'의 증세를 드러내는 것 같습니다. 어디 이 시대의 인간들뿐이겠습니까? 인간이란 그가 어느 시대의 인간이든지 간에 기본적으로 이런 치매적 속성을 갖고 살아갔겠지요. 그러나 그 정도에 있어서 이 시대의 인간들은 진정 최고의 수준을 자랑합니다. 치매가 되지 않고서는 살 수 없는 세계, 그것이 속도와 문명과 파괴의 이름을 가진 이 시대입니다.

고진하는 이런 시대를 보면서 위태로움과 한기를 느끼는 것 같습니다. 아마도 조금만 의식이 있는 사람이라면 "죽음의 속도로/ 어디론가 미친 듯이 달려가는" 이 시대를 보고 위태로움과 한기를 느끼지 않을 수가 없을 것입니다. 앞으로의 질주만이 있을 뿐, 근원으로의 돌아감은 없는 시대, 그것이 바로 우리가 살고 있는 이 시대의 표정입니다.

고진하는 근원과 궁극을 앞에 놓고 심각하게 고민하는 시인입니다. 근원과 궁극을 생각하는 사람에겐, 인간이 이 땅에서 자기 복제와 자기 확장을 위해 만든 모든 문명과 형식이 바벨탑처럼 위태롭고 허망하게 보일 것입니다. 그러나 치매에 걸린 사람들에겐 근원과 궁극이 보이지 않습니다. 그들은 오직 자기 복제와 자기 확장의 결과물인 문명과 형식에 전 생애를 바칠 뿐입니다. 이런 사람들이 늘비하게 줄지어 가는 땅에서, 고진하는 "영혼의 머리카락까지 하얗게 센 듯싶은" "팔순의 어머니"를 통하여 당신들이 서 있는 자리를 의심해보라고 경고를 하는 셈입니다.

 그 경고는 다음과 같은 내용일 것입니다. 치매에 걸린 세상과 그 속의 인간들이여! 그대들이 질주하는 그 모습과 그 속력보다 더 소중한 것은 "마른풀처럼 시들며 기어이 돌아갈 때를 기억하시는/ 팔순 어머니의 총기"가 아니겠느냐고……. 세상의 입장에서 보면 팔순의 연로한 어머니는 무력하기 그지없는 존재이지만, 그 팔순의 노모는 노현자老賢者처럼, 아니 노자老子처럼, 질주하는 우리의 발길을 슬쩍 붙들어놓고 근원과 궁극의 세계에 대하여 조용히 생각해보도록 하고 있는 것입니다.

 세상의 속도와 무모한 열정 앞에서 난감해지거든, 고진하의 시 〈어머니의 총기〉에 나오는 팔순 노모의 모습을 떠올려보십시오. 세상의 파괴력과 죽음의 세력 앞에서 몸둘 바를 모르겠거든 역시 고진하의 시 〈어머니의 총기〉에 나오는 팔순 노모의 모습을 떠올려보십시오. 팔순 노모는 당신들이 이 세상에서 허덕일 때 노현자의 얼굴을 하고 당신들에게 총기를 줄 것입니다.

김동원
〈존재의 꽃〉

모든 존재는 모르면서 살아간다

1937년에 태어났으며, 1979년 《현대시학》을 통해 등단하였다. 시집으로 『유적지』 『바람의 노래』 『나무는 바람을 모르지만』 등이 있다.

존재의 꽃

김동원

꽃이 핀다.
無名의 꽃이 핀다.
꽃도 모르고 꽃이 핀다.
한 가지에 어깨를 서로 기대어 피지만
서로 모르면서 피는,
서로 모르면서 아름다운 꽃.

꽃은 모르면서 진다.
모르고 지면서
모르고 산다.
지는 줄도 모르면서 지지만
피는 줄도 모르면서 핀다.

아무것도 모르면서 살고 있는 꽃은
아름답고 눈물겹다.
아무것도 모르면서 살고 있는
우리네 목숨같이
꽃은 피면서 진다.

꽃이 피고 질 때
꽃은 서로가 속수무책이다.
살지 않을래야 도무지 살지 않을 수도 없고
죽지 않을래야 도무지 죽지 않을 수도 없는,
가엾은 목숨처럼

유전자 지도를 연구하는 한 과학자가 자연은 그 자체로 완전한 것이 아니라 우리가 보충해서 채워넣어야 할 대상이라고 호언장담하는 것을 신문에서 보았습니다. 그는 모든 것을 다 아는 사람 같았습니다. 저는 그가 존경스럽기도 하고 무섭기도 하였습니다. 그가 더 채워서 지금보다 더욱 완전하게(?) 만들어놓을 자연이 어떤 모습일까, 잘 상상이 되지 않았습니다.

그런데 이와 달리 같은 과학자인 김동원 시인은 저를 만날 때마다 자신은 아무것도 '모른다'는 말을 되풀이하곤 하였습니다. 그는 정말 외치는 듯한 모습으로, 너무나도 진지하게, 자신은 과학자이지만 아무것도 모른다고 연거푸 저에게 말했습니다. 그뿐이 아닙니다. 김동원 시인은 과학자이면서도 그의 시집을 낼 때마다 자신은 아무것도 '모른다'는 사실을 그의 시집 속에 빼놓지 않고 반복하여 넣었습니다.

저는 그에게 질문하였습니다. 과학자인 선생님께서 아무것도 모른다고 말씀하신다면 누가 세계에 대해서 안다고 말할 수 있는 것이냐고 말입니다. 그러자 그는 대답했습니다. 아무도 세계에 대해서 안다고 말할 수 없다는 것입니다. 저는 다시 질문하였습니다. 많은 과학자들이 세계에 대해 아는 것처럼 말하는데 그들의 말은 무엇을 의미하는 것이냐고 말입니다. 그러자 그는 말했습니다. 과학자가 세계에 대해서 안다고 하는 것은 단지 분석의 차원에 그치는 것이라고 말입니다. 그리고 나서 그는 이어 그 분석이라고 하는 것도 지극히 적은 한 부분에 대해서만 이루어질 뿐이라고 했습니다. 저는 더 이상 묻지 않고서도 그가 한 말의 이면을 이해할 수 있을 것 같았습니다. 그래도 안심이 안 되는지 과학자인 김동원 시인은 계속하여 말을 이어갔습니다. 세계의 미래를 과학자가 구원할 것처럼 말하는 것은 아주 위험한 일이라고 말입니다. 저는 그가 과학자이면서도 이처럼 아무것도 모른다고 말했을 때, 한편으로 조금 답답했습니다. 그러나 다른 한편으로 안심도 되었습니다. 제가 이처럼 답답한 심정 속에서 안심하는 마음을 가진 것은 자신이 아무것도 모른다는 사실을 아는 과학자가 있는 한 세계의 미래는 그래도 어려운 가운데 작은 희망을 품을 만한 곳인지도 모른다는 생각이 들었기 때문이었습니다.

　김동원 시인을 아는 사람은 그렇게 많지 않을 것입니다. 그러나 그의 시는 높이 살 만한 측면을 갖고 있습니다. 앞에서 저는 그를 가리켜 과학자라고 했다가 또 시인이라고도 하였습니다. 이 말은 다 맞습니다. 그는 현재 충북대학교 자연과학대학 화학과에 재직하고 있는 원로 화학자이며,《현대시학》지를 통해 이미 1979년도에 등단한 시인입니다. 그러나 이런 말만으로 그를 다 소개했다고 할 수 없습니다. 그는『이성과 자연』이라는 과학철학서를 출간한 과학철학자이기도 합니다. 그러니까 우리는 김동원 시인에게서 시인으로서의 면모뿐만 아니라 과학자 그리고 철학자로서의 면모를 함께 볼 수 있는 것입니다. 김동원 시인이 늘 말하듯이, 과학은 분석합니다. 그리고 철학은 설명합니다. 이에 견주어본다면 시는 표현합니다. 그는 분석과 설명과 표현의 세 가지 비밀을 다 알고 있는 사람입니다.

그래서 그런지 그의 시에는 철학이 들어 있습니다. 그것도 과학적 사실에 토대를 둔 철학이 들어 있습니다. 저는 김동원의 이런 시세계를 가리켜 아주 형이상학적인 측면이 강한 세계라고 말한 바 있습니다. 사실 우리 시단을 보면 철학의 부재를 느낄 때가 많습니다. 철학이 시 창작의 필수요건은 아니지만 한 시인의 시세계에 철학이 들어 있을 때 그 시는 보다 깊이가 있고 중후해지는 것을 부정할 수 없습니다.

시단의 유행이나 흐름에 크게 관심을 두지 않고 그만의 자리에서 한 사람의 과학자이자 철학자로서, 그리고 시인으로서 자신이 사색한 바를 표현한 그의 시세계는 매우 색다른 특징을 갖고 있습니다. 저는 이 점을 좋아합니다. 이런 그의 시를 읽을 때, 저는 시류에 물들지 않은 참신한 한 세계를 숨은 곳에서 오롯이 찾아낼 때와 같이 혼자만의 기쁜 시간을 누립니다.

여기서 여러분들과 함께 감상할 김동원 시인의 작품은 그의 제6시집 『나무는 바람을 모르지만』 속에 들어 있는 〈존재의 꽃〉입니다. 제목부터가 조금 철학적입니다.

꽃이 핀다.
無名의 꽃이 핀다.

꽃도 모르고 꽃이 핀다.
한 가지에 어깨를 서로 기대어 피지만
서로 모르면서 피는,
서로 모르면서 아름다운 꽃.

꽃은 모르면서 진다.
모르고 지면서
모르고 산다.
지는 줄도 모르면서 지지만
피는 줄도 모르면서 핀다.

아무것도 모르면서 살고 있는 꽃은
아름답고 눈물겹다.
아무것도 모르면서 살고 있는
우리네 목숨같이
꽃은 피면서 진다.

꽃이 피고 질 때
꽃은 서로가 속수무책이다.
살지 않을래야 도무지 살지 않을 수도 없고
죽지 않을래야 도무지 죽지 않을 수도 없는,
가엾은 목숨처럼

—〈존재의 꽃〉 전문

김동원 시인은 위 시에서 '꽃이 있다'는 것만을 알고 있습니다. 좀 더 부연하자면 '꽃이 있으면서 피고 진다'는 것만을 알고 있습니다. 그러나 그뿐, 김동원 시인도, 그리고 꽃이라는 하나의 존재도 꽃이 왜 있는지, 꽃이 왜 피고 지는지를 알지 못합니다. 또한 꽃이 왜 서로 어깨를 기대면서 피는지도 모릅니다. 꽃들은 서로가 서로를 알지도 못합니다. 그들이 서로 어깨를 기대고 핀다는 사실도 모릅니다. 그들은 있지 않을래야 있지 않을 수 없고, 피지 않을래야 피지 않을 수 없으며 지지 않을래야 지지 않을 수 없는 '속수무책'인 존재들입니다.

조금 더 자세히 위 시를 감상해보기로 합니다. 먼저 제1연을 보면 꽃이 핀다는 그 사실이 묘사돼 있습니다. 김동원 시인은 꽃이, 그것도 무명의 꽃이 피는 것을 보고 있습니다. 사실, 우리는 꽃이라는 존재에게 이름을 붙여주지만 그것은 꽃의 본질과 관계없는 일종의 기호에 지나지 않습니다. 그러고 보면 존재하는 모든 꽃들은 무명인 상태입니다. 그들은 이름이 있되 이름이 없는 존재나 마찬가지입니다. 이런 꽃들은 피어나지만 왜 피어나는지를 모릅니다. 더욱이 서로 어깨를 기대면서 피어나지만 그들은 서로를 모릅니다. 자신은 물론 서로간에 상대방이 왜 피어나는지를 모르는 것입니다. 김동원 시인은 이런 꽃이라는 존재의 실상을 보면서 자신도 꽃이 왜 피는지를 모른다고 고백합니다. 그러나 문제는 이렇게 아무것도 모르면서 피어나고, 또 피어 있는 꽃이 한없이 아름답다는 데 있습니다. 김동원 시인은 이런 것을 가리켜 '아무것도 모르면서 아름다운 꽃'이라고 표현했습니다.

이런 점은 꽃이 지는 사실에 초점을 맞춘 제2연에서도 그대로 나타납니다. 김동원 시인의 말에 따르자면 꽃은 모르면서 집니다. 그러나 이렇게 모르면서 진 꽃은 다시 모르면서 피어납니다. 그리고 피어 있습니다.

다시 제3연으로 가봅시다. 시인은 아무것도 모르면서 피고 지는 꽃, 아무것도 모르면서 그런 가운데 살고 있는 꽃을 가리켜 "아름답고 눈물겹다"고 말합니다. 분석만 하는 과학자의 눈으로 본다면 꽃의 개화와 낙화는 화학물질의 변화 작용에 불과할 것입니다. 설명만 하는 철학자의 눈으로 본다면 꽃의 개화와 낙화는 존재의 생성과 소멸을 반복하는 것으로 이해되고 말 것입니다. 그러나 표현을 하는 시인의 눈으로 보면 피고 지는 꽃의 개화와 낙화, 더 나아가 꽃이라는 존재가 살아가는 과정은 "아름답고 눈물"겨운 일입니다.

김동원 시인은 바로 이 제3연에서 꽃의 이런 "아름답고 눈물"겨운 현실을 인간의 목숨과 관련시킵니다. 인간 또한 꽃과 다르지 않은 존재인지라 그들 역시 자신들이 하나의 존재로 왜 태어나는지, 왜 살아가는지, 왜 죽어가는지를 모르며, 그저 안간힘을 다해 태어나고, 살아가고, 죽어갈 뿐이라는 것입니다. 이런 인간 존재의 실상 역시 김동원 시인의 눈에는 "아름답고 눈물"겨운 것입니다.

김동원 시인은 제4연에서 더욱 심각한 이야기를 합니다. 꽃이 피고 지는 것은 속수무책이라는 것입니다. 실제로 '속수무책'이라는 말만큼 감당하기 어려운 말이 또 있습니까. 이유도, 의지도, 목적도, 그 무엇도 이 말의 힘을 감당할 수 없습니다. 이 말 앞에서는 그야말로 우리는 모두 '束手無策'인 상태가 되는 것입니다. 김동원 시인은 또한 제4연에서 인간들의 목숨을 가리켜 살지 않을래야 도무지 살지 않을 수도 없고, 죽지 않을래야 도무지 죽지 않을 수도 없는 것이라고 말합니다. 그것이 인간이든, 꽃이든, 다른 무엇이든, 생명을 가진 모든 존재는 삶과 죽음을 마음대로 할 수 없는 '속수무책'의 상태에 던져지고 마는 것입니다. 김동원은 생명을 가진 것들의 이런 상태를 보면서 '가엾다'는 느낌을 갖습니다. 속수무책인 상태, 그 상태를 벗어날 수 없다는 것은 가여운 일이라는 것입니다.

어떤 사람들은 김동원 시인의 이런 말을 들으면서 만물의 영장인 인간은 예외적 존재라고 우겨대고 싶은 충동에 빠질 것입니다. 의식과 이성을 가진 것이 인간인데 그들의 실재를 어떻게 꽃과 대등한 것으로 다룰 수 있겠느냐고 서운해하면서 말입니다. 그러나 김동원 시인은 인간들이 가진 그 연약한 의식과 이성의 가치를 그렇게 높이 평가하는 것 같지 않습니다. 우리가 이들 사이의 자그마한 외양적 차이를 거둬내고 그 이면의 실상을 만져보면, 꽃과 인간뿐만 아니라 이 우주 속의 모든 존재들은 다 같은 논리의 지배를 받고 있다는 생각이 그를 사로잡고 있기 때문입니다.

우주는 무심합니다. 지구도 무심합니다. 자연도 무심합니다. 그러므로 그 속에서 살아가는 모든 생명들은 이들의 무심함을 견디고 받아들일 수밖에 없습니다. 뿐만 아니라 우주와 지구와 자연을 포함한 그 속의 모든 존재들은 다 속수무책인 상태에서 그들이 아무것도 모르는 상태에서 태어나며, 살아가며, 죽어가고 있다는 점을 시인할 수밖에 없습니다. 우리는 왜 생명이 태어나는지 모릅니다. 우리는 왜 생명이 살아가는지 모릅니다. 우리는 왜 생명이 죽어가는지 모릅니다. 우리는 왜 우리가 이 시공 속에 함께 존재하는지 모릅니다. 우리는 우리가 왜 멀고 가까운 관계 속에 놓여 있는지 모릅니다. 우리는 아무것도 모릅니다. 그러나 우리는 이렇게 살아가고 있습니다. 그것은 앞서 말한 것같이 속수무책일 뿐입니다. 존재의 이 속수무책인 삶 앞에서 다만 우리는 감정을 가진 한 인간으로 김동원 시인이 느꼈듯이 '가엾음'을, '아름답고 눈물겨움'을 느낄 뿐입니다. 그러나 이런 감정을 느낀다고 해서 상황이 달라지지는 않습니다. 지금도 이 세계에서 모든 존재는 꽃처럼 피고 질 뿐입니다. 그것이 하나의 물결을 이루며 흘러갈 뿐인 것입니다.

 그렇지만 모든 존재들의 실재가 이렇다고 해서 너무 의기소침해질 필요는 없습니다. 오히려 우리는 이런 사실을 앎으로써, 그리고 받아들임으로써 보다 담담하고 편안한 나날을 보낼 수도 있을 것이기 때문입니다.